KB038896

감정 민주화

혐오 시대의
민주주의

※ 이 책은 관훈클럽정신영기금의 도움을 받아 저술되었습니다.

Emotional Democratization: Democracy in an era of Hate

감정 민주화

혐오 시대의

민주주의

이경원 지음

차례

감정 민주화

같은 날, 같은 공간, 두 장면

장면 1

2018년 7월 14일. 서울 도심에서는 대한민국을 대표하는 양대 항공사 직원 300여 명이 모였다. '갑질'로 물의를 일으킨 총수 일가의 퇴진을 요구하는 집회였다. 항공사 총수의 딸이 회의 도중 직원을 향해 물을 뿌리며 고성을 지른 것이 도화선이 되었다. 총수의 아내는 수행기사와 집 공사를 하던 근로 자에게 폭언을 퍼부었다. 욕설 녹취파일도 공개되었다. 다른 항공사 총수는 젊은 여승무원에게 과잉의전을 받았던 사실이 알려지면서 사태는 일파만파로 커졌다. 서로 다른 회사의 직원들이 각자의 총수를 향해 광장에서 연대하는 것은 대한민국 노동 쟁의 역사에서 이례적 장면이었다.

장면 2

같은 날, 역시 서울 도심. 성(性) 소수자들의 최대 축제 퀴어 퍼레이드 행사 맞은편에는 '동성애 퀴어 축제 반대 국민대회'가 열렸다. 동성애 반대 단체들이었다. 성 도착증 환자, 가정 파괴범, 암적 존재라는 거친 표현이 나왔다. 다른 곳에서는 제주 예멘 난민의 강제 송환을 촉구하는 집회도 열렸다. 제주도에 예멘 난민이 대거 입국하자, 이에 반대하는 사람들이 한자리에 모인 것이다. 집회 참가자들은 정부가 그들을 난민으로 인정하면 안 된다고 주장하며, '예멘 난민 추방'이란 푯말을 들었다.

민주화 이후의 민주주의, 촛불 이후의 민주주의

2018년 7월 14일. 같은 시간, 같은 공간에서 열린 집회의 풍광은 '촛불 이후 민주주의'가 맞닥뜨린 현실을 동시에 함축하고 있는 상징적 장면이었다.

두 항공사 직원들은 총수를 향해 임금을 올려달라고 하는 것도, 부당해고를 규탄하는 것도 아니었다. 생존권(生存權)을 위해 모였던 이전의 집회와는 분노의 지점이 달랐다. 기업의 울타리에서 무소불위의 권력을 휘둘렀던 총수의 삐뚤어진 권위와 어긋난 위계 의식에 대한 저항이었다. 그들은 생존의 문제를 넘어 인간답게 살 권리, 행복하게 살 권리를 말하고 있었다. 권위에 가로막혀 쉽사리 표현할 수 없었던 속내를 "이제는 말할 수 있었다". 뭐랄까. 과장을 보태자면, '민주화 이후의 민주주의'의 과제 하나를 해내고 있다는 느낌이 들었다.

『민주화 이후의 민주주의』. 이 표제어만큼 우리 민주주의의 현실을 적확하게 드러내는 표현도 없을 것 같다. 최장집의 이 명저는 1987년 민주화 이후, 시대가 성취한 '민주주의'의 한계를 상징하는 보통명사가 되었다. 87년 민주화운동은 국민의 힘으로 군부를 몰아내고 대통령 직선제를 되찾은 영광의 역사였지만, 한편으로는 더 나아지 못하지 못하고 정체(停滯)해 버린 불명예의 역사이기도 했다. 절차와 제도의 민주화는 이뤘지만, 경제와 문화, 나아가 일상의 민주화는 기대만큼 더 나아가지 못했다.

최장집은 해방 공간부터 87년 체제까지 민주주의의 기원과 역사를 추적하며 우리 시대 민주주의 그 한계를 진단한다. 지난한 과정을 거쳐 절차적 민주화와 제도적 민주화, 이른바 '정치 민주화'는 이뤄냈지만, 민주주의의 질적 발육은 더뎠다.

> 그것은 '보수적 민주화'다. 강한 냉전 반공주의 이데올로기, 재벌이 지배하는 경제구조, 거대한 국가 관료제 등 권위주의에 친화적인 사회구조, 혹은 민주화를 허용하지 않을 것 같지 않은 조건에서도 민주화는 이루어졌다.[1]

최장집은 격렬했던 민주화운동에도 불구하고, 권위와 위계와 친숙한 사회구조가 지속되었다는 점을 포착했다. 그의 관점을 차용하면, 총수 일가가 경제권력을 독점하고 있는 불공정 문제 역시 그 핵심에는 '보수적 민주화'가 깔려 있었다. 우리는 경제 민주화, 나아가 일상(日常) 민주화를 말해야 함을 깨달아야 했다.

2016년의 촛불은 정치 민주화 그 이상의 지점을 고민하게 만들었다. 권력에 기생했던 재벌과 관료의 민낯이 적나라하게 폭로되면서 우리 공동체 민주주의가 질적으로도 발전해야 함을 되뇌었다. 최장집이 지적했던 '민주화를 허용하지 않을 것 같은 조건'이 무엇인지 시대는 절감했다. 권위의 독점이 민주주의를 기형적으로 만들고 있다는 문제의식이었다.

투표를 통해 주기적으로 심판을 받았던 정치권력과 달리 경제권력은 대물림하며 불멸의 임기를 보장받았다. 촛불 시민들은 그들 역시 민주주의 안에 복속된 존재이며, 견제의 대상이 될 필요가 있음을 열공했다. 민주주의가 우리 일상 안으로 조금씩 전화하는 것 같았다.

---

1   최장집, 『민주화 이후의 민주주의: 한국 민주주의의 보수적 기원과 위기』(후마니타스, 2017), 248쪽.

그렇게 두 항공사 직원들이 광장에 나왔다. 국민의 지지도 받았다. 그간 임금 올려 달라고, 함부로 우리 해고하지 말라고 애원하고 위협한 적은 더러 있었지만, "총수 당신의 사고방식 자체가 글러 먹었다"는 것은 쟁의의 성격 자체가 달랐다. 종교에 비유하자면, 권위 있는 성직자의 '부패'에 대항한 것이 아니라 성역과도 같았던 '종교'의 교리 자체를 겨냥한 것이나 마찬가지였다. 그리고 그 중심에는 '감정적' 분노가 있었다.

물론 두 항공사의 연대가 질적 민주화의 성공 사례로 기록되기는 힘들 것 같다. 여전히 우리 공동체가 풀어야 할 숙제는 산적하다. 다만 그 숙제의 시작이 일상에 스며든 경직된 권위주의에 대한 반성에서 시작된다고 생각하며, 이런 면에서 그들의 연대가 숙제의 포문을 열었다고 평가한다. 성숙한 민주주의의 벽화, 그 여백에 하나의 모자이크를 채워나가는 가능성, '민주화 이후 민주주의'의 여백을 '촛불 이후의 민주주의'가 옅게나마 채색하려는 시도였다고 믿는다.

결국, 감정의 문제는 사회 변동에 큰 영향을 미칠 수 있다는 상징성이 있었다. 우리가 맞닥뜨렸던 박탈감과 좌절감, 이에 맞서는 분노의 감정은 일상의 민주화를 성취하는 중요한 축이었다. 성숙한 민주주의는 우리의 감정을 상하게 만드는 거친 위계 의식과 권위주의도 그 범위에 포함시키는 용기를 전제하고 있다.

그들의 연대는, 총수의 엇나가고 삐뚤어진 위계 의식을 향한 감정권(憾情權) 행사였으며, 나아가 갑질과 금수저 같은 시대의 감정을 소환해 권위에 맞섰던 '노동 쟁의(爭議)' 이상의 '감정 쟁의'였다.

민주주의의 위기

같은 날, 같은 도심 공간 한편에서도 누군가에 대한 감정적 미움이 도사렸다. 그리고 그 감정은 총수 일가의 갑질을 향했던 분노와는 결이 달랐다. 타깃은 동성애자였고, 예멘 난민이었다. 원색적인 표현들로 넘쳐났다. 동성애자, 혹은 이슬람에서 온 난민을 제대로 만난 적도, 대화한 적도 없었을 텐데 어떻게 저렇게 미워할 수 있을까. 그 증오의 힘은 어디에서 나오는 걸까.

이 자리에서 동성애자와 난민을 미워하는 감정이 얼마나 고약하고 나쁜 것인지 타박할 생각은 없다. 이 책은 "혐오는 참 나쁜 것"이라며 도덕적 훈계를 늘어놓는 데는 관심이 없다. 아니, 오히려 그 반대다. 혐오를 '악한 것'이라고 손쉽게 규정하는 관점에서 벗어나야 한다는 것을 말하기 위해 이 책을 쓰고 있다. 강조하고 싶은 것은, 우리 시대 혐오 현상이 우리가 지난하게 지탱해 온 민주주의를 침식시킬 수 있다는 일종의 '이상 징후'라는 것이다.

민주주의를 지탱하는 규범이 '관용'과 '자제심'이라는, 하버드대학교 정치학과 교수 스티븐 레비츠키(Steven Levitsky)와 대니얼 지블랫(Daniel Ziblatt)의 의견을 지지한다. 그들은 민주주의의 두 축을 다른 집단과 다른 의견을 존중하는 집단 의지인 '상호 관용(mutual tolerance)', 이에 따라 주어진 법적 권리를 신중하게 행사하는 '제도적 자제(institutional forbearance)'로 정리한다. 이 둘은 서로 밀접하게 얽혀 있으며, 때로는 서로를 강화한다.[2] 굳이 석학의 저서를 인용하지 않더라도 관용은 — 법과 제도로 규정되지 않았을지라도 — 민주주의를 지탱하는 중요한 규범이있다.

민주주의는 자본주의 흐름 속에 태동했다. 자본주의는 단순히 돈이 많이 도는 것을 의미할 뿐만 아니라 인간의 욕망을 누증시키는 시스템이다. 누증된 욕망은 어느덧 권위주의 체제를 견디지 못할 만큼 비대해졌다. 힘센 권력의 욕망에 순응하는 것이 미덕이라 가르쳤던 시대, 하지만 평범한 사람들의 좌절감은 이런 미덕을 더는 배겨내지 못했다. 시대 감정은 재편되기 시작했

---

2   레비츠키(Steven Levitsky)·지블랫(Daniel Ziblatt), 『어떻게 민주주의는 무너지는가』, 박세연 옮김(어크로스, 2018), 143쪽.

다. 공동체의 부정적인 감정은 격렬해졌다.

그렇게 평범한 이들은 권력에 대항해 몸집을 키우기 시작했다. 권력자는 선택의 기로에 맞닥뜨렸다. 늘 해왔듯이 대중의 감정을 힘껏 짓눌러 자신들의 권력을 유지할 것인가, 아니면 그 부유하는 감정과 협상해 살 궁리를 만들 것인가.

시대 감정이 재편되는 데 무감했던 권력자들은 유감스럽게도 전자를 택했다. 그렇게 피의 혁명이 시작되었다. 혁명의 최전선에는 욕망의 임계치를 견디지 못했던 부르주아가 있었다. 자유주의에 기반을 둔 근대적 의미의 민주주의는 그렇게 추동되었다.

하지만 민주주의는 다시금 역설적인 상황에 직면해야 했다. 민주주의는 자본주의적 욕망을 통제하려는 권력자들에 대항해 힘을 키웠지만, 다른 한편으로는 그 욕망이 소수에게 집중되고, 그 소수가 다시 권력이 되면서 되레 자신의 목을 짓누르기 시작했다. 누구는 만족했지만, 대다수는 다시 좌절했다. 그 반작용으로 사회주의와 공산주의가 싹텄다.

다행스럽게도 시대는 - 예전 권력자들이 했던 것처럼 - 부정적인 감정을 짓누르기만 한다는 것이 얼마나 어리석은 일인지 잘 알고 있었다. 살아남기 위해서라도 평범한 이들의 욕망을 짓누르기만 할 수는 없다는 사실을 절실히 깨달았다. 평범한 이들의 좌절감과 박탈감을 방치하는 것은 권력자 자신들에게도 더는 이익이 될 수 없었다.

현대적 의미의 민주주의는 누증되는 공동체의 욕망을 존중하되, 이를 합리적으로 분배하는 시스템으로 기능해야 했다. 공동체의 부유하는 부정적 감정에 대항해 - 일종의 감정 불균형에 대항해 - 어떤 '감정 균형' 상태를 맞추기 위한 그 나름의 목표를 설정했던 것이다.

'관용(tolerance)'이라는 규범은 이 지점에서 소환되었다. 민주주의는 권위주의, 사회주의, 공산주의, 파시즘, 전체주의 등 수많은 이데올로기가 소홀했던 관용을 선점함으로써 상대적 우위를 꿰찰 수 있었다. 민주주의는 공동체 내에서 신뢰와 관용의 감정이 중요한 지지대라는 것을 잘 알고 있었다. 미국의 정치사상가 존 롤스(John Rawls)는 최소 수혜자에게 가능한 최대 이익을 보장해야 한다는 원칙을 '정의(正義)'로 승격시켰다. 정치적 문제에 대해 합당하고 정당한 근거를 찾아내려 했던 롤스의 사유는 관용의 원칙을 품고 있다. 그 유명한 '정의론'의 시작이었다.

이런 작업들은 꽤 성공적이었다. 자본주의, 자유주의와 결합한 민주주의는 승승가도를 달렸다. 경쟁 상대였던 공산주의는 힘을 잃었고 결국, 붕괴했다. 민주주의에 별다른 위협은 존재하지 않는 것처럼 보였다. 민주주의는 더는 경쟁자가 없다는 자신감으로 충만했다.

이를 관전하던 미국의 정치학자 프랜시스 후쿠야마(Francis Fukuyama)는 급기야 "역사는 종언했다"고 선언했다. 자본주의와 사회주의의 경쟁은 자본주의의 승리로, 민주주의와 권위주의의 경쟁은 민주주의의 승리로 끝났다는 이데올로기적 판결문이었다. 그의 눈에 자유민주주의는 내적인 결함도, 불합리성도, 모순도 없는 완성형 이데올로기였다.

> 우리가 목격하고 있는 것은 냉전의 종식이나 전후 시대의 특별한 지점을 통과하고 있는 게 아니라, 역사의 종말이다. 역사의 종말은, 인류 이데올로기 진화의 종말이며, 궁극적인 정부 형태로서 자유민주주의의 세계화다.[3]

실제로 그랬다. 20세기 초반 민주주의 국가는 10여 개에 불과했지만, 20세기 말에는 120개에 달했다. 모두 입 모아 민주주의를 찬양했다. 이데올로기 경쟁의 역사는 그의 말대로 '종언'하는 듯 보였다.

하지만 이데올로기 종전 선언문의 잉크가 채 마르기도 전, 수많은 지식인

---

3   Francis Fukuyama, "The End of History?" *The National Interest*, No.16(Summer 1989), p.3.

은 민주주의에 빨간불이 켜졌다며 위기론을 꺼내들고 있다. 아니, '위기'가 아니라 '후퇴'하고 있다는 비관론에 가까웠다. 민주주의 이론의 석학 래리 다이아몬드(Larry Diamond)는 현대 민주주의의 위기를 민주주의의 '불황'이라고 표현했다. 민주주의의 불황은 장기화되고 있고, 심지어 개선이 어려울 정도라는 비관론이 힘을 얻기 시작했다.[4] 다양한 원인이 존재하겠지만 주목하고자 하는 것은 혐오라는 정동(情動)을 위시한 공동체 '감정의 위기'다.

타자를 배척하고 증오하는 것은 인류 역사의 보편적인 현상이었다. 혐오는 자신에게 해를 끼치는 이들을 멀리하고 싶은 감정이다. 진화론적 관점에서 생존을 위해 필요하다. 없어질 수 없고 없어져서도 안 된다. 하지만 혐오가 공동체 안에서 극렬히 작용할 때, 그래서 타자를 모멸하고 경멸하기 위해 동원될 때, 이것이 얼마나 잔혹한 역사를 가져왔는지 우리는 잘 알고 있다. 모든 전쟁과 학살은 혐오에서 시작되었다. 홀로코스트는 유태인 혐오의 극한값이었다.

혐오가 심각한 문제가 되는 것은 단순히 타자에게 상처가 되기 때문에, 혹은 사회 통합을 저해하기 때문만은 아니다 — 물론 이는 중요한 문제다. 혹은 혐오가 도덕적·윤리적 관점에서 그릇된 감정이라서 그런 것도 아니다. 정치적 감정으로서의 혐오는 관용에 맞서고, 심지어 전복하려 든다. "이유는 됐고, 그냥 싫다"는 말은 소통을 차단하는 절대적 표현에 가깝다. 우리의 사유를 정지시킨다. 혐오는 가해와 피해라는 도식 그 이상으로, 공동체에 어떤 감정적 위기가 존재한다는 것을 격렬하게 보여주는 신호다!

우리는 혐오라는 감정이 인간의 자잘한 감정 문제를 넘어 거대한 공동체 감정으로, 나아가 민주주의 시스템에 영향을 줄 수 있을 정도로 근육질이 되고 있는 상황에 처해 있다. 불과 70년 전 홀로코스트를 경험했던 우리가, 체

---

4   Larry Diamond, "Facing Up to the Democratic Recession," *Journal of Democracy*, Vol. 26, No. 1(Johns Hopkins University Press, 2015), p.144.

제 경쟁 승리의 축포를 터트린 지 30년도 되지 않은 그 짧은 시간에 '민주주의의 위기'를 말한다는 것은 역설적인 일이다. 관용의 힘으로 버텨왔던 민주주의는, 차별과 배제를 숙주로 삼았던 혐오 앞에 조금씩 힘이 빠지기 시작했다.

그리고 이것은 우려가 아니라 현상이다!

몇 년 전만 해도 입 밖으로 꺼내기조차 어려웠던 타자에 대한 혐오 표현은 이제 수면 위로 올라와 공론장의 중요한 축이 되고 있다. 심리학이나 사회학에서 다뤘던 혐오 담론은 이제 정치학에서도 중요한 연구 과제가 됐다. 포퓰리즘은 그 상징적인 장면이다.

혐오에 편승해 대중의 지지를 얻는 '포퓰리즘'은 혐오가 제도화 단계에 이르렀다는 것을 시사한다. 현대적 의미의 포퓰리즘은 혐오 감정과 불가분의 관계다. 타자에 대한 적개심을 정치의 핵심으로 상정한다. 시선을 높여 엘리트나 기득권층을 향해 분개하는 동시에, 시선을 낮춰 힘없는 타자들을 공격한다.

그렇게 힘을 얻은 포퓰리스트들은 타자를 증오하는 대중의 거친 무의식을 날것 그대로 정책에 반영하려 했다. 그리고 이것은 민주주의가 조숙한 나라들이 아니라 민주주의가 고도로 발달됐다고 평가받는 이른바 선진국에서 벌어진 일이다. 2016년 미국 대통령으로 선출되었던 도널드 트럼프(Donald Trump)는 이민자들이 똥통(shithole) 국가에서 왔다고 말하고, 멕시코 이민자의 유입을 막기 위해 긴 장벽을 쌓겠다고 공언했다. 발전된 민주주의 법률과 제도들은 그의 기행을 막지 못했다 ― 트럼프는 2020년 재선에 실패했지만, 트럼프를 위시한 혐오와 배제의 구호들은 당시 선거에서도 강한 영향력을 발휘했다. 이는 뒤에서 자세히 다루기로 한다.

아니, 이것은 또 다른 형질의 민주주의였다. 포퓰리즘은 대중의 감정선을 중요한 정치 요소로 둔다는 점에서 민주주의의 '다수성(多數性)'과 맞닿아 있었다. 윤리적이고 도덕적이며 관용적이라 알려진 민주주의 공동체 구성원들이 혐오가 공동체를 위해 필요한 규범이라고 믿기 시작한 것이다. 그렇게 혐오는 민주적으로 지지받고 있다. 혐오에 의탁한 규범과 제도가 되레 민주주의에 부합한다는 착시까지 만들어내면서. 『포퓰리즘의 세계화(Populist explosion)』의 저자 존 주디스(John Judis)의 말처럼, 포퓰리즘은 기성 민주주의가 그 한계에 직면하며 표준적 세계관이 고장났다는 '신호'를 보내고 있는 것이다.[5]

그 어떤 공동체보다 도덕적이고 윤리적인, 따라서 관용적이라고 여겨지는 민주주의 공동체마저 혐오가 강력해지고 있는 것은 역설적인 현실이다. 어쩌면 우리 공동체의 민주주의가 생각보다 취약한 지반 위에 서 있었는지도 모른다. 우리 시대 민주주의의 적(敵)은 더 이상 독재를 꿈꾸는 권력자가 아니라 혐오를 조장하는 누군가, 더 정확히는 그 혐오가 민주주의 가치에 부합한다고 생각하는 우리 스스로의 '감정'일 수 있는 것이다.

정치권력, 경제권력에 이어, 이제 우리는 감정권력의 문제를 유심히 살펴야 하는 상황에 직면했다. 민주주의 공동체 기축 규범 가운데 하나인 관용조차도 – 우리의 믿음과는 달리 – 도덕적·윤리적 당위라기보다는, 욕망의 분배를 제도화하기 위해 불가피하게 가져다 써야 했던, 따라서 언제든 공동체 상황에 따라 그 가치가 변할 수 있는 위태로운 원칙은 아니었을까.

인류사회의 궁극적인 체제, 최후의 이데올로기, 역사의 끝, 이런 거창한 수식어를 달고 다녔던 민주주의는 혐오 앞에서 서서히 흔들리고 있다. 결국, 후쿠야마는 "(역사의 종말을 집필했을 때인) 25년 전만 해도 민주주의가 어떻게 역행할 수 있는지에 대한 생각도 이론도 없었다"[6]라는 말로 자신을 유명 학자의 반열에 올려놨던 '역사의 종언'을 철회할 수밖에 없었다.

---

5   존 주디스, 『포퓰리즘의 세계화: 왜 전 세계적으로 엘리트에 대한 공격이 확산되고 있는가』, 오공훈 옮김(메디치미디어, 2017), 27쪽.

6   Francis Fukuyama, "the man who declared the 'end of history' fears for democracy's future," *Washington Post*, February 9, 2017.

서울 도심 한복판, 동성애자와 예멘 난민과 같은 타자를 향한 적개심 가득 찬 구호들은 이런 차원에서 마냥 묵과할 수 없는 현상이다. 혐오받는 타자들이 안쓰럽기 때문만도 아니고, 반대로 타자를 혐오하는 사람들이 괘씸해서 그런 것도 아니다. 혐오하는 사람들은 악마에 쓴 것도 아니며, 사회적 일탈을 하는 것도, 그저 하위문화에 해당하는 어떤 '놀이'를 즐기는 것도 아니다. 왜 이렇게 정(情)이 없느냐 타박할 필요도 없다.

우리는 선과 악의 이분법을 떠나 현실을 냉철하게 고민해야 한다. '촛불 이후의 민주주의'에 대한 역사적 자부심이 큰 우리가, 사주의 갑질에 대해 거리에 나서 당당히 목소리를 낼 수 있었던 우리가, 정치 민주화에서 '경제 민주화'와 '일상 민주화'의 첫발을 내디뎠던 우리가, 혐오라는 정동 앞에서 쉽게 흔들리고 동조하며 심지어 조력하고 있다는 사실은 우리 시대가 민주주의를 진지하게 재구성할 때가 되었다는 것을 방증하고 있다.

유감스럽게도 공동체에 대한 집착이 강한 대한민국은 혐오 전염력에 대한 면역력이 강하지 않다. 연대와 단결을 중시하는 공동체일수록 타자에 대한 시선은 더욱 차가울 수밖에 없다. 우리 공동체는 혐오에 더욱 취약하다. 너무나 당연히 여겨왔기 때문에 쉽사리 공론화되지 않았을 뿐이다.

촛불 이후 민주주의. 자부심 넘쳤던 영광의 기억과 동시에 펼쳐진 뒤안길. 우리 시대 민주주의. 무엇이 문제인가.

감정 민주화

이제 우리는 혐오와 민주주의의 상관관계를 진지하게 고민하는 작업을 시작해야 한다. 민주주의를 성취했던 촛불, 하지만 그와 별개로 되레 혐오가 강력해지며 민주주의를 도로 구석으로 몰아넣는 현실을 마주해야 한다. 항공사 직원들의 연대를 통해 감정이 추동하는 민주주의의 가능성을 봤다면,

타자를 혐오하는 현주소를 통해 감정이 훼손하는 민주주의의 현실을 성찰해야 한다. '민주화 이후 민주주의'가 남긴 과제를 냉철히 응시했던 것처럼 '촛불 이후 민주주의'가 해결해 주지 못한 숙제를 대면해야 한다.

혐오는 개인의 층위를 넘어 공동체 감정으로, 나아가 여기에 편승한 이들이 힘을 가지고 제도에도 반영될 수 있을 만큼 강해지고 있다는 점에서 일종의 '감정권력'으로 기능하고 있다. 그 위력적인 힘을 고려하면 '감정권력'이란 말은 결코 어색한 레테르(letter)가 아니다.

결국, 우리 시대 민주주의의 과제를 '감정 민주화'로 명명한다. 정치권력으로부터의 자유가 정치 민주화이며, 경제권력으로부터의 자유가 경제 민주화라면, 감정권력으로부터의 자유가 바로 감정 민주화다. 감정 민주화는 소극적으로는 '갑질'로 상징되는 어긋난 위계 의식이나 권위주의로부터의 자유일수도 있다. 두 항공사 직원들의 감정 쟁의는 분명 감정 민주화를 실현하는 한 방식이기도 했다.

여기에 더해 훨씬 적극적인 의미에서의 감정 민주화를 말하고자 한다. 부정적인 감정으로부터의 자유다. 그리고 혐오는 부정적 감정의 종국적 형태다. 뒤에서 자세히 설명하겠지만, 혐오의 강도는 공동체의 부정적인 감정이 부유하는 정도와 맞물려 있으며, 감정 불균형이 얼마나 심각한가를 보여주는 척도이다. 어떤 질병에 걸렸을 때 나타나는 발열 증상과 같다.

감정 민주화는 정치 민주화, 경제 민주화가 미처 고려하지 못했던 빈틈을 상쇄하고, 민주주의의 원래 취지에 훨씬 가깝게 다가갈 수 있게 유도하는 힘이 있다고 믿는다. 이 책은 혐오가 민주주의를 어떻게 훼손하는지 그 메커니즘을 추적하고, 어떻게 하면 극복할 수 있는지에 관심을 둔다.

다만, 감정 민주화가 진영 논리로 해석되는 것은 경계한다. 우리 공동체는 혐오하는 사람들을 '극우'라고 부르는 데 익숙하다. 인종차별주의자, 반(反)동성애주의자, 여성 혐오주의자는 극우의 범주로 소비되곤 했다. 타자를 혐오하는 표현과 행동은 경험적으로 봤을 때 극우의 대푯값인 나치즘, 파시즘과 닮은꼴임은 맞다.

하지만 지금의 혐오 현상은 그 문양이 변하고 있다. 히스패닉(hispanic)과 이슬람에 대한 반감을 지지대 삼아 미국 대통령이 된 도널드 트럼프의 사례는 혐오와 진영 논리의 상관성이 무너지고 있다는 것을 적나라하게 보여줬다. 트럼프의 당선을 견인했던 것은 평소 민주당 지지 기반이었던 백인 블루칼라였다. 우리 공동체 역시 예외는 아니다. 스스로 진보적이라고 규정하는 사람들조차 동성애자를 싫어하고, 제주도에 입국한 예멘 난민에 대해 불편해하며, 페미니즘을 거부한다. 반대로 스스로 페미니스트라 규정했던 어떤 이들은 예멘 난민 추방에 선봉에 서기도 했다. 혐오 담론은 이렇게 복잡하게 얽히고설킨 형태로 나타난다.

타자에 대한 혐오가 강한 사람들이라고 해서 나치나 파시스트처럼 전쟁을 선호하는 것도 아니고, 테러리즘을 지지하는 것도 아니다. 의회 해산을 주장하는 것도 아니며, 독재자를 추앙하지도 않는다. 우리 시대의 혐오 감정은 민주주의의 지반 위에서 절차적으로 '정당하게' 서식한다. 진영 논리의 망원경으로 그들을 '극우'라는 사악함의 틀에 가둬넣어 버리면, 혐오에 편승한 사람들이 민주주의의 절차를 어기지 않으려 한다는 이유를 설명할 수 없다. 포퓰리스트들은 자신들이 '진정한 민주주의자'라고 말한다. 그들은 심지어 히틀러를 싫어한다.

물론, 민주주의 이론에서 '보수와 진보', '좌파와 우파' 같은 진영 간의 긴장감은 꽤 중요한 역할을 해왔다. 진영 논리가 강한 우리 공동체는 더더욱 그렇다. 최장집이 『민주화 이후의 민주주의』에서 말하는 대한민국 민주주의의 한계도 민주화가 보수적으로 수행되었다는 점에 기반을 둔다. '보수적 민주화'로 인해 이념적으로 협애한 정당체제가 만들어졌으며, 이 때문에 민주화 이후에도 건강성을 유지하지 못했다는 의미이기도 하다. 그의 혜안을 지지한다.

다만, 진영 논리를 뛰어넘는 좀 더 본질적인 분석을 해보고 싶다. 민주주의의 역사에 길이 남을 촛불 혁명 이후에도 왜 혐오는 누중되고 있는가. 부정적인 감정이 부유하고 있다는 것은 어떤 상징성을 갖는가. 부정적인 감정은 왜 민주주의를 후퇴시키는가.

공동체의 근간을 이루는 정치, 법, 제도 등의 주된 기반이 감정이라고 생각한다. 제도는 매우 이성적이고 합리적 단위로 인식되지만, 사실 감정을 배제한 제도는 존재할 수 없다. 진영 논리조차도 감정 논리가 표집 되어 진영 언어로 분출된다고 믿는다. 이런 면에서 감정 민주화는 가장 근본적인 단위의 민주화다. 민주화 이후의 민주주의가 일상 민주화, 경제 민주화의 문제로 수렴되었듯, 촛불 이후 민주주의의 숙제는 결국 감정 민주화로 극복해야 함을 깨닫는다.

감정 민주화는 '정치 민주화'나 '경제 민주화'와는 본질적으로 색깔이 다르다. 어떤 구조적 틀로 해석해내기 어렵다. 자잘하고, 세세하며, 심지어 지엽적으로 보이지만, 결국 우리 일상의 한 단면인 동시에, 사회적 관계의 문제이고, 이런 감정적 모자이크가 모여 민주주의라는 거대 이론과 맞닿아 있는, 각각의 사슬 마디마디를 연결하는 나사와도 같다.

감정 민주화를 면밀히 살펴보기 위해 최장집이 『민주화 이후의 민주주의』에서 동원했던 사회구조적인 접근 방식은 가능한 지양하려고 한다. 이런 방법이 쓸모없다는 것이 아니라 감정의 문제를 풀어내는 방식으로는 적합하지 않다고 판단했기 때문이다. 책은 혐오를 추동하는 것이 무엇인가에 대한 세세하고 자잘한 사유들에 방점을 뒀다. 거시적이고 구조적인 얼개보다는 우리의 무의식과 일상을 들여다보는 관찰력과 같은 미시적 방법이 적합할 수 있음을 깨닫는다. 우리는 타자의 말 한마디만으로도 불편한 감정을 갖게 되고, 그 불편함은 논리적 개연성 없이 혐오로 전이되곤 한다. 감정은 인과관계가 적용되지 않을 때가 많다. 몸집 큰 이론적 방식을 적용하기 어렵다.

석학의 이론에 맞서는 것으로도 이해하지 않았으면 좋겠다. 최장집은 자신의 책『민주화 이후의 민주주의』를 일컬어 "한국 정치에 대한 정밀화가 아닌 소묘이며, 핵심 구조와 역동성에 초점을 두고 여타 요소를 과감히 생략한 토르소"라고 표현했다. 그가 생략했다는 그 '여타의 요소'는 어쩌면 우리 일 상에, 미시적 영역에 있는 것은 아닐까. 그의 문제의식을 빌려 다른 방식의 채색을 하려고 노력했다.

물론 '혐오 설계자들'을 딱 부러지게 지목하는 것은 쉽지 않은 일이다. 혐 오는 이래서 무섭다. 누군가 밀실에 둘러 앉아 '어떻게 하면 혐오를 더욱 부 추길 수 있을까' 전략을 짜는 장면만이라도 목격한다면 법적인 방법을 강구 하거나, 도덕적 비난이라도 손쉽게 할 수 있을 것 같지만, 아쉽게도 현실은 그렇게 단순하지 않다. 아니, 필자도 그 밀실에 들어가 동참하고 있다는 사 실조차 망각하기도 한다.

혐오는 누군가의 특정한 의도뿐만 아니라 사회적 무의식과 맞물리면서 복 잡한 양상으로 전개된다. 혐오 설계자가 누구라고 특정한다는 것은 사실상 불가능하다. 또 누군가를 단죄해서 해결될 문제도 아니다. 최장집이 『민주 화 이후의 민주주의』에서 이념적으로 협애한 양대 보수 정당이나 경제권력 을 독신한 재벌, 권위주의에 친화적인 관료 집단을 통해 우리 민주주의의 정 체를 비교적 명확히 설명했던 것과는 달리, 혐오의 원인을 명료하게 밝혀내 는 것은 쉽지 않은 일이다. 그래도 혐오의 근원을 파헤치는 일을 그만둘 수 가 없다. 다만, '감정 민주화'라는 레테르가 거창한 이론을 주창하는 것으로 읽히지 않았으면 좋겠다. 필자는 민주주의의 이론적 얼개를 만들 만한 능력 도, 역량도 부족하다. 대한민국 언론사에 복무하는 일개 기자에 지나지 않는 다. 감정 민주화를 위해 우리가 살펴봐야 할 대목을 고민하는 것이 목표다.

언론사 기자로서 접했던 다양한 경험을 녹이기 위해 애썼다. 주로 정치, 사회, 정책 부서의 경험이 토대가 되었다. 기자는 공동체 감정을 유통시키는 최전선에서 복무한다. 공동체 감정에 매우 기민하고 예민한 직종이다. 기자 들은 텍스트를 통해 대중을 흥분시키고, 때로는 절망하게 만든다. 개인적으 로 경험한 사례가 여럿 있다. 어쩌면 우리 시대 혐오 현상은 '언론사'가 돌아가는 방식에 대한 반성과 '기자'의 성찰 없이는 설명이 어려울지도 모른다.

그간 취재 후일담을 인터넷을 통해 끼적거린 것이 있다 보니, '자기 표절'도 더러 있다는 점도 미리 밝힌다. 이 책은 그간 취재 현장에서 고민했던 것을 한데 엮은 에세이에 가깝다. 이런 기시감을 낱낱이 파헤치면 혐오 감정이 돌아가는 방식, 그 실체를 파악하는 데 도움을 받을 수 있을 거라 믿는다. 그렇게 감정 민주화에 조금이나마 다가설 수 있기를 기대하며 책을 시작한다.

혐오의 작동 방식

제**1**장

혐오 감정

사유실험

사유실험으로 시작한다. 민족의 염원 남북통일이 이뤄졌다. 대한민국의 일상은 어떻게 바뀔까.

광화문 광장에는 통일을 기뻐하기 위해 100만 인파가 모인다. 도심 곳곳에서는 한바탕 축제가 벌어진다. 서로 부둥켜안으며 기쁨을 나눈다. 휴전선 철조망을 잘라 기념품으로 간직하기 위해 수십만 명이 판문점 근처에 모인다.

하지만 이런 감상주의는 오래가지 않았다. 경제난에 허덕였던 북쪽 주민 수백만 명이 남쪽으로 내려온다. 이들은 주로 남쪽 사람들이 기피하는 업종에 몰린다. 공단과 상가에는 북쪽 출신 이주민들도 넘쳐난다. 우리와 말하는 것도, 생각하는 것도 다른 사람들이다. 공산주의 체제에 길들여진 사람들이라 그런지 자본주의가 어떻게 돌아가는지 알지 못한다. 남쪽 사람들은 이런 이질감이 불편하다. 지하철 역 곳곳에는 노숙자들이 부쩍 늘었다. 대부분 남쪽에 내려와 일자리를 구하지 못한 북쪽 주민들이다.

우리 머릿속에는 불편한 감정이 똬리를 튼다. 우리라고 사정이 더 낫지는 않다. 안 그래도 청년 실업과 빈부 격차 문제는 심각했다. 우리는 늘 '경제 위기'라는 말에 익숙했다. 우리도 어려운데 그들은 버젓이 일자리를 구해 일을 하고 있다. 불쾌한 일이다.

하지만 우리가 낸 세금은 북쪽을 개발하는 데 쓰인다. 사회간접자본은 낙후된 북쪽 지역에 집중된다. 평양을 중심으로 새로운 고속도로가 건설되고, 개성과 평양을 거쳐 의주까지 연결되는 KTX 공사도 시작된다. 평양과 신의주, 원산 등 주요 도시의 공항은 대대적인 리모델링에 들어간다. 대규모 신도시가 조성된다. 남쪽 주민들은 자신들이 낸 세금으로 북쪽 사람 먹여 살리고 있다는 불만을 쏟아낸다. 통일 대한민국에 무임승차하는 존재들처럼 느껴진다.

서서히 불만을 가진 사람들이 온라인을 중심으로 연대하기 시작한다. 이들은 북쪽 출신 이주민을 '평양냉면'과 벌레를 뜻하는 '충(蟲)'을 합쳐 '평냉충'으로 부르며 적대 감정을 드러낸다. 이런 표현들은 SNS를 통해 빠르게 확산하며 대중의 공감을 얻는다. 북쪽 주민을 마주치면 뒤에서 '평냉충'이라고 수군거린다. 북쪽 주민을 나타내는 혐오 표현들이 계속 생겨나고, 심지어 리스트까지 만들어 온라인에 돌아다닌다. 이들을 혐오하는 인터넷 커뮤니티가 인기를 끈다. 가입자가 폭주한다. 언론사는 혐오 사이트의 심각성을 비판하는 기사를 쓰지만, 이런 기사 덕에 혐오 사이트 가입자는 되레 급증한다.

뉴스에는 사건 사고가 넘쳐난다. '살해 용의자는 30대 남성 김 모 씨'라고 써왔던 기자들은 '살해 용의자는 북쪽 주민 출신 김 모 씨'라고 쓰기 시작한다. 단순 폭력 사건도 북쪽 출신 사람들이 등장하기만 하면 조회 수가 폭증하고, SNS를 통해 빠르게 퍼져나간다. "평냉충은 아오지로 돌아가라"는 댓글이 넘쳐난다.

영화와 드라마의 악역은 주로 북쪽 말투를 쓰는 사람들이 맡는다. 코미디 프로그램에는 북쪽 말투를 흉내 내는 개그맨이 부쩍 늘었다. 한결같이 우스꽝스럽고 어리석은 캐릭터다. 야구장 관람 문화는 더욱 과격해졌다. 남쪽과 북쪽에 연고를 둔 프로야구팀의 경기가 있는 날이면 응원은 더욱 격렬해지고 심지어 폭력 사태로 얼룩지기도 한다.

이런 와중에 북쪽 출신 이주민을 지원하는 법률은 반감에 기름을 붓는다. 우리와 다른 교육을 받은 북쪽 학생들을 위해 각 대학이 '북쪽 주민 특별 전형'을 시행하겠다는 정부 방침에 수험생과 학부모들은 반발한다. 분단 시기에 있었던 탈북자 전형이 다소 확대된 형태였지만, 교육 기자들은 "북쪽 이주민 특혜 전형 전격 시행"이란 제목을 뽑으며 클릭 수를 유도한다. 기자들은 대치동과 목동 학원가를 돌아다니며 대입을 준비한 수험생들의 억울함을 앞다퉈 전한다. 기사는 "특별 전형 때문에 그간 모든 노력이 수포로 돌아갔다"는 인터뷰로 도배된다.

북쪽 사람들도 불편하긴 마찬가지다. 몰려오는 투기 자본이 영 못마땅하다. 평양과 개성 근처에는 땅을 보러오는 노신사와 복부인들로 넘쳐난다. 남쪽 건설 회사 직원들은 기념품을 가지고 동의서에 서명해 달라고 하루가 멀다 하고 찾아온다. 막상 서명해 주니 수십 년을 살았던 터전에서 나가라고 한다. 받은 보상금으로 집을 사기에는 돈이 턱없이 부족하다. 통일 직후 남쪽 사람들이 땅을 경쟁적으로 사들이면서 부동산 가격이 폭등했기 때문이다. 남쪽 사람들은 순진한 자신들을 등쳐먹는 '돈주'에 불과할 뿐이다. 서울로 유학 보낸 아이들은 북쪽 말투를 쓴다고 놀림을 당하고, 왕따와 학교 폭력에 시달린다. 북쪽 사람들 사이에서는 차라리 통일 이전이 나았다는 말까지 나온다.

북쪽 주민은 분노한다. 역시 남쪽 주민에 대한 혐오 사이트가 만들어진다. '미러링'이란 이름으로 남쪽을 혐오하는 표현들로 넘쳐난다. 북쪽 사람들은 남쪽 사람들을 돈만 밝히는 '자본충(蟲)'으로 부른다. 남쪽 사람들은 이 사이트를 '북쪽 일베'라며 공격한다. 북쪽 주민은 남쪽의 혐오 표현을 그대로 모방하는 '미러링'에 불과할 뿐인데, 남쪽에서 과하게 반응한다고 생각한다. 통일 대한민국은 혐오를 혐오로 대응하는 것이 정당하냐며 논란이 일기 시작한다. 북쪽 주민은 마스크를 쓰고 '북(北)은 유죄, 남(南)은 무죄' 푯말을 들고 도심 시위 현장에 모인다.

정치 권력자들은 남북 혐오 감정을 기민하게 활용하기 시작한다. 강경파들은 '남한을 위한 대안'이라는 정당을 만들어 '우리 세금을 우리를 위해'란 구호를 내

건다. 총선에서 교섭 단체가 된다. 북쪽 주민의 남쪽 유입을 제한하는 '이동 제한 특별법'과 세율 인하를 골자로 하는 '소득세법 개정안'도 발의한다. "북쪽 사람들이 나라를 세우려 한다", "국가 안보가 흔들리고 있다"며 통일과 함께 폐기된 국가보안법을 다시 제정할 것을 주장한다.

북쪽 사람들 역시 가만히 있지 않는다. '평안·함경 자치구'를 주장하는 시민단체가 만들어진다. 북쪽에는 사실상의 독립운동 열풍이 불기 시작한다. 통일에 반대했던 옛 조선노동당 강경파 세력들이 이 단체에 돈줄을 댄다는 소문이 돈다. 남쪽 보수정당은 이들 시민단체를 '신(新)주체사상파'라고 규정짓는다.

국회 언론 창구인 소통관에는 이들의 권리를 제한하자는 기자회견이 계속된다. 시민단체들은 청와대 앞에서 '신주체파 궤멸 기자회견'을 연일 개최한다. 북쪽 시민단체들은 "북조선 주민의 절멸을 꿰친 남쪽 자본주의 미치광이들을 불로 다스리겠다"는 성명서를 발표하며 격한 발언을 쏟아낸다. 국회 상임위에서는 주체사상 부활 논쟁으로 조용할 날이 없다. 연일 이어지는 공방 탓에 기삿거리는 차고 넘친다. 방송은 서로에 대한 원색적인 표현을 여과 없이 중계한다.

결국, 곪은 게 터지고 만다. 광화문 한복판에서 대형 테러가 발생해 수십 명의 사상자가 발생한다. 옛 조선노동당 강경파 간부가 테러에 관여했다는 정황이 나온다. 남쪽의 적개심은 하늘을 찌른다. 반북 정당은 '신주체파의 테러'로 규정하고 북쪽의 이권을 대변해 온 정당과 시민단체들의 해산을 주장한다. 국회에서는 '신주체파 테러 진상규명 국정조사'가 시작된다. 전향한 옛 조선노동당 간부, 북쪽 주민 인권단체 관계자 등이 줄줄이 증인과 참고인으로 출석한다. 그들의 말 한마디 한마디는 언론에 대서특필되고 남쪽 사람들은 분개한다.

그러는 사이 이번엔 평양 개발의 상징적 장소인 려명 거리에서 테러가 발생한다. 북쪽 사람들은 이 테러가 남쪽 반북 단체에서 계획한 일로 믿는다. 북쪽의 이익을 대변하는 시민단체들도 '과격 자본주의자 테러 국정조사'를 요구한다. 하지만 국회는 이를 받아들이지 않는다. 이 와중에 또 서울에서 테러가 발생한다.

한반도는 테러가 일상화되기 시작한다. 통일 대한민국은 일부 국가에서 여행

위험 지역으로 분류된다. 한반도는 점점 위기 속으로 빠져든다…….

위 사유 실험은 남한이 헤게모니를 잡는 통일이 이뤄졌을 때의 경우의 수다. 다분히 주관적 관점에서 쓰인 극단적 디스토피아(dystopia)다. 남북 관계에 찬물을 끼얹는 것 같아 유감스럽지만 통일을 반대하기 위해 사유실험을 한 것이 아니다. 대한민국 국민으로서 남북 대화와 평화 통일을 적극 지지한다. 다만, 사유 실험을 통해 우리 공동체가 타자로 규정된 이들을 어떤 방식으로 다루고 있는지 그 전형을 풀어보고 싶었다. 분명히 밝히지만 북한 문제나 통일 문제는 이 책의 관심사가 아니다.

위의 사유실험은 유사한 역사적·정치적·사회적 기억을 가진 두 집단이 기계적으로 결합해 같은 공간 안에서 마주 보며 살아갈 때 70년이라는 비교적 짧은 시간적 간극마저도 강력한 이질감을 추동할 수 있음을 전제하고 있다. 위의 사례들이 새로울 것은 없다. 그간 우리 공동체에서 혐오가 작동하는 방식을 그대로 투영시켰을 뿐이다.

대한민국 공동체 내부 여러 혐오 현상이 있음에도 불구하고, 굳이 그 대푯값으로 통일 대한민국의 '북쪽 출신 이주민'이란 '가상'의 존재를 택해 사유실험을 한 이유는, 혐오 메커니즘에 대한 근본적 사유에 조금이나마 도움을 줄 수 있을 것이란 판단 때문이다.

우리 공동체는 혐오 담론에 대한 합리적 토론이 어려운 지경에 이르렀다고 생각한다. 만일 우리 공동체가 여성을, 동성애자를, 이주민을 혐오하는 방식을 풀어내는 것부터 책을 시작했다면 누군가는 바로 책을 덮을 것 같았다. 혐오는 상대와의 소통소차 기피하겠다는 감정적 메타포이기 때문이다.

우리 공동체 상당수 구성원들은 혐오로 지목된 그들 때문에 피해를 보고 있다고 믿는다. 그리고 그 생각은 확신에 가깝다. 심지어 그들의 열악한 현실을 알고 있으면서도 불편해한다 ─ 다시 강조하지만, 타자를 혐오하는 사람들을 타박하는 것은 결코 이 책의 정신이 아니다. 최소한의 동정심조차 작동되지 않을 정도로 혐오 감정은 견고해지고 있다. 타자의 열악함을 나타내는 합리적 통계, 반박 불가능한 논리도 통하지 않을 때가 많다. 사실이 무엇이든 중요하지 않다. 그냥 그들이 '싫기 때문'이다. 그리고 이것은 꽤 설득력 있는 명분으로 여겨진다.

기자로서 취재 현장에서 늘 느끼는 일이지만 타자에 대한 기사에는 기사 내용과는 상관없는 고약한 댓글로 가득하다. 기자들도 자주 공격받는다. 정치와 경제권력을 옹호하고 조력할 때 자주 소환되던 '기레기' 혹은 '기더기'라는 표현은, 타자를 동정하거나 지지하는 기사, 심지어 혐오 관련한 팩트체크 기사에도 꼬리표처럼 따라붙고 있다. 개인적으로 소수자 인권 기사를 쓸 때마다 기자를 공격하는 댓글과 항의 메일 때문에 좌절감을 느낄 때가 많았다. 예멘 난민 사태, 페미니즘 논란은 대표적 사례일 것이다.

결국, 대상에 대한 선입견을 내려두는 것이 필요하다고 생각했다. 반감이 덜한, 달리 말하면, 혐오의 관점에서 덜 소비된 대상이 필요했다. 상상 속 혐오의 대상을 지정해 이야기를 풀기 시작하면 독자들이 혐오의 '대상' 그 자체보다는 혐오가 어떤 식으로 작동하는지, 그 메커니즘에 눈길을 둘 수 있을 것 같았다. 선입견을 최소화해 논의의 보편성을 얻기 위한 노력으로 봐줬으면 좋겠다.

혐오의 전형성

그렇다면, 위 사유 실험이 보여주는 혐오의 전형성은 무엇인가. 첫째, 혐오 '탄생'의 전형성이다. 앞의 사유실험은 남쪽과 북쪽 공동체 구성원 사이 수십 년간의 이질감에 기반을 두고 있다. 자칫 단순해 보이는 '다름'이라는 정서가 불편함으로, 나아가 혐오라는 감정으로 쉽게 확장되는 과정을 담았다. 북쪽 주민의 대이동 이후 서로가 살을 맞대며 살아가자 공동체 주도권을 쥐고 있던 남쪽 사람들은 불편해했고, 금세 적대적으로 돌변했다. 다름은 우리가 생각하는 것보다 훨씬 가혹하다.

사회·경제적 요인들은 공동체 구성원과도 맞물린다. 이미 경기 침체가 장기화하고 있는 상황에서 남쪽 공동체 내부에서도 박탈감과 좌절감은 서서히 커져가고 있었다. 내부적 긴장이 커지는 와중에 갑작스럽게 타자가 유입된다는 것은 매우 불편한 일이다. 가까워진 물리적 거리감과는 반대로 심리적 거리감은 멀어진다.

그렇게 공동체 구성원들은 그들을 향해 자본주의에 익숙하지 않은 사람들, 게으른 사람들이란 부정적 정체성을 덧씌운다. 정체성 덧씌우기는 '평냉충'과 같은 혐오 표현으로 상징된다. 혐오 표현은 타자의 정체성을 도덕적 열위(劣位)에 구속해 혐오를 다시 증폭시킨다.

즉, 타자와 '다름'이 '불편함'으로 이어지고, '불편함' 때문에 타자를 '기피'하며 '위계'적으로 낮은 곳에 위치시키는 전형성이다. 우리는 타자와 우리의 정체성이 다르다는 것을 규명하기 위해 부단히 노력하고, 그 다름을 증명하기 위해 타자에 대한 부정적 정체성을 인위적으로 만들어내는 데 스스럼없다. 그렇게 우리는 타자의 정체성을 상상할 자유를 얻는다. '혐오의 인위성'이다.

둘째, 혐오 '정당화'의 전형성이다. 공동체 구성원들은 북쪽 주민들 때문에 세금을 많이 내는 현실, 노숙자가 증가하고 범죄율이 높아지는 상황에 대해 불쾌감을 느끼기 시작한다. 이는 그들이 혐오받을 충분한 이유라고 믿게 만든다. 타자를 차별하고 배제하는 것이 도덕적으로, 윤리적으로 그르다는 것을 충분히 인지할 수 있음에도 불구하고, 그들을 혐오하면서 별다른 가책을 느끼지 않는다.

아니, 오히려 그 반대다. 이주한 북쪽 주민들 때문에 공동체가 위기를 맞고 있기 때문에 이들에 대한 혐오는 정당하다고 생각한다. 그들의 존재가 우리 공동체에 해를 끼친다고 믿기 때문이다. 타자를 혐오하는 것은 공동체의 선(善)과 맞닿아 있는 것으로 인식된다. 그들을 혐오하지 않는 것은 솔직하지 못한 것이며, 이것이 오히려 도덕적이지 않은 행동이라고 믿기 시작한다.

위와 같은 위기 속에서 타자의 '인권' 혹은 공동체의 도덕을 이야기하는 것은 고루하고 경직된 태도로 인식된다. 오히려 도덕적·윤리적 이유로 혐오가 사악한 감정이라고 훈수 두는 사람들을 도덕적 우월감에 빠진 근본주의자로 여긴다. "혐오는 악하기 때문에 혐오하지 말라"는 지식인들의 조언은 별 의미가 없다.

즉, 혐오가 기성(既成) 도덕과 양심으로부터 자유로워지는 전형성이다. 도덕과 양심에서 자유로워진다는 건, 타자를 혐오할 자유와 권리를 얻는다는 것을 뜻한다. 우리가 '옳다'고 규정해 왔던 관용과 같은 공동체 규범은 그 힘을 잃을 수도 있으며, 반대로 혐오가 그 규범의 자리를 꿰찰 수도 있다. '혐오의 규범성'이다.

셋째, 혐오 '확장'의 전형성이다. 북한 출신 주민에 대한 개별적인 불편한 감정은 소통을 통해 상호 연결된다. 미디어나 예술 등이 중요한 역할을 한다. 물론, 직설적인 방식은 아니다. 범죄 용의자에게 '북한 주민 출신'이라는 수식어를 즐겨 쓰는 기사들, 북한 말투를 쓰는 사람에게 악역을 맡기는 영화 등이다. 이런 간접적인 방식은 집단 상상력을 재확인시킨다.

개별적으로 느꼈던 북한 주민에 대한 불편함은 미디어를 통해 공유된다. 심지어 불편함을 느끼지 않았던 제3자들까지 영향을 받는다. 그들 역시 "북한 주민 때문에 우리가 피해를 볼 수 있다"는 식의 판단이 생긴다. 혐오는 미디어를 통해 쉽게 전염되고, 발 빠르게 응집된다. 북한 주민 역시 자신들에 대한 혐오에 기민하게 반응하며 역(逆)감정을 만든다.

즉, 미디어를 지렛대 삼아 공동체 구성원들이 소통하고, 이를 통해 집단 감정을 만들어내는 전형성이다. 거친 무의식을 한데 묶는 데는 소셜 네트워크 서비스(SNS)가 그 중심에 있다. 인류 역사상 이렇게 빨리 텍스트를 실어다 나른 미디어는 없었다. 혐오는 SNS라는 발 빠른 천리마를 통해 얽히고설켜 보급된다.

사실 온라인 공간은 시민들의 정치 참여를 유도해 민주주의에 크게 기여해 온 것도 사실이었다. 하지만 동시에 민주주의에 역행하는 다른 층위가 돋보이기 시작했다. 소통을 통해 상호 신뢰와 유대, 연대감을 강화시킨 공(公)과는 별개로, 반향실 효과를 강화시킨 과(課)의 문제도 함께 나오고 있는 것이다. '혐오의 확장성'이다.

넷째, 혐오 제도화의 전형성이다. 이런 적대적 환경을 자신에게 유리하게 활용하는 세력들은 정치적으로 지지받고 심지어 공적 공간에 입성한다. 사회적 자원을 쥐기 시작한 그들은 공동체 구성원들로 하여금 증오하도록 부추긴다. 북한 주민의 유입을 막고, 세율 인하를 추진하며 지지를 얻고, 이것이 도로 혐오를 증폭시킨다.

즉, 혐오가 공동체의 공적 감정으로 인정받게 되는 전형성이다. 특정 개인이 SNS와 같은 사적 영역을 통해 "나는 그들이 싫다"라고 이야기하는 것과, 지지받은 권력이 "우리는 그들이 싫다"고 말하는 것은 별개 문제다. 공적 영역이 사적 영역에서 체계적이지 않은 형태로 나돌던 혐오 감정을 공론화하는 것은 혐오에 규범적 정당성을 부여할 수 있기 때문이다. '혐오의 인증성'이다.

다섯째, 결국, 민주주의가 훼손되는 전형성이다. 사유 실험에서의 통일은 남쪽이 주도권을 쥐고 있다. 중심부는 남쪽 주민이, 주변부에는 북쪽 주민이 위치하는 비대칭성을 전제한다. 북쪽 주민은 서서히 자신들이 차별받고 배제당하는 현실에 적개심을 품기 시작하고, 점점 과격해진다. 혐오와 싸우는 자들은 상대를 혐오하면서 결집한다. 폭력은 이 지점에서 수반된다. 유럽 사회 만연하는 테러리즘은 이런 과정을 거친 결과였다.

남쪽 주민들이 느끼는 부정적인 감정, 박탈감과 좌절감, 분노 등은 이내 북쪽 주민들의 역(逆)박탈감과 역(逆)좌절감, 역(逆)분노로 반작용한다. 그리고 그 종착역은 혐오와 역(逆)혐오다. 여기서 상호 신뢰는 그 힘을 잃는다.

우리의 감정은 제대로 수용되지 못한다. 심지어 내 감정이 수용되는 것보다 타자의 감정을 배제하는 것이 우선순위가 되는 상황까지 발생한다. 혐오가 테러리즘의 형태로 나타난다는 것은, 공동체 구성원의 목숨을 희생해서라도 그들을 위협하고 내쫓고 싶다는 욕망이 강해졌음을 의미한다. 폭력적인 방식으로 혐오를 달성할 때 공동체 역시 격한 피해를 볼 수밖에 없다.

이제부터는 사유실험을 통해 나온 여러 전형성을 구체적으로 살펴보려고한다. 이 책은 사유실험에서 살펴본 혐오의 전형성을 토대로 구성되어 있다. 먼저, 타자 혐오가 구체적으로 어떻게 작동하는지 그 메커니즘을 다룬다. 타자화라는 개념을 통해 우리가 타자를 만드는 방식, 또 그렇게 타자의 정체성을 구성하고 일반화하는 방식에 대한 논의다.

제2장

혐오 메커니즘

오리엔탈리즘

유럽인은 주도면밀한 이론을 좋아한다. 사실을 말하는 언어에는 한 치의 애매함
도 없다. 비록 논리학을 공부하지 않아도 유럽인은 타고난 논리학자이다. ……
동양인의 정신은 동양의 길거리와 마찬가지로 현저히 균형을 결여하고 있다.

— 영국 외교관 크로머(Cromer) 경이 쓴 『현대 이집트』, 2권 34장[1]

진부해질 대로 진부해진 '오리엔탈리즘'을 우리 시대 다시 소환한다는 것
은 유감스러운 일이다. 세국주의 시대 식민 지배를 정당화하기 위해 동원된
이 표제어는 혐오 메커니즘을 설명하는 적확한 근거가 되었다.

　유럽의 제국주의자들은 동양인이 어리석다고 믿었다. 아니, 정확히는 어
리석어야 했다. 어리석기 때문에 지배당해도 괜찮다는 화법은, 달리 말하면,
지배하기 위해 어리석은 존재로 만들어야 한다는 은유이기도 했다.

1　에드워드 사이드, 『오리엔탈리즘』, 박홍규 옮김(교보문고, 2003), 80쪽.

타자화. 특정 대상을 우리와 다른 존재로 부각시키는 말과 행동, 사상을 뜻하는 이 말은 오리엔탈리즘을 구축해냈던 기축 이데올로기와 같았다. 때로는 나를 규정하는 것보다 타자를 규정하는 것이 쉬운 일이다. 서양인은 동양인을 자신들과 같은 '인간'의 범주가 아닌 어리석은 존재로 타자화하면서 식민 지배를 합리화할 수 있었다. 이런 과정은 원수까지 사랑하라는 종교적 가르침에서, 폭력 행사에 뒤따르는 양심의 가책에서 해방될 수 있음을 의미했다. 제국주의자들이 말하던 윤리, 도덕, 종교, 양심 따위는 '특정 기준에 부합하는' 인간에게만 적용되는 가치였기 때문이다.

혼잡했던 동양의 길거리를 보고 동양인의 의식구조가 균형을 결여했다고 일반화했던 서양인의 신념은 그렇게 '오리엔탈리즘'이 되었다. 그 시작은 미미했을 것이다. 크로머 경 같은 서양인이 어떤 동양인 혹은 어떤 동양의 문화를 맞닥뜨린 뒤 '다름'을 느꼈을 것이고 이를 불편해했을 것이다. 그 불편함은 거부감이 되었을 것이며, 이런 거부감은 다른 구성원들에게 공유되며 지지를 얻었을 것이다. 그렇게 동양이란 공간에 동양화된 '정체성'이 덧씌워졌을 것이다. 동양의 문화에서 수집되어 왔던 모든 것이 동양적인 것이 되었다.[2]

동양은 게으르고 부패했으며, 비과학적이고 비논리적이라는 열위는 타당한 근거에서 기인된 것은 아니었다. 『오리엔탈리즘』을 쓴 에드워드 사이드의 말처럼, 오리엔탈리즘은 역사적으로 축적된 지식이 아닌, 일종의 상상에 기인한 별종의 지식에 가까웠다.[3]

즉, 서양이 흔히 생각해 왔던 비논리적이고 비과학적이며 감상적이라는 동양의 정체성, 그래서 동양은 열등하고 심지어 '미개'하다는 명제는 '상상의 박물관'에나 존재하는 것에 불과했다. 동양은 그렇게 동양화(化) 되었다. 하지만 그 타자화의 힘은 강력했다. 제국주의로 명명된 식민지 개척의 명분이

---

2   같은 책, 298쪽.

3   같은 책, 140쪽.

되었고, 그 끝은 세계대전과 홀로코스트라는 인류사 최대 비극이었다.

군이 구태의연한 오리엔탈리즘을 소환한 이유는, 우리 시대 혐오 감정이 — 동양인이었던 우리를 옮아맸던 — 오리엔탈리즘과 거울상이기 때문이다. 홀로코스트를 치열하게 반성한 지 반세기도 되지 않은 지금, 우리는 다시 오리엔탈리즘의 작동 방식을 목격하고 있다.

혐오는 우위와 열위, 위계를 기반으로 한 오리엔탈리즘의 서사를 차용한다. 오리엔탈리즘이 서양과 동양의 경계와 그 차이를 끊임없이 확장했던 근거가 되었던 것처럼 혐오는 나와 타자의 다름을 되뇌는 과정이기도 하다. '우리'와 '그들'의 정체성은 뚜렷하게 대비된다. (모든) 흑인과 (모든) 이주민은 잠재적 범죄자이고, (모든) 여성은 수동적이며, (모든) 동성애자는 변태 성욕자가 된다. 개별적 차이를 건너뛰는 것은 어려운 일이 아니다. 타자는 그렇게 독립된 개인이 아니라 혐오가 덧씌워진 집단이 된다. 우리가 생각하는 것보다 거칠고 더욱 격렬하게.

혐오 메커니즘의 핵심 표제어가 '타자화'인 이유이기도 하다. 서구 제국주의자들에게 동양인이 '어리석은' 것이 아니라 '어리석어야 했던' 것처럼 타자는 '혐오스러운' 것이 아니라 '혐오스러워야 하는' 것일지도 모른다. 일본 제국주의자들이 조선인을 탄압하고 고문할 수 있었던 것은 조선인은 고문받아도 괜찮은 혐오스러운 존재로 만들어졌기 때문이었다. 그들은 서구의 오리엔탈리즘을 재가공해 탄압의 명분을 만들었다. 동양인으로서 오리엔탈리즘의 피해자였던 우리가 오리엔탈리즘의 메커니즘을 다시 모방하고 있다는 것은 역설적인 일이다.

사이드의 혜안을 주목한다. 사이드는 동양에 어떤 실체가 있다는 주장, 동양과 대립되는 또 다른 실체가 서양에 있다는 주장, 이런 식의 인식론적 구별 자체를 거부한다. 사이드는 "그들은 누구인가" 혹은 "우리는 누구인가"라는 질문에 대해 회의적이다. 유난히도 요즘, 우리 공동체는 이런 질문에 자주 맞닥뜨리고 있다. 나와 타자들. 우리 공동체의 타자는 어떻게 타자가 되는가.

01

타자화

다름

2015년 이산가족 상봉을 취재했을 때 일이다. 당시 정치부에서 근무하고 있었다. 상봉 현장에서 보내온 영상을 정리하고, 이를 기사로 내보내는 업무를 맡았다. 상봉을 하루 종일 지켜보는 것은 곤욕스러운 일이었다. 그들의 눈물은 대한민국 질곡의 역사 그 자체였다.

예상대로 북한 주민들은 "이렇게 우리가 상봉할 수 있는 것은 김정은 원수님 덕분이다"라는 말을 자주했다 — 당시에는 김정은 위원장을 '원수'라는 칭호로 불렀다. 정치 권력자에 대한 찬양은 잊을 만하면 나왔다. 이는 습관적으로 내뱉는 상투어에 가까워 보였다. 갑자기 놀랐을 때 '엄마'를 외치는 것처럼.

권력이 주민의 일상을 통제하는 북한 사회의 모습이 낯설지는 않았다. 조선중앙TV에서 자주 봤던 화법이기도 했다. 이런 와중에, 한 80대 북한 노인의 이 말은 내 눈을 번뜩이게 했다.

> 80대 북한 노인: '김정은 원수님 덕분에 내가 이렇게 오래 살아서' 전쟁 통에 헤어진 가족을 만날 수 있었다.

상봉을 이끌어낸 제도적 도움, 그 감사를 권력자를 향해 표현한 것과는 결이 달랐다. 이것은 일종의 종교적 기도문에 가까웠다! 80대 노인이 본인의 장수를, 정권을 잡은 지 당시 불과 3년밖에 안 된 30대 권력자의 수혜로 생각하는 표현 방식은 하느님의, 부처님의, 알라의 은총에 의탁하는 종교적 언어와 별반 다르지 않았다. 운명의 영역에 있는 인간의 수명을 정치 권력자의 통치 방식과 연결하는 것은 우리에게 익숙하지 않은 화법이었다. 그 노인에게 정치 지도자는 종교적 신앙의 대상과 같았다. 이런 식의 종교적 기도문은 꽤 자주 들려왔다. 그 노인은 틈만 나면 정치와 종교를 한데 엮어내며, 보란 듯 신앙 경쟁을 하는 것처럼 보였다.

우리는 북한 주민들이 경직된 정치 공간에서 살고 있다는 것을 잘 알고 있으며, 정치 권력자의 억압과 핍박 때문에 굴복하며 살아간다고 생각한다. 우리가 언론 보도로 봤던 북한의 모습은, 주민들이 강압에 의해 '장군님'을 외치고, 결국 그들의 정치 체제가 풍전등화처럼 언젠가는 무너질 수밖에 없다는 당위였다. 우리는 그렇게 교육받았다. 하지만 그 노인의 화법을 보면서, 우리의 시각이 예상외로 단순할 수도 있다고 느꼈다.

그들의 모습은 핍박과 복종의 정치 언어로 설명할 수 없는, 그 이상을 담고 있는 것 같았다. 주체사상은 — 비록 정권에 의해 기획되고 보급되었을지라도 — 정치 체제를 넘어, 일상 안에 자연스럽게 스며든 종교와 비슷한 기능을 하고 있을지도 모른다. 주민들이 자신들의 정치 체제를 일상의 영역 안에서 흡착해 신앙에 필적하는 어떤 믿음을 재생산하는 것 같은.

즉, 북한 주민들이 이런 정치 체제에 '진심으로' 용해되면서, 정치 종교의 제사장인 김 씨 일가에 대해 열렬한 환호와 찬양을 보내는 것은 아닐까. 그렇게 북한 공동체는 지도자에 대한 자발적 찬양을 통해 유대와 통합, 연대를 성취하는 것은 아닐까. 결국, 북한 사회의 통합은 단순히 김 씨 일가의 공포 정치 때문만이 아니라 '정치 종교'가 극대화 된 형태가 아닐까.

가령, 북한이 전승기념일에 늘 선보이는 매스게임(mass game)은 그런 찬양의 양식과 유대, 통합을 단적으로 보여주는 상징적 장면일 수 있다. 우리는 이 매스게임을 보면서 북한 주민이 강압적으로 생계를 포기당한 채 불행하게 동원되었다고 믿지만, 이런 의례조차 어떤 자발성에 근거했을지도 모른다. 매주 일요일 교회를 찾는 기독교인, 매주 금요일 모스크를 찾는 이슬람 교도들처럼. 종교 의례의 힘은 강력하고 견고하기 때문이다.

자신의 장수마저 권력의 수혜로 이해하는 그들의 언어를 보면서, 북한 사회의 통합 수준, 나아가 북한 주민들의 사고방식이 우리가 예상하는 것보다 훨씬 복잡할 수 있음을 깨달았다. 그 80대 노인은 30대 지도자를 '진심으로' 감사해했고, '종교적으로' 찬양하는 것 같았다. 우리와 그들의 사유 방식은 우리가 생각하는 것 이상으로 격하게 다를 수 있었다.

여기까지는 그들과 우리의 '다름'에 대한 이성적 사유에 가까웠다. '정치의 종교화'와 같은 그간 알고 있던 서툰 지식으로 논리적 근거를 찾고, 스스로를 이해시키기 위해 애썼다. 하지만 이성적 사유로는 충분하지 않은 감정적 독특함이 있었다. 이성적으로 이해하는 다름과 정서적으로 느끼는 다름은 말 그대로 다를 수 있다.

그 독특한 감정은 무엇일까. '신기함'이었을까. 우리는 보통 나와 다른 대상과 맞닥뜨릴 때 신기한 감정을 느낀다. TV에서만 보던 연예인을 실제로 봤을 때처럼.

필자는 냉전을 제대로 경험하지 못한 세대다. 공산주의 혹은 권위주의 정권에서 살아가는 사람들을 보면 뭔가 '다르게' 보일 때가 있다. 대학 시절 핀란드 헬싱키에 교환학생을 갔을 때 한 독일 친구와 이야기할 기회가 있었는데, 그 친구가 동독 출신이라는 이야기를 듣고 궁금한 것이 많아졌다. 나도 모르게 공산주의 공간에서 사는 것이 어땠는지 물어보기도 했다. 뭔가 다르다고 지레 짐작했기 때문이었다. 나보다 나이가 어려 베를린 장벽이 무너진 것을 제대로 목격하지도 못한 친구였다는 것을 나중에야 알았다.

하지만 신기함은 아니었던 것 같다. 신기함이었다면 흥미로움과 맞닿아 있었을 텐데 그렇지 않았다. 뭐랄까. "원수님 덕분에 장수했다"는 그 노인의 표현에는 안타까움이나 아쉬움 같은 감정이 겉돌았다.

그렇다면 '동정'이 배어 있던 걸까. 정치 종교의 노예가 된 사람들에 대한 연민 같은 감정. 탄압받는 누군가에 대한 영화를 보면 늘 안타까웠다. 미국 남북전쟁 당시 흑인 노예와 관련된 영화를 봤을 때 그런 감정을 자주 느낄 수 있었다.

하지만 이 역시 아닌 것 같았다. 30대 지도자에게 종교적 찬양 화법을 구사하던 그 노인이, 솔직히 말하면 '못마땅했던' 것 같다. 흑인 노예에 대한 영화를 보면서 그들을 못마땅해하지는 않는다. 그 노인이 북한 정치 체제의 피해자일 수 있음을 모르지 않았지만 필자는 노인의 발언에 분명 호의적이지 않았다. 부정적인 쪽에 가까웠다.

부정적인 감정이라면, '분노'였을까. 정치권력의 상징 조작 때문에 북한 주민이 정치 종교의 노예가 되었다는 식의 사유와 함께, 결국, 국민을 이렇게 만든 북한 정권에 대한 분노가 부정적으로 다가온 것은 아닐까.

이 역시도 아니었던 것 같다. 만일 분노였다면, 북한 사회의 정치 시스템이 바뀌어야 한다는 공적 책무도 함께 연상해내야 하지만, 북한의 민주화와 같은 의무감까지는 고려하지 않았던 것 같다. 필자는 우리가 손쉽게 규정했던 북한 정치 시스템의 복잡성을 고민했을 뿐, 그 이상 나아가지는 못했다.

그런 와중에 필자의 주된 정서를 비교적 잘 설명해 주는 문장이 떠올랐다. "통일이 된다면, (금강산 상봉 현장에 있던 80대 노인처럼) 우리와 생각하는 방식이 완전히 다른 북한 주민들과 함께 살아갈 수 있을까……."

정리하면, 눈앞에서 소통을 하는 북한 주민을 처음 봤고, 이 가운데 한 80대 노인의 "원수님 덕분에 오래 살았다"는 말을 들은 뒤 정치가 종교화된 북한 사회를 연상했다. 그 노인은 분명 북한의 정치제도에 익숙한 사람이었고, 따라서 대한민국 공동체의 상식과는 많이 '다를 수밖에' 없는 존재라고 생각했다. 그런데 그 노인과 비슷한 생각을 가질 것으로 추측되는 북한 주민들과 같은 공동체 구성원이 될 수 있다는 가능성을 연상했고, 그런 가정적 상황이 '불편해졌다'.

사실 우리는 다르다고 해서 무조건 불편함을 느끼지 않는다. 다름과 불편함 사이에 반드시 인과관계가 성립하는 것은 아니기 때문이다. 우리가 그 다름을 심각하고 중대하게 느끼는 어떤 상황이 필요하다. 그 노인에게 느꼈던 '다름'이라는 감정이 '불편함'이라는 감정으로 쉽게 도달하게 만든 '구성 조건'이 있을 것이다.

우리 공동체 구성원들이 북한 주민에 대해 가지고 있는 감정은 구체적이지 않았다. 남과 북은 70년 분단 상황 속에서 서로를 주적으로 인식해 왔지만 동시에 '같은 민족'이란 공감대를 가지고 버텨왔다. 북한의 독재 정권은 싫지만, 북한 주민은 조력이 필요하다는 인도주의적 관점, 심지어 사실상 남이 되어버린 상황에서 우리가 굳이 도울 필요가 있겠냐는 냉소도 존재한다. 북한 주민에 대한 우리의 통일된 감정은 하나의 언어로 규정하기 어렵다.

물리적·심리적 거리가 멀었던 만큼 우리 공동체 대부분의 구성원이 북한 주민을 바라보는 시각은 아직까지 '추상적 타자'에 머물러 있었다. 한국전쟁 이후 70년, 우리 공동체를 이끌어가는 주요 세대가 바뀌었다. 자연히 북한 주민은 서서히 우리와 직접적인 관련이 없는 존재들이 되었다.

1980년대생인 필자 역시 북한 주민 개개인에 대해 고민해 본 적은 없다. 북한 주민과 우리는 지리적 거리감만큼이나 막연히 '다를 수 있다'고 여길 뿐이며, 심지어 다른 누군가는 우리와 다르다는 인식 자체를 연상하지 못할 정도로 사유의 우선순위에서 벗어나 있다. 북한 주민은 우리 일상에서 마주칠 존재들이 아니기 때문이다.

그런데 북한 주민을 직접 맞닥뜨리게 된다는 것은 또 다른 문제다. 정말로 '다르다는 것'을 눈으로 보고 확인할 수 있기 때문이다. 일상 안에 소통해야 하는 존재가 되면, 우리 안에 포섭해야 할지, 아니면 타자로 규정해야 할지, 긴장감 넘치는 줄다리기를 해야 한다. 다르다는 막연한 인식은 개개인의 구체적 경험과 결합하면서, 우리가 예상치 못한 방향으로 흘러간다. '막연히' 다르다는 것과 '실제로' 다른 것을 확인하는 작업은, 말 그대로 '다르기' 때문이다.

이산가족 상봉 행사 취재 과정에서 북한 주민의 말과 행동을 통해 사실상 처음으로 구체적 경험을 할 수 있었다. 최고 지도자를 향해 "오래 살게 해줘서 감사하다"는 말 한마디에, 북한 주민이 '실제로' 우리와 다르다는 것을 체감했고 우리와 소통이 어려울 것 같다는 우려가 생겼다. 그리고 앞으로도 그들과 소통할 기회가 더 많아질지도 모르며, 함께 살아갈 가능성이 있는 존재라는 것도 연상했다.

현장에서 느낀 이런 식의 불편함과, 우리가 지금껏 배웠던 "남북은 하나"라는 학습된 구호가 뒤엉킨다. 그렇게 "함께 살아갈 수 있을까"에 대한 고민이 시작되었다. 남북이 하나라면, 우리와 같은 일상을 공유할 '자격'이 있는 존재들일 텐데 정말 그들은 그런 자격이 있는 것일까. 혹시 이들이 우리 공동체에 좋지 않은 영향을 끼치지는 않을까. 이는 타자와 함께 살아갈 수 있다는 '불확실성'에 대한 두려움과 같았다.

타자에 대한 구체성은 다름과 불편함의 연결고리를 더욱 강력하게 접합시킨다. 막연히 우리와 다르다고 해서 감정적 여운이 깊은 것은 아니다. 외부에 존재해 있던 타자는 우리 일상에 아무런 영향을 끼치지 않기 때문에 고려 대상일 필요가 없다. 반대로 외부의 타자가 우리 공동체 안에 포섭되기 시작했을 때 타자에 대한 연상 작용은 별다른 고민 없이 이뤄지고, 그렇게 타자에 대한 부정적인 정체성은 쉽게 규정될 수 있다.

'추상적 타자'와 '구체적 타자'에 대한 구분은 혐오 현상에 중요한 의미를 가진다. 대한민국 공동체를 비롯해 세계는 역사상 유례없는 타자들과의 물리적 결합을 목격하고 있다. 그간 추상적 단위에 머물렀던 – 일상적으로 마주칠 이유가 거의 없었던 – 존재들, 그리고 그들에 대한 담론들이 그 어느 때보다 많이 우리 곁을 맴돌고 있다. 유럽 사회에 대거 유입되는 이민자들, 미국 사회로의 히스패닉 이민자들의 대이동, 성적 소수자 담론의 확대, 여권 신장 등.

우리는 이런 현상을 '다문화'라고 표현했다. 그렇게 익숙하지 않았던 타자와 그 타자에 대한 담론들이 구체성을 띠게 된다. 여기서 우리는 그간 정상적이고 일반적으로 여겼던 공동체의 어떤 정신이 흔들릴 수 있다는 위기감을 갖는다. 달리 말하면, ─ 뒤에서 자세히 설명하겠지만 ─ 우리가 흔히 '정치적 옳음'의 차원에서 말하는 '다원주의' 혹은 '다문화 사회'는 공동체 정체성에 혼란을 수반할 수밖에 없음을 의미한다.

즉, 통일은 일상 공간 안에서 남과 북이 서로 접촉할 면적이 커질 수 있으며, 서로 구체적 타자가 될 가능성을 전제한다. 통일 공간 속 구체적 타자가 된 북한 주민은 우리와의 '다름'을 더욱 선명히 느끼게 만들 수 있기 때문이다. 물론 이는 불편한 일이다. 그리고 이런 불편함은 타자의 정체성을 구체화하려는 시도로 이어진다.

정체성

다시 이산가족 상봉 현장으로 돌아가자. 이 장면을 함께 지켜봤던 기자들과 이야기를 나눴다. 이런 불편함을 느낀 것은 나뿐만이 아니었다.

> A기자: 오래 살게 해줘서 고맙다니……. 우린 대통령한테 고맙다고 해야 하나? (웃음) 그들과 우리는 정말 달랐다. 북한 사람들은 정말 '시대착오적'이었다.

기자들은 80대 노인이 말하는 것을 잠시 지켜보는 것만으로도 북한 주민이 '시대착오적'이라는 정체성을 연상해 냈다. 한민족이라는 로망이 강한 이들에게 이런 이질감은 별 문제가 아닐 수 있지만, 적어도 북한 주민을 진지하게 고민하지 않았던 다른 누군가에게는 많은 고민을 남길 수 있었다.

즉, 의식적이든 무의식적이든, 나와 동료 기자들의 주된 감정은 나와 다른 그 노인의 – 그리고 '그들'의 – '시대착오적 정체성' 앞에 놓인, 혹은 놓일 수 있는, 나와 동료 기자들의 – 그리고 '우리'의 – '시대착오적이지 않은 정체성'에 대한 감정이었다. '시대착오'는 그들의 정체성을 구체화하는, 달리 말하면, 우리가 느꼈던 불편함을 구체적 형상으로 위치시키는 명료한 단어였다. 나아가 이는 노인의 화법에 대한 불편함이 노인이라는 존재 자체에 대한 불편함으로, 북한 주민 전체에 대한 불편함으로 외연이 확장되는 과정과 맞닿아 있었다.

기자들은 "그들과 우리는 달라도 너무 달랐다"고 말했다. '그들'과 '우리'라는 복수(複數) 대명사를 썼다. 우리는 특별한 정체성을 타자에게만 덧씌우는 것이 아니라 그 타자가 포함된 타자'들'에게 부여했다. 노인 한 명의 사례를 2500만 명이나 되는 북한 주민 전체의 정체성으로 규정한 것이나 다름없었다. 곰곰이 생각하면 기자는 노인 한 명의 사례만 경험했을 뿐이었지만, 그런 일반화 과정이 어색하게 느껴지지 않았다.

우리는 그 80대 노인이 어떤 삶을 살았고, 실제 어떤 생각을 하고 있는지 자세한 정보를 알지 못한다. 취재 중에 만난 탈북자를 제외하고는 다른 북한 주민을 만나볼 기회도 없었다. 그럼에도 그 노인의 말을 북한 공동체 구성원 전체의 사유 방식과 연결시켰고, 북한 주민 전체가 그럴 것이라고 쉽게 단정했다.

사실 나와 깊은 관계를 유지하고 있는 누군가가 마음에 들지 않는 말을 했을 때 "왜 내게 마음에 들지 않는 말을 했을까"를 고민하지, 결코 "그 사람이라는 존재 자체가 마음에 들지 않는다"라고 생각하지는 않는다. 이와 달리, 이산가족 상봉 현장에서 느꼈던 이 불편함은 '노인의 수사'를 경유해 '노인'이라는 존재, 나아가 북한 주민 전체를 향하고 있었다. 이는 말 한마디를 듣고 다른 정체성을 가진 존재로 쉽게 규정했다는 것을 의미했다.

언뜻 비합리적이고 비이성적인 과정처럼 보이지만, 이런 연상 작용은 매우 자연스럽게 이뤄질 수 있다. 감정은 원인과 대상이 꼭 일치하지 않는다.

종로에서 뺨 맞고 한강에서 눈 흘긴다는 말처럼 종로에서 내 뺨을 때린 A에 대한 적개심은 한강에 멀뚱히 서 있는 B에게도 향할 수 있다. 이성의 힘으로 불편함의 이유를 낱낱이 규명하는 작업은 정답을 얻어내기 힘들다.

다만, 감정적인 판단이 그릇된 것임을 주장하려는 것은 아니다. 이성적 사유로 규명될 수 없는 특이한 감정의 방식이 있음을 말하려는 것이다. 뒤에서 자세히 설명하겠지만, 공동체에 부정적인 감정이 누증할 때 혐오는 격렬해질 수 있으며, 그 격렬함은 관련 없는 대상을 경유하곤 한다. 이는 혐오의 중요한 메커니즘이며 도덕적 우위의 관점에서 타박할 일만은 아니라는 것이다. 오히려 이런 감정적 움직임이 우리 공동체 감정이 운영되는 방식일 수 있다.

결국, 우리가 타자의 정체성을 규정하는 것은 어려운 과정이 아니다. 상대에 대한 정보가 부족한 경우, 이런 과정은 더욱 쉽고 빠르게 진행된다. 우리가 '타자'라고 일컫는 이들은, 그만큼 그들의 정체성에 대한 정보가 부족하다는 것을 전제한다. 타자의 정체성을 제대로 파악하고 있지 않기 때문에 채워넣을 여백도 그만큼 많다. 어쩌면 필자는 그들을 타자화 할 준비가 되어 있었는지도 모른다. 사실 노인의 말 한마디를 듣고 "그 노인이 불편하다"는 문장 자체가, 그 노인에 대한 '타자화'를 전제하고 있는 것이나 마찬가지일 테니까.

그리고 그 타자화는 우리의 불안과도 연계된다. 이런 과정이 계속 반복되면 우리가 구축한 정체성이 손상될 수 있다는 의구심과 불안감, 나아가 공포심까지 만들어질 수 있다. "통일이 되면 우리가 북한 주민과 같은 공감대를 갖고 같은 공동체에서 살아갈 수 있을까"라는 우려는, 우리의 정체성에 대한 확인 작업인 동시에, 우리의 정체성이 훼손될 것이라는 불안의 표현이며 이를 벗어나기 위한 방어 심리에 가까웠다. 달리 말하면, 혹시라도 함께 살아갈지 모르는 그들에게 "우리 공동체 '회원의 자격'을 부여해도 괜찮은가"라는 질문을 던지고 있었던 것이다.

타자화는 우리 정체성에 대한 규정 방식이기도 하다. 노인이 속한 북한과는 달리, 우리는 시대착오적이지 않다는 식의 사유 과정이 수행된다. '시대착오적인 그들'과 '시대착오적이지 않은 우리'의 인식의 경계는 뚜렷해진다. 즉, 타자의 정체성을 일반화하기 위해 우리의 정체성도 일반화한다는 것을 의미한다. '그들은 누구인가'라는 질문은 '우리는 누구인가'라는 질문과 같다. 타자가 동질적인 정체성을 갖기 위해서는 우리의 정체성도 동질적이어야 한다.

그렇게 우리의 정체성은 하나로 통일된다. 타자의 정체성을 특정한 틀 안에 위치시키는 사이, 우리의 정체성 역시 일반화의 틀 속에 구속된다는 것을 뜻한다. 이른바 나 자신과 공동체와의 결합이다. 이를 통해 사적인 나는 공적인 내가 된다. 타자를 개별적 존재가 아닌 전체를 대변하는 단위로 표상하면서, 우리 역시도 '나 자신'이 아니라 그들과 대비되는 집단 전체로 묶인다. 타자를 동질적으로 묶어두기 위해서는 우리 역시 개별성과 주체성을 상실한 동질적 존재로 구획되어야 하는 것이다. 일반화의 틀 속에 갇히면 개별적 주체성을 연상하기 어려워진다.

이런 과정을 보면, 정체성이라는 것이 얼마나 위태로운 것인가를 깨닫게 된다. 그 80대 노인은 북한 주민이라는 정체성 말고도, 노인으로서의 정체성, 남성으로서의 정체성을 가지고 있지만, 다른 정체성은 별다른 고려사항이 되지 못한다.

가령, 필자는 남성으로서의 정체성, 30대 청년으로서의 정체성, 기자라는 정체성, 한국인이라는 정체성, 서울 출신이라는 정체성, 이런 수많은 정체성이 복잡하게 얽히고설켰다. 필자를 구성하는 어떤 정체성은 때론 대립적이기도 하지만, 머무는 공간에 따라 정체성이 달리 고려된 경험이 여럿 있다.

대학 시절, 핀란드로 교환학생을 갔을 때였다. 당시 한국인은 물론 동양인도 많지 않았다. 유럽인 친구들은 다른 사람과는 달리 필자에 대한 정체성을 쉽게 만들곤 했다. 꽤 많은 친구가 필자를 '하드 워커'라고 생각했다. 해외에 유학을 간 동양인들은 늘 열심히 공부했기 때문이다. 그렇게 '하드 워커'라는 정체성을 부여받았다.

시험 철이면 늘 외국인 친구들이 몰려들었다. 필자가 필기한 것을 빌려가려 하거나 혹은 같이 시험 준비를 하자는 부탁이었다. 물론 필자가 기대만큼 성실하지 않다는 것을 알고 대부분 실망하고 돌아갔지만. 모든 동양인이 하드 워커인 것은 아니니 말이다. 어쨌든 필자의 정체성은 서양인들이 주류였던 공동체에서 다른 서양인에 비해 훨씬 쉽게 규정되었음은 분명했다.

또 다른 정체성이 있었다. 헬싱키에는 한인 학생회가 있었다. 교환학생으로 6개월 머물러 있는 동안 두세 번 모임에 참석했다. 한인 학생회가 있다는 이야기를 프랑스인 친구에게 한 적이 있었다. 한국에 관심이 많은 친구였다. 그 친구는 "한국인은 늘 외국에 나와 그룹을 만든다. 그 어떤 나라 사람보다 공동체 의존도가 높다"고 말했다.

헬싱키 한인 학생회 모임에 갔을 때는 '연세대 출신'이라는 수식어가 따라다녔다. 고려대를 나왔다는 한 친구는 연세대 출신은 개인주의적이라며 농담을 던졌다. 고려대생들은 어딜 가도 깊은 유대감을 갖지만, 연세대생은 그렇지 않다는 말을 했다. 그렇게 필자는 개인주의적 정체성으로 규정되었다.

필자는 어쩔 때는 성실한 사람이었지만, 또 어떨 때는 성실한 사람이 아니었다. 누군가는 필자를 공동체 의존도가 높은 사람으로 봤지만, 또 다른 누군가에게서는 개인주의적인 사람일 것이라고 추측 '당했다'. 이 모든 과정은 필자의 행동이 아니라 속해 있던 어떤 공간의 성격을 통해 부여받았다. 결국, 공간의 성격에 따라 정체성은 달리 적용되었다.

남북이 만나는 금강산이라는 지리적 공간에서, 80대 노인은 남성이란 정체성, 노인이란 정체성은 별 중요한 것이 아니었다. 그에게는 '북한 주민'이라는 정체성의 밑그림이 그려져 있었고, 남쪽 사람들은 그 밑그림에 색을 칠할 준비가 되어 있던 것이다. 그리고 자신의 장수를 정치 지도자의 은총으로 바라봤던 그 화법 하나에, 필자를 비롯한 기자들은 불편함을 느꼈고 그 불편함을 구체화할 수 있는 방편으로 그의 정체성을 '시대착오'로 채색했다.

남북이 만나는 금강산이란 공간은 이미 남쪽 주민과 북쪽 주민의 상봉 공간이라는 장소의 성격이 이미 규정되어 있다. 자연히 '남한 사람'과 '북한 사람'으로 구분 짓는 공간이었고, 자연히 나와 타자의 경계는 남과 북과 일치할 수밖에 없었다. 소환되는 정체성이 공간에 따라 들쑥날쑥 가변적으로 변한다는 건 − 우리의 기대와는 달리 − 고정된 정체성이란 없다는 뜻일 수도 있다.

타자가 우리 공동체 일상에 포섭되거나 포섭될 가능성에서 느끼는 불편함, 여기서 동원되는 타자에 대한 부정적 정체성, 그 부정적 정체성을 구체화하는 표현들, 그 표현이 타자가 속한 전체 집단으로 일반화되는 과정……. 이 과정은 타자화의 골격과 같다. 이렇게 골격이 갖춰지면, 이제 우리는 서서히 혐오라는 정동(情動)에 빠져들 준비 과정을 마친다.

혐오와 갈등

대부분 이론서는 개념부터 정립하고 논리를 풀어낸다. 이 책이 딱딱한 이론서로 읽히질 않길 바란다. 다만, 이 책에서 자주 쓰이는 표현들이 워낙 다양하게 해석되기도 하고, 필자의 의도와 달리 읽힐 경우 혼선이 빚어질 수 있는 만큼 이쯤에서 잠시 개념을 정리할 필요가 있음을 깨닫는다. 이 책의 핵심 표제어인 '타자'와 '혐오', 그리고 '타자 혐오'다.

'타자'는 누구인가. 사실 타자를 명확하게 규정하는 절대적 기준은 없다. 어떤 공동체는 다른 민족, 또 어떤 공동체는 다른 종교를 가진 사람들을 타자로 지명했다. 다른 국가, 다른 언어, 다른 성(性)적 취향 등도 타자의 중요한 기준이었다. 혐오를 연구하는 사람들에게 타자란 − 공동체의 주류인 − '우리'와 달리 공통된 정서, 상식, 질서를 공유하지 않는 이질적 집단을 뜻한다. 이런 이유 때문에 보통은 '사회적 소수자'와 동일한 의미로 해석된다.

다만, 타자의 외연을 양적 차원의 소수자에 가둘 필요는 없다고 생각한다. 앞서 통일 대한민국이란 가상의 공간을 가정하고, 수천만 명에 달하는 – 양적으로는 소수자가 아닌 다수자인 – 북쪽 주민이 타자화되고 혐오의 대상으로 전화되는 상황을 가정했다. 인구의 절반인 여성에게 가해지는 '타자화'는 페미니즘 이론의 주요 개념이기도 하다. 타자는 공동체에서 '정상적으로' 규정된 정체성에서 벗어나 있다고 여겨지는 이들을 포함해, 권력 지형으로 따지면 공동체 중심부가 아닌 주변부에 위치하는 이들을 아우른다.

중요한 것은 타자가 역사적·문화적·시대적으로 달리 구성된다는 점이다. 나아가 특정 사건, 특정 공간과도 결부된다. 가령, 대한민국 현대사 해방 공간과 군부 공간에서는 '빨갱이'가 타자였고, 최근의 세월호 참사 정국에서는 희생자 유족이 타자화의 대상이 되었다. 심지어 카페 공간에서는 아이를 데리고 오는 여성, 이른바 '맘충'이, 도로 공간에서는 여성 운전자, 이른바 '김여사'가 타자화의 대상이 되었다고 볼 수 있다. 타자에 대한 해석의 외연은 넓다.

타자는 '혐오'와 긴밀하게 유착되고, 그렇게 공격의 대상이 된다. 하지만 마냥 다른 타자라고 해서 불편한 것은 아니다. 불편함을 느껴야 할 타자가 누구인지에 대한 '해석의 과정'이 엮인다. 앞서 말한 대로, 타자로 규정되면 정체성을 일반화하는 것은 어려운 일이 아니다. 타자에 대한 적대적 감정이 모여 하나의 큰 강을 만들고, 공동체의 주된 정서가 될 때 우리는 사회적 감정으로서의 '타자 혐오'라고 일컬을 수 있을 것이다.

타자를 규정하고, 해석하며, 혐오와 유착되는 일련의 과정은 혐오가 전략적인 감정일 수 있음을 의미한다. 이런 면에서 이 책은 『혐오사회(Gegen den hass)』의 저자 카롤린 엠케(Carolin Emcke)의 시각에 빚을 지고 있다. 엠케는 혐오가 특정 개인의 자발적 감정이 아니라 공동체에 의해 부추겨진 감정임을 강조한다. 즉, 혐오는 갑작스럽게 폭발해 나오는 게 아니라, 사회적으로 설계되고 유도되며, 훈련되고 양성된다. 그것을 자발적이거나 개인적으로 해석

하려는 사람들은 자기도 모르게 그 감정들이 계속 양성되는 일에 기여하는 것이나 마찬가지라는 것이다.[1]

따라서 책에서 말하는 타자 혐오는 인간관계에서 작동되는 사회적 감정임을 전제한다. 단순히 "벌레가 싫다", "개고기가 역겹다", "뱀을 보면 소름 돋는다"는 식의 개인적 호불호나 취향과는 선을 긋는다. 이것은 관계에서 기인되는 것이 아니라 개인적인 취향에 가깝다 – 물론, 이런 식의 개인적 취향 역시 문화적·사회적으로 긴밀하게 연관되어 있다는 심리학적 접근이 있다는 것을 알고 있다. 가령, 미국의 법철학자인 마사 누스바움(Martha Nussbaum)은 배설물이나 시체, 벌레, 시체 등을 볼 때 나오는 직관적 반응을 '원초적 혐오', 이를 특정 집단에 투사하는 걸 '투사적 혐오'라고 부른다. 가령, 봉준호 감독의 〈기생충〉에서 '지하철 타는 (못사는) 사람들 특유의 냄새'라는 표현이 나오는 데, 이는 자신의 경계 밖에 있는 존재들을 불결함, 유해함과 결합시키는 과정으로, '투사적 혐오'의 표현이다. 다만, 개념에 집착에 책을 읽는 사람이 지쳐 나가떨어지게 하는 우를 범하고 싶지 않다. 필자 역시 심리학을 전공하지 않았기에 학술적으로 풀어내는 데 한계가 있다.

분명한 것은 사회 감정으로서의 혐오는 진공상태에서 만들어지지 않는다는 점이다. 앞에서 든 사유실험을 참고하자. 우리는 북한 정권에 대해서는 비교적 부정적인 생각을 갖고 있지만, 북한 주민들에 대해서는 큰 악감정이 없다. 적어도 '같은 민족', '민족의 염원은 통일'이라는 – 상투어에 가까울 수 있지만 – 공감대가 있었다. 하지만 통일을 가정한 사유실험에서 이런 공감대가 변할 수 있음을 가정했다. 일상 안에 포섭된 존재가 되면서, 그렇게 우리와 타자 정체성 비교를 통해 생기는 긴장감과 맞물리며 혐오스러운 것이 만들어졌다. 혐오는 사회적 상황에 따라 그 대상과 농도가 달라질 수 있다. 선험적 단계에서 나오는 근본적 감정이 아니라 관계와 소통 과정 속에서 파생된다. 사회적 관계와 소통 방식이 변하면 혐오의 대상도 변할 수 있다. 따라서

---

1   카롤린 엠케, 『혐오사회』, 정지인 옮김(다산북스, 2017), 23쪽.

공동체마다 '주된' 타자는 늘 역사적으로, 공간적으로 달랐다.

그렇다면, 혐오 설계자들은 누구인가. 여기서 말하는 설계자들은 특정한 권력 집단도, 특정 개인도 아니다. 사회적 관계를 통해 혐오를 양성해 수면 위로 떠오르게 하는 모든 주체가 될 수 있다. 정치 공급자는 물론 정치 수용자도 혐오 설계자가 될 수 있다. 사실 이산가족 상봉 현장을 취재했던 필자 역시 혐오 설계의 주체가 될 수 있었다. 분명한 것은 혐오는 결과일 뿐, 이를 증폭시키는 사회적 맥락을 들여다봐야 한다. 책의 주된 관점이기도 한다.

사실 학계의 혐오 연구는 혐오 표현의 '위해성'에 집중되어 있다. 우리 공동체의 건강성을 위해 매우 중요하고 의미 있는 연구다. 다만, 어떤 윤리적 기준에 의해 혐오를 위해한 것이라고 쉽게 규정하고 끝내버린다면 혐오의 본질을 간과할 수 있다고 믿는다. 성 소수자를, 이주민을, 여성을 혐오하는 것을 '나쁜 것', '악한 것', 따라서 '버려야 할 것'으로 단순화하는 것이 아니라 왜 성 소수자를, 이주민을, 여성을 혐오하는지 그 원인을 고민해야 한다는 것이 이 책의 정신이다.

우리가 더 기민하게 주목해야 할 것은 '혐오받는 사람들'이라기보다는 '혐오하는 사람들'이어야 한다. 이런 면에서 책은 "혐오는 결과가 아니라 증상"이라고 말한 사회비평가 박권일의 시각에도 도움을 받았다.[2]

부연하고 싶은 것이 있다. 우리가 혐오와 관련해 혼선을 빚는 것 가운데 하나는 '갈등'과의 차이다.

한창 이 책을 쓰고 있을 때 대한민국은 좌와 우로 명명된 '진영 갈등'이 극심했다. 이른바 조국 사태와 21대 총선이 시발점이 되었다. 심지어 진영 '혐오'라고 호명될 정도였다. 이런 극단화된 정치 갈등을 혐오의 범주로 볼 수 있는가. 진보 진영의 타자는 보수 진영이며, 보수 진영의 타자는 진보 진영이 될 수 있는가.

---

2   박권일·김학준·허윤·위근우·이준일, 『#혐오_주의』(알마, 2016), 10쪽.

"좌파는 혐오스럽다", "우파는 역겹다"와 같은 표현은 상대에 대한 반감과 분노, 나아가 보복을 동반한 극단적 증오심과 가까운 감정으로, 혐오와는 다소 거리가 있다. 뒤에서 혐오와 분노의 차이를 자세히 설명하겠지만, 위와 같은 표현은 존재를 피하려는 '혐오'의 감정보다는, 존재와 마주쳐 보복하고 싶다는 '분노'의 감정에 가까워 보인다.

하지만, 갈등이 극대화될수록 공동체 구성원들은 혐오의 전형적 이미지를 차용하며 공동체 감정을 위기로 몰아넣는다. 가령, 일간 베스트와 같은 혐오 커뮤니티나 일부 시민사회는 여성, 이주민, 민주화 유족 등을 타자로 한데 몰아 표집한 뒤 '좌파'라는 진영 논리의 틀에 넣기 위해 안간힘을 썼다. 진영 갈등은 '혐오'가 '진영 철학'에 투사된 이미지를 포함한다. 즉, 공동체의 극심한 진영 갈등은 타자 혐오의 씨앗을 품고 있다고 진단한다. 나아가, 같은 공동체 구성원에 대해 진영을 기준 삼아 타자화하며 공통 정감(情感)을 배척하며, 그렇게 상대를 악마화하고 소통을 봉쇄하는 것은 혐오 메커니즘의 공식을 그대로 표절하는 것으로 볼 수 있다. 최근 SNS를 중심으로 재편되는 미디어 환경 변화는 반향실을 극대화하며 이해관계가 다른 두 집단 간의 상호 소통을 어렵게 만들고 있다. 이는 혐오를 키우는 최적의 환경이다. '갈등'이 '토론'이 아닌, 서로에 대한 '기피'로 이어지고 있는 것이다.

진영 갈등의 실마리를 찾는 과정은 결국, 혐오의 메커니즘을 진지하게 고민하는 과정과 같다. 언론과 정치권이 과도하게 진영 논리에 매몰된 해석을 내놓으면서, 그 중심에 작동하고 있는 혐오 메커니즘을 건너뛰고 있을 뿐이다. 적어도 대한민국 공동체의 진영 양극화는 광의의 혐오 담론에 포괄될 수 있으며 우리 공동체의 감정 위기를 나타낸다고 필자는 진단한다.

타자화의 기준은 진영, 세대, 부(富)를 망라한다. 혐오받는 타자는 '우리' 밖뿐만 아니라 '우리' 안에서도 존재할 수 있다. 극단화된 갈등은 타자화의 출발점인 동시에 혐오의 관점에서도 중요한 현상이며, 이 책에서 핵심적으로 논의하고자 하는 민주주의의 위기와도 맞닿아 있다고 생각한다. 따라서 감정 정치 관점에서 이 극단화된 갈등을 간과할 수 없다.

　물론, 혐오를 연구하는 사람들이 타자의 범주를 넓히는 것을 별로 원치 않는다는 점을 잘 알고 있다. 그들은 '혐오'라는 표현이 남용되는 것을 경계한다. 특정 대상에 대한 단순한 불만 표출, 분노까지 포괄하게 되면 정말로 혐오받는 — 가장 상징적 타자인 — 사회적 소수자에 대한 혐오 문제를 덜 심각하게 여길 수 있기 때문이다. 사실 우리는 '진영 갈등'이라는 말을 써도, '타자 갈등'이라는 말에는 어색함을 느낀다. 이 점을 감안해, 이 책에서 쓰일 대부분의 사례는 우리 공동체에서 일반적으로 '타자'로 알려진 이들, 이른바 '소수자'들을 주로 쓰려고 한다.

　혐오 메커니즘에 대한 논의를 계속 이어가겠다. 타자를 더욱 타자스럽게 만드는 속성으로 '기피'와 '위계'를 꼽는다. 혐오는 타자와 소통하지 않겠다는 감정적 다짐이며, 타자를 '열위'의 위계 안에 가두려는 실력 행사다.

기피와 위계

기피(忌避)

하버드대 정치심리학자 라이언 에노스(Ryan Enos)의 흥미로운 실험을 소개한다. 에노스는 미국 사회에서 불법 이민 문제의 원흉으로 지목받고 있는 히스패닉에 대한 백인의 인식 변화를 실험했다. 먼저, 미국 보스턴 외곽에 살면서 히스패닉과 별로 접촉해 보지 않았던, 그리고 히스패닉 문제에 관심이 없었던 백인 그룹을 설정한 뒤, 이들의 경제 수준과 정치 성향, 출근 습관 등을 구체적으로 조사했다. 실험의 객관성을 위해 불법 이민 문제에 고민이 없었던 평범한 백인 그룹을 실험에 참여하게 했다. 히스패닉에 대한 선입견이 없는 대상으로 한정시키자는 취지였다.

이후 이들 백인의 통근 열차에 멕시코 출신 히스패닉 두 명을 2주 동안 동승시켰다. 실험에 참가한 히스패닉은 평범한 의상을 하고, 기차 안에서 그냥 서 있었을 뿐이었다. 간간히 서로 스페인어로 대화를 하는 것이 전부였다.

2주 후, 해당 백인들에게 생각이 변했는지 물었다. 결과는 뜻밖이었다. 이들은 불법 이민자 문제는 심각하다며, 미국 정부가 멕시코 이민자 수를 줄여야 한다고 답했다. 온건한 입장을 보였던 백인들조차 단 몇 분간 히스패닉과 동승한 것만으로도 관용적인 이민 정책에 반대하는 경향을 보였다는 결과였다.

실험에 참여한 백인들은 어떤 논리적이고 합리적인 근거에 의해 생각을 바꾼 것이 아니었다. 불법 이민자들 때문에 우리의 일자리가 줄어들고 있다는 연설을 들은 것도, 그들 때문에 범죄가 급증하고 있다는 실증적 통계를 본 것도 아니었다. 추상적 존재였던 히스패닉이 자신들의 눈앞에 '구체화'되면서 변화가 생겼다 – 물론 이 실험의 최종 결론은 그렇게 절망적이지만은 않다. 에노스는 이 실험에서 그 나름대로 희망적인 구석을 발견했는데, 책의 마지막 부분에 소개한다. 자신들과 '같은' 공간에서, 자신들과 '다른' 인종이 '다른' 언어로 소통하는 것만으로도 불편함을 느꼈던 것이다.

나와 관련 없는 히스패닉과, 나와 함께 출근하는 히스패닉은 분명 다른 존재다. '추상적 타자'가 우리 일상 안에 포섭되어 '구체적 타자'가 되면, 우리는 강한 불편함을 느끼며 타자의 정체성을 쉽게 상상한다. 물론, 그 정체성은 부정적인 쪽이다. 그런 불편함은 "우리와 그들이 같은 공간에서 살아갈 수 있을까"란 의구심을 낳았다.

나아가, 그들을 추방하고 싶다는 피실험자들의 생각 변화는, 그들과의 소통을 거부하겠다는 은유와 같다. 소통을 기피하면 그들에 대한 정보는 더욱 알기 어려워질 수밖에 없고, 자연히 타자의 정체성의 여백은 더 커지며, 타자의 정체성을 의도대로 조형할 수 있는 자유이용권을 얻게 되는 것이다. 그렇게 존재 자체를 기피한다. 결국, 혐오는 기피를 전제한다. 혐오하면 기피한다.

이런 면에서 혐오는 '분노'의 감정과도 다르다. 심리학자 폴 에크만(Paul Ekman)은 '6대 기본 정서'를 행복, 슬픔, 분노, 놀람, 혐오, 공포로 분류했다. 분노는 부당한 대우를 받거나 원하는 것을 얻어내지 못했을 때 상대에 대해 공격성을 추동하는 감정이다. 상대에 대한 공격적 행위를 통해 상황을 개선하고자 하는 욕망과 맞닿아 있다. 반면, 혐오는 나에게 해를 끼치는 대상에 대한 감정이다. 상대에게 가능한 멀리 떨어지고 싶은 자기 보호 심리다.[1]

---

1   Paul Ekman, "Basic Emotions" in Dalgleish, T and M. Power, *Handbook of Cognition and Emotion* (Sussex, UK: John Wiley & Sons, 1999).

우리가 상대에 대해 분노했을 때와 혐오하고 있을 때 우리의 표정과 행동을 연상하면 차이가 뚜렷하다. 분노했다면 눈을 부릅뜨고 멱살을 잡으며 달려드는 모습을, 혐오한다면 눈을 찡그리며 뒤로 물러서는 행동을 연상할 수 있다. 폴 에크만이 제시했던 두 정서의 얼굴 표정 역시 이런 차이점이 있었다.

이미 우리는 텍스트상으로도 분노와 혐오의 쓰임새가 다르다는 것을 무의식적으로 알고 있다. 극악무도한 범죄자가 검거되었을 때 기자들은 사람들이 그의 범죄에 '분노'하지, '혐오'한다고 표현하지 않는다. 이들이 현장 검증에서 범행을 태연히 재연했을 때 이를 바라보는 시민들의 모습을 묘사한 기사 제목도 '혐오하는 시민들'이 아닌 '분노한 시민들'로 달린다.

공동체 감정으로서의 분노는 나 자신이 적극적으로 나서고, 심지어 뭔가를 고치고 싶은 행동으로 나타난다. 따라서 나를 분노하게 만든 대상을 응징하고 처벌하고 싶게 만든다. 피해자들에 대한 공감, 나 역시 피해를 볼 수 있다는 불안감, 심지어 우리 공동체가 이렇게 가서는 안 된다는 정의감까지 얽힌다.

따라서 분노는 '기피'하지 않고 적극적으로 '개입'하겠다는 실천 의지와 맞닿아 있다. 이런 면에서 분노는 진보를 실천하는 필요조건이 된다. 촛불은 국정 농단 세력에 대한 '혐오'가 아니라 '분노'로 읽혔다. 이 책의 서론에서 두 양대 항공사 직원들의 '감정 쟁의' 역시 분노였다. 그들은 기업 총수를 '혐오'하는 것이 아니라 총수의 갑질에 '분노'했다.

혐오는 혐오받고 있는 타자에 대해 '개입'하려고 하지 않는다. 나와 대상을 뚜렷하게 구분하겠다는 감정적 격리 조치다. 가까이 있으면 오염될 수 있다는 불안감, 그래서 가능한 나에게서 멀리 떨어뜨려놓고 싶은 거부감이다. 그들이 가까이 오는 것만으로도 우리는 부담스럽다. 혐오에 담긴 핵심적인 사고는 자신이 오염될 것이라는 생각이며, 자신을 오염시킬 수 있는 것에 대한 거부를 표현하는 것이다.[2]

혐오의 해악성은 이 지점에 있다. 소통하면 혐오는 이론적으로 극복될 여지가 생기지만, 역설적이게도 혐오는 소통의 경로 자체를 막아버린다. 소통을 거부한다는 것은 단순히 물리적인 대화가 이뤄지지 않는 것 그 이상의 함축을 지닌다. 소통은 단순히 듣고, 말하는 행위가 아니다. 독백은 소통이 아니다. 소통은 상대에 대한 이해이며 신뢰를 담보하는 과정이다.

결국, 소통이 없는 대상, 상호 이해가 누락된 타자의 형상은 쉽게 왜곡된다. 그 과정은 어렵지 않다. 소통을 하지 않으면, 우리는 상대의 정체성을 상상해내기 쉬워진다. 그렇게 타자를 기형(奇形)적 존재로 만든다. 타자에 대한 기피는 타자의 정체성에 대한 판결문을 쉽게 써내려갈 수 있음을 의미한다. 혐의에 대한 항변, 변호를 듣지 않아도 된다. 그렇게 존재는 유죄가 된다.

하지만 우리가 상대와의 소통을 기피한다고 해서 바로 폭력적인 성향을 보이지는 않는다. 기피하는 상대는 사실 부존재(不存在)화 시키는 것이 가장 속 편한 일일지도 모른다. 최근 혐오 현상을 심각하게 받아들이는 결정적인 계기는 타자를 향한 폭력적인 표현들 때문이다. 사실 우리는 폭력을 행사하기 전, 서로의 서열을 매기는 정치적 계산을 전제한다. 상대가 힘이 약할 때 쉽게 제압할 수 있다고 판단한다. 즉, 타자 혐오가 폭력으로 이어지는 과정에는 타자의 열등함, '위계'라는 맥락이 작용한다.

위계(位階)

2014년 3월이었다. '세계 여성의 날' 관련 기획 기사로 '여성 혐오' 문제를 취재해 보기로 했다. 당시 극우 성향 인터넷 사이트인 일간 베스트, 이른바 일베의 여성 혐오 표현이 사회적 화두였기 때문에 시의성도 있었다.

---

2   마사 누스바움, 『혐오와 수치심: 인간다움을 파괴하는 감정들』, 조계원 옮김(민음사, 2015), 185쪽.

어렵게 일베 회원 여러 명을 섭외해 인터뷰를 진행했다. 혐오 사이트 당사자에 대한 피상적 인터뷰로는 그 실체를 알기가 쉽지 않다는 반론도 잘 알고 있다. 다만, 일베 회원이 주장하는 어떤 논리 구조보다는 은연중 나타내는 그들의 무의식을 추적해 보고 싶었다. 시간이 꽤 많이 지났음에도 당시 인터뷰를 소환한 이유는 혐오의 무의식을 매우 적확하게 엿볼 수 있기 때문이다. 회사 내부 사정 때문에 인터뷰 내용을 방송에 내보내지는 못했지만, 그들의 표현 가운데 눈에 뜨는 대목이 몇 군데 있어서 기록으로 남겨 놨다.

- 김치녀는 여성의 권리만 주장하며 남성을 깎아내리고 얻어먹기만 하려는 사람들이다. 한국 여자들은 책임을 지지 않으려하고 권리만 주장한다.
- (한국을 대표하는 음식인 김치와 연결시킨 건) 한국 여자들 상당수가 그렇기 때문이다.
- 나는 여자를 좋아하기 때문에 여성을 혐오한다는 말은 성립할 수 없다.
- 한국 남자들은 군대를 갔다 오지만 여자들이 반대해 군 가산점도 받지 못한다. 의무를 이행하지도 않으면서 의무를 진 남자들에게 혜택을 주는 걸 반대한다.
- 따라서 한국 여자들은 '미개(未開)'하다.

일베 회원은 한국 여성들이 책임은 지지 않은 채 권리만을 주장한다는 여러 사례들을 나열했다. 구체적으로 군복무 가산점제 사례와 페미니스트들의 여권 운동을 들었다. 이것이 실제로 경험한 것이든, 혹은 대중매체를 통해 알게 된 것이든, 고정관념에서 만들어진 환상이든, 그건 별로 중요한 것이 아니다. 어쨌든 그들은 그렇게 느꼈다. 그렇게 느끼지 않았는데, 자기 정당화를 위해 만들어낸 표현일 수도 있다. 경우의 수는 다양하다.

다만, 그 동기가 어찌되었든, 논리적 진정성이 있든 없든, 텍스트로 표현하는 과정에서 그 믿음만큼은 견고해 보였다. 그 믿음을 증명해내기 위해 일베 회원은 '김치녀'라는 언어를 지속적으로 사용했다. 지금은 그 개념을 설명하는 것조차 진부해 보이지만, 당시에는 꽤 감각적인 신조어로 통용되었다.

인구의 절반에 가까운 여성을 한데 묶어 일반화한다는 것 자체가 무의미한 일일 수도 있다. 특정한 정체성을 덧씌우기에는 그 규모가 지나치게 방대하기 때문이다. 하지만 '김치녀'라는 표현은 이런 난관을 해결해 줬다. 여전히 김치녀의 개념은 모호하지만, 이 언어를 사용하는 사람들은 김치녀라는 표현을 통해 기존의 추상성에서 해방될 수 있었다. 그렇게 못마땅한 여성에 대한 추상적 인식은 김치녀라는 구심점을 통해 한데 얽혀 구체화되기 시작한다.

그런데 이 김치녀에서 이어지는 꽤 중요한 대목이 하나 있었다. 일베 회원이 마지막에 썼던 '미개(未開)'라는 표현이었다. 사실 인터뷰 할 당시만 하더라도 일베 회원이 쓴 '미개'라는 단어에 큰 관심을 기울이지 않았다. 그냥 부정적인 표현을 동원하다 보니 억지스럽게 끼워 맞춘 말로 생각했다. 미개는 사전적으로 '사회가 발전되지 않고 문화 수준이 낮은 상태'를 뜻한다. 문맥상 틀린 표현이라고 봤다. 이들이 생각하는 한국 여성에 대한 생각들, 즉 책임은 지지 않으면서 권리만 주장하고 더치페이 안 하고 얻어먹기만 한다는 건, 도덕적 지탄의 대상으로 보면 모를까, 문명화가 덜 되었다고 볼 수 없기 때문이다.

하지만 2014년 지방선거 당시 한 유력 정치인의 가족이 세월호 유족을 일컬어 '미개하다'고 표현한 것이 논란이 되었을 때 뭐랄까, 퍼즐이 맞춰지는 기분이 들었다. 일베 사이트를 방문해 올라온 글들을 살펴보니 미개하다는 말은 자주 쓰이고 있었다. 그해 온라인 사이트 디시인사이드 유행어 투표에서 '미개'가 2위를 차지하기도 했다.

미개라는 표현이 쓰이는 일련의 형식을 따져 볼 때 유행어 그 이상의 의미가 담겼다고 생각한다. 미개함은 타자를 나보다 낮은 자리에 위치시키는 위계 언어다. 그리고 그 근거는 문명화가 덜 되었다는 것이 아니라 열등한 정체성을 부여하는 욕망의 결과다.

즉, '미개'는 타자에 대한 혐오와 타자의 열등성을 동일시하려는 시도에 가까웠다. '문명'의 대치어로서 '미개'라는 위계어를 통해 위계 권력이 자연스럽게 작동되며, 혐오의 논리적 근거가 완성된다. 타자를 열등한 단위로 규정하면 혐오할 자유를 얻는다. 위계는 혐오에 정당성을 부여하는 이데올로기가 된다. 기피하는 존재, 혐오하는 존재에게 폭력을 행사할 수 있는 것은 타자가 '낮은 위계'에 존재한다는 것을 심리적으로 전제하기 때문이다. 타자를 열등하게 만듦으로써 혐오 표현과 폭력 행사의 자유를 얻는다.

혐오의 위계적 성격은 '여성 혐오'라는 표현을 설명하는 데 유용한 근거를 제공한다. 사실 여성을 혐오한다는 것은 언뜻 보면 잘 이해되지 않는다. 이 일베 회원도 여자를 좋아하기 때문에 자신은 여성을 혐오하지 않는다고 말했다. 우리가 혐오라는 표현에 가진 인식을 고려할 때 이런 반박이 아예 설득력이 없다고 볼 수는 없을 것이다.

앞서 혐오가 기피 심리에 기반을 두고 있다고 설명했다. 사실 동성애자나 외국인 노동자 같은 이주민들은 존재 자체가 혐오의 대상으로 인식된다. 우리에게서 최대한 멀리 떨어뜨려놓고 싶다. 하지만 여성은 이들을 혐오하는 방식과는 결이 다르다. 여성은 우리 엄마이고 누나이며 여동생이고, 또 사랑하는 사람이기도 하다. 여성이 우리 곁에 오면 남성이 오염된다고 생각하지는 않는다. 여성이란 존재 자체를 기피한다고 볼 수 없다. 남성은 여성과 함께 살아가야 하고, 실제로 함께 소통하며 살고 있다. 여기서 혼란이 생기고, 여성 혐오라는 표현을 이해하기 어렵게 만든다.

일각에서는 '여성 혐오'라는 표현이 존재 자체를 거부하는 오류를 범하고 있다며, 다른 말로 대체할 것을 주장하기도 한다. 여성 혐오라는 말이 선동적으로 다가와 되레 적대감을 부추길 수 있다는 이유에서다. 태도 전환을 요구하는 뉘앙스의 '여성 비하'로 써야 한다는 주장도 있다.[3]

하지만 기피 심리는 단순히 존재를 물리적으로 멀리 떨어뜨려놓고 싶은 감정만을 전제하지 않는다. 비정상적으로 여겨지는 타자가 정상적인 우리의 자원을 공유하려 할 때, 즉 주변부에 있어야 할 대상이 중심부에 접근할 때, 이런 상황에 대한 거부감과 불편함 역시 기피 심리의 한 축이다.

이는 상황 기피에 가깝다. 가령, 사람들은 성적 소수자 존재 자체를 혐오함과 동시에, 이성애자의 전유물인 결혼이란 제도에 편입되길 원하지 않는다. 결혼은 '우리 것'이기 때문이다. 이주민을 혐오하는 사람들은 이들이 우리와 같은 복지 혜택을 받는 것을 반대한다. 복지 역시 '우리 것'이기 때문이다.

여성도 마찬가지다. 여성이란 존재 자체를 적대적으로 생각하느냐, 그렇지 않느냐는 중요한 것이 아니다. 군대에 다녀오지도 않은 여성이 우리와 같은 월급과 혜택을 받는 것은 불공평하다고 생각한다. 여성들이 군 가산점제를 반대하는 것은 용납하기 어렵다. 직장 생활에서도 마찬가지다. 함께 고생하는 데 생리라는 신체 현상을 이유로 휴가를 받는 것 역시 이해할 수 없다.

즉, 혐오는 중심부와 주변부 간의 구획 심리, 정확히는 나 자신과 타자 간 권력의 비대칭성을 전제한다. 우열의 논리는 여기서 시작된다. 열대어는 아름답지만 뱀은 징그럽다. 하지만 이를 두고 뱀이 열대어보다 열등하다고 표현하지 않는다. 존재가 혐오스럽다고 해도 위계성을 담보하지는 않기 때문이다. 여성 혐오 역시 여성이란 존재 자체를 기피하는 것이 아니라 주변부에 머물러 있어야 할 여성이 중심부로 진입하는 상황에 대한 기피 심리에 가깝다.

좀 더 외연을 확장하면, 수평적인 기준에서 타자가 내 공간에 가까워지는 것을 기피하는 것뿐만 아니라 수직적인 가늠자에서 타자가 내 위치에 올라오는 것을 역시 기피하는 것이다. 주변에 머물던 타자가 내 옆으로 오는 것,

3   김종갑, 『혐오, 감정의 정치학』(은행나무, 2017), 184~188쪽.

나아가 발밑에 있는 타자가 내 위치로 올라오는 것을 기피하는 심리, 주변부에 머물러 있어야 할 존재가 중심부로 접근할 때의 불쾌한 감정이다. 타자는 나보다 '열등하기' 때문에, 혹은 '열등해야 하기' 때문이다.

혐오는 타자에 대한 차별과 배제이며, 같은 공간, 같은 위치에 있지 않겠다는 강력한 메타포다. 내 곁에 올 수 없게 배제시키기 위해 폭력을 동원하기도 한다. 혐오 범죄는 이렇게 시작된다. 지금부터는 우리가 타자의 정체성을 어떤 방식으로 해석하는지, 정확히는 어떻게 '상상하는지'에 대한 논의를 해보려고 한다.

03

상상된 정체성

일탈 기대

2018년 7월 25일, 가족과 캠핑 중이던 30대 여성이 제주도 세화포구에서 실종되었다. 7일 뒤, 이 여성은 100km 떨어진 가파도에서 시신으로 발견되었다. 경찰은 실족사에 무게를 뒀다.

그런데 이 사고가 제주의 예멘 난민과 관련이 있다는 소문이 퍼지기 시작했다. 당시 예멘 난민이 대거 제주도에 들어오면서 공동체 구성원들의 반감이 커진 상황이었다. 수사기관에서는 난민의 범죄 가능성은 없다고 명확하게 선을 그었지만, 의심은 증폭되었다.

난민 범죄 가능성은 SNS를 타고 급속히 확산되었다. SNS의 관련 글을 요약하면 다음과 같다.

① 난민이란 증거는 없지만 모두가 난민을 의심하고 있다. 최근 제주 외국인 범죄가 급증하고 있다. 터무니없는 추측은 아니라고 본다.

② 이것은 실족사가 아니라 납치다. 경찰 수사 제대로 해라. 너희들이 보호해야할 대상은 난민이 아니라 자국민이다.

③ 예멘인들 당장 돌려보내라. 아름다운 섬 제주가 무법천지가 될까 봐 가고 싶어도 걱정부터 하는 국민들 목소리가 들리지 않느냐?

①은 대중이 난민 범죄를 의심하는 것은 터무니없는 추측은 아니라면서,

의심의 합리성을 강조하고 있다. ②는 납치라고 전제하고, 경찰이 수사를 제대로 하지 않고 있다고 또다시 전제한 뒤, 납치 용의자가 난민이라고 삼중 추측 전제로 의견을 펼치고 있다. 급기야 ③은 예멘 난민들의 강제 추방을 주장한다. 증거 없음을 인정하지만, 개연성이 있고, 따라서 추방해야 한다며 감정이 점증하는 과정이다.

부검 결과 이런 의혹들은 막연한 추측으로 판명 났다. 하지만 사실이 중요한 것이 아니었다. 사실 여부와는 별개로 혐오 감정이 작동하는 중요한 방식이 있었다.

위와 같은 반응이 전혀 논리적이지 않다는 것을 쉽게 알 수 있다. 범죄가 소명되지 않았는데 추방이라는 처벌을 요구하는 것은 우리의 법 상식에도 어긋난다. 하지만 많은 구성원은 이런 우려에 공감했다. 좌우 진영을 가리지 않았다. 난민에 대한 대중의 거친 무의식, 이들을 기피하고 배제하고 싶은 일종의 욕망이 작용한 결과였다. 그들의 일탈을 '기대'했기 때문이다.

공동체 구성원들은 예멘 난민이라는 존재가 우리 공동체에 들어왔기 때문에, 특히 이들은 범죄자가 될 정황이 컸기 때문에 '의심'할 수밖에 없다고 생각했다. 의심하는 상황은 예멘 난민이라는 존재 때문에 만들어졌고, 이는 곧 감정 에너지를 소진하는 일이었기 때문에, 그 소진의 책임을 묻는 것과 다르지 않았다. 그들의 존재 자체가 공동체에 부정적인 영향을 미치고 있다고 여겼던 것이다. 공동체 개개인의 감정의 조각들이 얽히고설키며, 그들의 범죄를 일으킬 '가능성'이 추방의 '당위성'으로 이어지는 완결된 텍스트가 만들어졌다.

이는 공동체가 타자를 배제하고 싶은 욕망이 얼마나 강하게 작동할 수 있는지를 보여준다. 싫어하는 타자에 대해 사실상 논리적으로 앞뒤가 맞지 않는 텍스트를 올려놓는 것은 상대의 일탈을 강하게 욕망하고 있다는 뜻이다. 그 욕망의 힘은 워낙 강해 합리적 논거마저 통용되지 않는다.

그들을 잠재적 테러리스트이며, 잠재적 성도착증 환자로 믿고 싶은데, 적어도 제주라는 공간에서 이를 확증할 만한 근거는 없다. 그래도 그들이 싫다. 우리 공동체에서 떠나보내고 싶다. 이를 뒷받침할 만한 어떤 근거가 나와야 이런 욕망이 실현될 수 있다. 내가 불편해 마지않는 타자들이 범죄를 일으켜야 그들을 배제시키고 심지어 추방시킬 최소한의 명분이 생긴다.

그런데 어떤 사건이 터졌고, 감정적 명분이 생겨났다. 감정은 합리적 근거가 없어도 얼마든지 만들어질 수 있다. 이런 식의 욕망은 현상적으로 '사실'에 근거하지 않는다. 아니, '사실'에 근거할 필요가 없다. 반면, 타자에 대한 불편함과 반감, 혐오는 감정적으로 '사실'이 될 수 있다. 혹시라도 그 욕망에 부합하는 사건 혹은 사고가 터지게 된다면, "저들이 그럴 줄 알았다"며 거센 공격을 할 감정적 채비를 끝냈다는 무의식, 이후 우리가 과격하고 폭력적으로 이들을 공격해도 미안해 할 필요가 없고 심지어 면죄부를 받을 수 있다는 무의식의 발로일지도 모른다. 그리고 이런 감정은 공동체에서 지지된다.

즉, 일탈 기대는 혐오가 돌아가는 중요한 방식이다. 추측에 가까운 위와 같은 감정적 반응은 이성적으로는 틀렸지만 우리 공동체 감정을 바라보는 척도가 될 수 있다. 허위 정보는 군중의 심리를 타고 기정사실처럼 퍼진다. 적대적 감정을 가진 존재에 대한 허위 정보는 더욱 빠르게 확산된다. 정보의 확산은 – 좋은 정보든 나쁜 정보든 – 대중이 믿고 싶어 할 때 더욱 속도를 내기 때문이다. 달리 말하면, 허위 정보는 대중이 그 존재를 어떻게 생각하는지, 그 존재에 대해 어떤 감정을 갖고 있는지 나름의 진심을 담고 있다. 존재를 왜곡하는 정보들, 사실이 아닌 정보들이 확산되는 현실에 분개할 수 있지만, 우리가 더 주목해야 할 것은 존재를 바라보는 우리의 시선일 것이다.

이런 감정은 공적 판단의 근거가 되기도 한다. 실제 2019년 법적으로 난민으로 인정된 예멘인은 단 두 명에 불과했다. 이런 일탈 기대가 온전히 난민 인정이라는 행정적 조치에 절대적 영향을 미쳤다고 볼 수는 없지만, 우리 공동체의 반감이 충분히 반영된 결과물로 읽혔다. 실제, 당시 국가인권위원회도 "난민에 대한 부정적 여론을 급히 무마하기 위한 일률적 결정", "난민 인정 요건을 엄격히 적용하거나 제한하는 것은 오히려 난민에 대한 불안감과 배제를 강화할 뿐"이라는 입장을 내놨다.

일탈 기대는 SNS 혐오 담론에 꽤 중요한 대목을 차지하고 있다. 가령, SNS 상에서 유행하는 콘텐츠인 '카톡썰'은 일탈 기대의 무의식을 구체적으로 보여준다. 카톡썰은 카카오톡을 통한 일종의 가상 대화를 대화형으로 작문한 것이다. 운영자들은 네티즌의 제보를 받아 카톡 대화로 재생산하고 있다고 하지만, 대부분 처벌하고 응징하고 싶은 누군가에 대한 이야기를 꾸며낸 것으로 보인다. 가령, 결혼을 앞둔 두 남녀의 대화가 나온다.

여성은 무리해서라도 강남에 집을 사야 한다며 남자를 압박하고, 남자는 돈을 모아서 차근차근 마련하자고 말한다. 여성은 철없고 이기적이며 허세를 부리고 있는 반면, 남성은 현실적이고 합리적이다. 이후 남성은 여성에게 이별을 통보하면서 통쾌하게 복수를 감행하는 것으로 끝맺는다. 여성은 미안하다며 싹싹 빌지만, 남성은 이를 용서하지 않는다.

위의 사례는 혐오 커뮤니티에서 김치녀라고 불렸던 이들을 처벌하고 싶은 욕망이 발현된 텍스트에 가깝다. 위 여성은 일반적으로 규정된 '김치녀'의 전형성을 띤다. 허세가 가득하고 낭비가 심한데, 남자에게 경제적으로 기대려고 한다. 김치녀의 일탈 기대 심리는 가상의 '카톡썰'이란 텍스트로 구현되고, 우리가 미워하고 혐오할 만한 대상을 가상(假想)해 응징한 뒤, 감정적으로 보상받는다. 이런 식의 연극적 효과를 통해 얻는 통쾌함은 타자에 대한 정체성이 부정적으로 규정된 것이나 마찬가지임을 전제한다.

일탈 유무는 중요하지 않다. 그들에 대해 일탈을 기대하는 것과, 그들이 정말로 일탈을 하는 것 사이에서, 우리가 '그들'을 바라보는 시선은 별다른 차이가 없기 때문이다. 믿고 싶은 것을 믿는 것, 혐오 감정의 또 다른 전형성이다.

이제부터는 타자의 정체성을 조형하는 적극적인 사례들을 들어보려고 한다. 타자를 열등한 존재로 만드는 과정은, 역으로 우월한 존재가 있으면 손쉬워진다. 환상 속에서 우월한 존재를 만들어 타자의 열등성을 부각시키기도 한다. 일베 회원들이 '스시녀'라는 상상 속 정체성을 동원했던 사례를 들어보겠다. 타자를 열등한 존재로 만들기 위해 아예 새로운 정체성으로 변형하는 경우도 있었다. 필리핀 출신 결혼 이주민으로서 비례대표로 당선되었던 이자스민 전 의원의 사례다.

정체성 동원

앞서 인터뷰했던 일베 회원은 "여권을 무조건 반대하는 것은 아니다"라고 강조했다. 물론 별다른 진정성을 느끼지 못했다. 자신의 논리가 단순하고 궁색하게 보이지 않기를 원했기 때문에 억지로 꾸며낸 말처럼 보였다. 타자화를 효율적으로 수행하기 위해 사용되었던 '김치녀'라는 표현, 이를 통한 '정체성의 대비'는 이렇게 한계를 맞는 것처럼 보였다.

하지만, 일베 회원은 꽤 영리한 전략을 동원했다. '스시녀'라는 말을 쓰기 시작한 것이다. 일본의 대표 음식인 '스시'와 '여성'의 합성어로 일본 여성을 뜻한다. 한국 여성인 '김치녀'와는 달리 일본 여성인 '스시녀'는 남성을 존중할 줄 안다는 식의 설명이 구구절절 이어졌다. 김치녀는 돈과 명품, 외제차를 밝히지만 스시녀는 운동과 동아리 활동에 관심이 많다는 것, 김치녀는 더치페이 하자는 남성을 싫어하지만, 스시녀는 더치페이를 당연하다고 생각한다는 것, 김치녀는 워낙 이기적이라 권리만 좇고 책임을 회피하지만, 스시녀는 자신이 기분 좋은 것보다 남자친구나 남편의 기분을 더 중요하게 여긴다는 것, 김치녀는 세 명만 모여도 남자를 험담하지만, 스시녀는 헌신적이고 배려심이 깊어서 그렇지 않다는 것 등이다.

김치녀가 한국의 대표 음식인 '김치'를 통해 국적성이 강조된 표현이라는 건, 남성과 대비되는 여성이 아닌, '다른 국가' 여성과 대비되는 '한국' 여성의 문제로 확장될 수 있음을 뜻한다. 그렇게 '일본' 여성이 비교 대상으로 쓰인 것이다. 그들이 말하는 김치녀와 스시녀의 차이는 남성이 원하는 '부정적 여성상'과 '긍정적 여성상'의 경계와 일치했다.

이렇게 서열이 매겨진다. 김치녀는 열등해졌고, 스시녀는 우월해졌다. 그런데 일베 회원이 일상에서 겪었던 경험은 신뢰할 만한가. 물론 일베 회원은 한국 여성에 대해 어떤 경험은 했을 것이다. 자신의 경험에 과장과 허위를 섞어내든, 상상의 나래를 펼쳐내든, 인터뷰 상대를 향해 "당신은 왜곡된 여성관을 만들었을 뿐"이란 식으로 재단하는 것은 위험하다. 어쨌든 일베 회원이 한국 여성과 계속 소통해 온 것은 사실이기 때문이다.

하지만 스시녀는 다르다. 일베 회원은 일본 여성을 제대로 만난 적이 없다고 했다. 어떻게 일본 여성이 배려심이 깊다는 것을 알았느냐는 질문에 일본 드라마나 영화를 들었다. 뭉뚱그려 설명할 뿐 구체성은 결여되어 있다. 오히려 '어떻게 모른다고 단정하느냐?'고 되물었다. 일반론을 규명할 책임은 일반론을 주장하는 당사자에게 있지만, 그 책임을 오히려 질문하는 사람에게 돌렸다 – 그의 논리적 빈약함을 타박할 생각은 없다. 일본 여성의 정체성은 그런 과정을 뛰어넘어 손쉽게 규정되어 버린 셈이다.

결국, 김치녀의 정체성 역시 그 신뢰성에 문제가 생길 수 있다. 김치녀는 스시녀에 '비해' 이기적이고 배려심이 적은 것으로 비교 대상화되었기 때문이다. 일베 회원에게 스시녀의 정체성은 김치녀의 해악을 효율적으로 설명하기 위해 동원된 정체성, 상상된 정체성에 가까웠다.

최근 혐오 사이트로 알려진 '워마드' 역시 '상상된 정체성'을 '미러링'하고 있다. 워마드는 일베가 한국 여성을 '김치녀'라고 부르는 것에 대해 '씹치남'으로 맞섰다. 특히, 일베가 '스시녀'라는 환상을 통해 한국 여성의 열등성을 표상하는 것과 마찬 가지로, 서양 남성을 '신'을 의미하는 '갓(god)'과 서구인을 뜻하는 '양(洋)'을 합쳐 '갓양남'이라 부르며 한국 남성의 열등성을 강조하기도 한다 – 물론 미러링을 통한 혐오의 '전복 효과'라면 의미가 있지만, 전복을 넘어

'보복 조치'에 그치는 미러링은 되레 혐오를 강화하는 모순을 지닐 수 있다. 이는 5장 혐오 유통 부분에서 자세히 다루기로 한다.

위계에 의탁하고 있는 혐오는, 위계의 비교 대상이 없어도 지장을 받지 않는다. 비교 대상을 상상하고, 그 정체성을 새롭게 만들어 끌어오는 것은 어려운 과정이 아닐 수 있다. 정체성 동원은 타자를 혐오할 때 생기는 논리적 공허함을 손쉽게 상쇄시킬 수 있다.

정체성 변주

2013년 말, 국회 여성가족위원회 법안심사소위원회에서는 '일본군 위안부 기림비 설치 촉구 결의안'을 놓고 토론이 있었다. 위안부 피해자에 대한 일본 정부의 공식 사죄 및 법적 배상, 역사 왜곡 중단 촉구, 국회 기림비 설치 등의 내용이 담겨 있었다. 당시 논란이 되었던 것은 국회에 기림비를 설치할 것인지 여부였다.

> 여성가족부 차관 이복실: 기림비를 건립하자는 취지에는 공감을 합니다마는 ……
> 기림비는 시민단체와 민간 주도로 설치되고 있기 때문에 민간운동으로 확산되도
> 록 하는 것이 바람직하다고 생각을 합니다.[1]

정부는 국회 차원에서 기림비를 설치하는 것에 부담을 갖고 있었다. 회의에 불참했던 당시 새누리당 길정우 의원 역시 수석전문위원의 입을 빌려 비슷한 발언을 했다.

---

1   국회 여성가족위원회 법안심사소위 속기록, 2013년 12월 16일 자.

수석전문위원 ○○○: 위안부 문제 대책 소위원장이신 길정우 위원님께서 의견을 또 하나 주셨습니다. "지난 10일 본회의에서 만장일치로 일본 도쿄 국립박물관 소장 조선대원수 투구·갑옷 반환 촉구 결의안이 통과되었는데 실천 가능 여부를 따지기보다는 정치적인 메시지만 담긴 결의안이 본회의에 올라오면 의원님들에게 부담을 줄 우려도 있다" 이런 말씀을 주셨네요.[2]

같은 당 이자스민 의원이 거들고 나섰다. 국회 위안부 기림비 설치는 다른 상임위원회인 외교통일위와 입장이 갈릴 수 있다며 신중히 검토할 것을 요구했다.

이자스민 의원: 사실상 제가 외통위(외교통상위원회)를 하다 보니까 이것에 대한 부분이 굉장히 애매해요. 왜냐하면 여가위 차원하고 외통위 차원의 생각이 굉장히 다릅니다, 일본위안부 관련된 것은. …… 아까도 말씀하셨지만 외통위 차원, 외교부 차원으로는 늘 해외에 나갔을 때도 일본에 있는 것도, 어디 다른 나라에 있는 것도 민간 차원으로 기림비를 세우게 되어 있어요. 그러면 거기는 모양이 훨씬 더 보기 좋다는 그런 얘기가 많이 있습니다.[3]

필리핀 출신 이주민으로서 옛 새누리당 비례대표로 당선되었던 이자스민 전 의원을 향한 우리 공동체의 거부감은 거셌다. 극우 네티즌이 중심이 되었다고 알려져 있지만, 진영을 가리지 않았다. 진보 성향 온라인 커뮤니티에서도 그에 대한 불편함을 감추지 않았다.

이런 배경 속 기림비 논란은 기름을 부었다. 당시 상황은 정부 여당이 추진하는 기림비 설치에 부정적인 입장을 나타냈다는 것이었지만, 반발은 이

---

2   같은 글.
3   같은 글.

전 의원에게 집중되었다. 속기록을 살펴보면 그는 거드는 입장이었고, 이 사안과 관련해 한 번 발언했다. 정확히는 '반대'가 아니라 '유보'가 적확한 표현이었다. 하지만 기사 제목은 "이주민 출신 이자스민, 위안부 기림비 설치 반대"로 뽑혔다.

여기서 우리 공동체가 소환한 이 전 의원의 정체성은 '친일파'였다. 그가 이주민이기 때문에 우리 민족의 뿌리 깊은 반일 감정을 이해하지 못하고 있고, 따라서 친일 성향을 가질 수 있다는 논리가 동원되었다. 그의 모국인 필리핀이 일본의 원조를 받았기 때문에 친일 성향을 가질 수밖에 없다는 논리도 나왔다. 필리핀 제1의 공적 개발원조 국가가 일본인 것은 사실이었다. 그렇게 '이주민 출신'이란 수식어는 이내 '친일파 성향'이란 또 다른 정체성으로 재생산되었다. 반발은 "친일파 이자스민은 필리핀으로 돌아가라"는 댓글로 완성되었다.

사실 19대 국회에서 이 전 의원은 위안부 문제에 의욕을 보인 몇 안 되는 의원이기도 했다. 2012년 8월 일본군 위안부 피해자들의 소송을 국가가 지원하는 내용을 담은 법안을 대표 발의하고, 위안부 관련 행사에 자주 참석했지만, 이런 전적은 별 소용이 없었다. "기림비 건립을 반대한 것이 아니라 광화문 광장처럼 사람들이 많이 지나는 곳에 세우자는 취지"라는 그의 해명 역시 별로 중요하게 다뤄지지 않았다.

국회를 출입하면서 귀동냥하기로는, 당시 정부 여당은 대일 관계를 매우 민감하게 받아들였고, 위안부 기림비 문제에 소극적으로 나온 것이 사실이었다 — 청와대의 지시 때문인지는 모르겠다. 당시 속기록을 보면 이런 발언을 했던 사람은 이자스민 의원뿐만이 아니었다. 하지만 공동체의 화력이 이 전 의원에게 집중되면서 당시 회의에 참석해 비슷한 입장을 나타냈던 관료나 다른 국회의원은 논란에서 자유로울 수 있었다.

이주민을 대표하는 한 정치인에게 이렇게 '친일파'라는 정체성을 덧씌우는 것은 어려운 일이 아니었다. 국회 내 위안부 기림비 건립에 회의적 입장을 나타냈다는 사실, 그의 모국이 일본의 원조를 받았다는 사실은 이 전 의원을 '친일파'로 만들기 위해 '필요한' 사실이었다. 하지만 이 전 의원 말고도 다른 참석자들 역시 같은 발언을 했다는 사실, 기림비를 광화문에 설치하는 것이 낫다고 판단했다는 사실, 위안부 피해자 소송비용을 국가가 지원하는 법안을 발의했다는 사실은 '필요하지 않은' 사실이었다. 중요했던 것은 '사실' 여부가 아니라 '필요' 여부였다. '이주민 출신 친일파 국회의원'이란 정체성을 만들어내는 것은, 필요한 것과 필요하지 않은 것을 분리하는 식의 '사고(思考) 편집' 과정이기도 했다.

곰곰이 생각해 보면, 우리 공동체가 이 논란을 소비했던 방식은 첨예했던 위안부 문제와는 별 관련이 없었던 것 같다. 3년 뒤, 기림비 관련 예산이 대거 깎여 설치가 수포로 돌아갔지만 이를 주목하는 정치인과 언론은 별로 없었다. 위안부 기림비 설치에 대한 절실함보다는, 이주민 출신 국회의원에 대한 반감이 더 중요한 감정이었는지도 모른다.

비슷한 사례는 또 있었다. '친일파' 말고도 다른 방식으로 변주된 정체성은 '매국노'였다. 2014년 11월 아동복지법 일부 개정 법률안, 이른바 이주아동법이 발의되었다. 불법체류를 하고 있는 부모는 단속 대상이라 하더라도 그 자녀에게는 교육, 의료와 같은 기본권을 보장해 주자는 취지의 법안이었다. 국가나 지방자치단체가 교육과 의료급여, 최저생계비 유지, 보육 등을 지원하자는 내용이 포함되었다.

하지만, 불똥은 엉뚱한 곳에 튀었다. 이 전 의원이 법안을 발의했다고 소문이 나기 시작했다. 그가 그해 4월 법안 제정을 위한 공청회를 개최한 적은 있었지만 발의에 참여하지는 않았다. 법안은 정청래 의원 등 10명이 공동 발의했다. 모두 당시 민주통합당 의원들이었다.

하지만 인신공격이 빗발쳤다. 위안부 기림비 사례와 마찬가지로 "당신 나라로 돌아가라"는 댓글로 넘쳐났다. 대한민국 국회의원 배지를 달고 우리 세금을 빼내 무임승차하고 있는 외국인에게 몰래 퍼주고 있다는 '매국' 혹은

'도덕적 해이'라는 정체성이 부여되었다. 그렇게 이 전 의원은 '매국노'가 되었다. 일부 언론에서 이자스민 의원이 대표발의자가 아니라는 반박이 나왔지만, 별로 설득력은 없었다. 가장 눈에 띄었던 댓글은 "그래서 어쩌라고?"였다.

정확히는 오해가 있어도 미안해 할 필요가 없는 존재로 여겨졌던 것 같다. 그가 법안을 발의하지 않았지만, 원래 그런 법안을 발의하고도 남을 사람으로 소비되었다. 이 전 의원은 이미 '매국노'가 되었기 때문이다. '친일파'가 되었던 이 전 의원은 불과 1년 사이, 국가의 혈세를 불법 체류자에게 퍼주자는 '매국노'의 정체성으로 변주되어 있었다 — 당시만 해도 불편한 여론과 싸울 강단이 있었던 걸까. 후일담이지만 이 전 의원은 바로 다음 달 비슷한 내용의 이주아동법안을 발의했다. 그는 한 언론과의 인터뷰에서 "내가 발의한 것처럼 오해를 받았다. 어마어마한 항의 전화에 시달렸다. 그래서 이주아동법안을 대표 발의하고는 단단히 각오했다"고 소회를 밝히기도 했다.

이런 논란들은 그가 의원직을 마칠 때까지 주홍글씨가 되었다. 이 전 의원 관련 소식이 나올 때마다 언론은 '관련 뉴스'란 이름으로 이를 끊임없이 소환했다. 2015년 3월 이 전 의원의 아들이 담배 절도 의혹으로 수사를 받았을 때 "이자스민 아들 논란… 과거 이자스민 위안부 발언도 새삼 관심", "이자스민 아들 담배 절도 의혹… 위안부 기림비 반대 발언 논란"이란 제목이 뽑혔다. 이 전 의원의 아들은 이후 무혐의 처분을 받았다. 같은 해 12월, 그가 국회 본회의장에서 초콜릿을 먹은 사실이 알려졌을 때에도 같았다. '과거 행적도 논란', '논란 총집합', '위안부 기림비 반대했던 이자스민'이란 용어가 동원되었고, 수많은 비난 댓글이 달렸다.

뭐랄까. 어떤 공식 같았다. 이주민 출신 국회의원에 대한 불편한 감정, 그래서 그가 우리 공동체 정서를 제대로 이해하지 못한 어떤 일을 했으면 하는 일탈 기대 심리, 사고의 편집 과정을 거쳐 부정적인 정체성을 생산하는 전형성, 나아가 언론의 재소환을 통해 증폭되는 과정까지. 서양의 우월함과 식민 지배를 합리화하기 위해 주조된 동양의 미개함과 같이, 한국인으로서의 정체성의 우월함을 위해 만들어진 한 이주민 국회의원에 대한 열등함. 오리엔탈리즘의 피해자였던 우리가 다시 가해자가 되고 있는 역설과 같은.

정확히 말하면, 꽤 많은 공동체 구성원들은 이자스민 의원이 친일파가, 매국노가 되길 원했던 것 같다. 해악을 끼치는 존재로 믿고 싶었던 것 같다. "이자스민 의원과 우리는 다르다"와 "이자스민 의원은 혐오스럽다"라는 두 명제 사이, 그를 욕해도 양심의 가책을 느끼지 않도록 "이자스민은 친일파이기에, 매국노이기에 우리 사회에 해악을 끼친다"라는 명제가 필요했던 것은 아니었을까. 그의 정체성을 상상해서라도.

19대 국회가 끝날 즈음, 이자스민 의원 측에 인터뷰를 요청했다. 우여곡절이 많았던 만큼 의원직을 마무리하면서 그 소회를 정리해 보고 싶었다. 뭔가 할 말이 있을 것이라고 생각했다. 의원 재임 내내 공격도 많이 받은 터라 해명의 기회를 원할 법도 했다. 하지만 의원실 측으로부터 인터뷰 의사가 없다는 답변을 받았다.

반감의 표적들은 자신을 향한 거친 표현과 혹시 모를 폭력에 대한 공포를 안고 살아간다. 그렇게 자존감을 박탈당하고 무방비 상태가 되곤 한다. 자신을 변호할 권리마저 연상하지 못하고 자포자기한다. 정확히는, 공동체 일부 구성원들이 혐오받는 타자의 변호권을 인정하지 않았다는 것이 맞는 말인 것 같다. 설령, 그의 정당한 해명에도 "그래서 어쩌라고?", "무슨 상관인데?"라며 대응하고 논의를 애써 끝내곤 했으니까. 그의 말이 맞느냐, 틀리느냐는 중요한 것이 아니었다.

이 전 의원 역시 이런 메커니즘을 잘 알고 있는 듯했다. 괜히 스스로를 변호하기 위해 입을 열었다가 말이 말을 낳고, 이것이 다시 세간의 입방아에 올랐던 기억이 컸던 것 같다. 이 전 의원의 인터뷰 기사는 임기 후반으로 갈수록 눈에 띄게 줄었다. 사람들도, 그도, 그렇게 소통을 줄여나갔다. 소통은 '기피'되었다.

그 이후에도 이자스민 전 의원에게 식사라도 함께하자고 의원실에 몇 차례 요청을 했지만 약속을 잡을 수 없었다. 기자들을 만나면 혹시라도 자신의 말 한마디가 기사화될 수 있다는 것을 두려워했던 것 같다. 이 전 의원은 당시 여당을 출입했던 3년 동안 한 번도 제대로 이야기를 나눠보지 못한 유일한 의원이었다.

제 2 부

혐오와 민주주의

제3장 혐오 규범

제3장

혐오 규범

악의 평범성

아이히만은 그가 유대인에게 저지른 그 어떤 일에도 괴로워하지 않았어요. 하지만 그런 그도 한 가지 사소한 사건에 괴로워했어요. 빈에서 유대인 공동체 회장을 심문하다가 그 사람 뺨을 때린 일이죠.[1]

아돌프 아이히만(Adolf Eichmann)은 인류사에서 가장 끔찍한 '악'으로 기록된 홀로코스트에 적극적으로 조력한 나치 관료였다. 유태인 학살 전범 아이히만의 재판을 지켜보던 독일의 철학자 한나 아렌트(Hannah Arendt)는 그의 평범함에 자못 놀라워했다.

그는 살인에 흥미를 느끼는 반사회적 인격 장애자도, 광신도도 아니었다. 유태인의 뺨을 때린 것에 양심의 가책을 느꼈던 평범한 50대 가장이었다. 아

---

1   한나 아렌트, 『한나 아렌트의 말: 정치적인 것에 대한 마지막 인터뷰』, 윤철희 옮김(마음산책, 2016), 194쪽.

렌트는 재판장에 섰던 아이히만이 책임을 회피하기 위해 거짓말을 한다고 믿지 않았다. 오히려 사고의 무능에서 비롯된 상투어에 가깝다고 봤다. 아렌트의 말대로, 그는 현실을 막는 견고한 벽으로 둘러싸여 있었으며, 어떠한 소통도 가능하지 않았다.[2] 지시에 복종했을 뿐이며 성실했던 죄밖에 없었다고 항변한 아이히만의 항변은 사유하지 않고 행동하는 우리 자신의 모습일 수 있다.

아렌트에게 악은 뿔 달린 악마만이 행할 수 있는 기괴한 행동이 아니었다. 평범한 사람들의 평범한 일상 속에서 자연스럽게 ─ 심지어 우리 자신도 모른 채 ─ 잉태되고, 수행될 수 있었다. 그 유명한 '악(惡)의 평범성'이란 테제는 이렇게 탄생되었다.

그의 책 『예루살렘의 아이히만(Eichmann in Jerusalem)』은 홀로코스트라는 혐오 범죄에 수많은 사람이 왜 동조하고 부역했는가에 대한 질문에서 출발했다. 히틀러라는 사악함의 준동과 선동을 말했던 다른 지식인들과는 달리, 아렌트는 '무능'을 말했다. 사유하지 않았기 때문에, 심지어 평범했기 때문에 전쟁 범죄에 조력한 것이라고 봤다. 평범함과 사악함의 차이는 이렇게 협애했던 것이다.

전체주의에 대한 아렌트의 비판은 이 지점에서 시작되었다. 그 경직되고 파괴적인 시스템 속에서 군중이 무능해질 수밖에 없다는 것을 입증해내고 싶어 했다. "민주주의는 의견의 일치만큼이나 대립도 필요하기 때문에 '살아있는 것'이며, 이 생명력이 빼앗길 때 파괴될 수 있다"[3]는 그의 사유는, 의견 대립 없는 전체주의가 우리의 사고력을 강탈할 수 있음을 의미했다.

아렌트의 관점에서, 전체주의가 위험한 이유는 사유할 능력을 퇴화시키기

---

2   한나 아렌트, 『예루살렘의 아이히만: 악의 평범성에 대한 보고서』, 김선욱 옮김(한길사, 2006), 106쪽.

3   알로이스 프린츠, 『한나 아렌트』, 김경연 옮김(이화 북스, 2019), 147쪽.

때문이다. 권력에 대한 맹종은 우리가 너무나 당연하게 여겼던 보편적인 도덕과 윤리, 최소한의 인권조차 떠올릴 수 없게 만들었다. 사유하지 않았으므로, 고민하지 않았으므로. 그렇게 공동체 안에서 자유로운 개인은 퇴색되었다. 그녀의 말대로 '인간은 정치적 동물'이기 때문이다. 평범한 사람들에 의한 인종 청소는 이렇게 수행되었다. 아렌트의 메시지는 명료했다. "성실하기만 해서는 안 된다."

전체주의와 경직된 관료제의 위험성을 알리기 위해 꺼내들었던 악의 평범성. 하지만 우리 시대 민주주의는 비교적 잘 다듬어지고, 진일보하고 있다고 여겨지고 있음에도, 왜 혐오는 되레 거세지는가. 홀로코스트 그 잔혹한 역사를 학습했던 민주주의 시민들이, 왜 다시 혐오에 동참하고 폭력적인 발언도 서슴지 않는가. 우리 공동체가 여전히 전체주의와 파시즘에게 농락당해서, 외형뿐인 민주주의에 불과해서, 여전히 사유하고 판단할 능력이 부족해서 그런 것인가. 단적으로 촛불을 경험한 대한민국 공동체는 어떠한가. 촛불은 분명 우리 공동체 민주주의의 화양연화가 아닌가. 그런데 촛불 이후 민주주의, 혐오는 왜 거세지고 있는가.

아렌트가 말하는 '악의 평범성'에서 이 질문에 대한 답을 얻기란 쉽지 않은 것 같다. — 자유와 평등, 정의와 인권과 같은 — 민주주의의 가치를 잘 구현해내고 있는 공동체조차 혐오라는 정동으로부터 자유로울 수 없는 어떤 맥락이 있다고 믿는다.

필자는 여전히 아렌트의 혜안을 지지한다. 사유의 가치를 되새기는 것만으로도 아렌트의 악의 평범성이라는 테제가 상징하는 철학적 의미는 위대하다고 생각한다. 악의 평범성이 맞다, 틀리다, 이 자리에서 판결을 내리는 것은 촌스럽다.

다만, 악의 평범성만으로는 지금의 혐오 현상을 충분하게 설명하기 어렵다는 것을 깨닫는다. 우리 시대 '혐오하는 사람들'은 민주주의를 부정하지 않는다. 그들은 스스로 민주적인 시민이라고 믿고 있다. 선거라는 민주주의 절차를 존중한다. 권력에 무비판적으로 복종하려들지도 않는다. 아니, 오히려 권력에 비판적이기까지 하다. 테러리즘을 증오하며, 홀로코스트가 다시는 벌어져서는 안 될, 인류사 최악의 비극이라는 사실을 충분히 공감한다. 달리 말하면, 타자를 혐오하는 이들 역시 충분히 사유할 줄 아는 사람들이다!

그럼에도 불구하고, – 아렌트의 표현을 차용하면 – 왜 '보편적 판단 능력을 망각하는 상태'에 내몰리고 있는가. 민주주의가 제대로 운영되지 못해서 그런 것일까. 아니면, 우리가 찬양하는 민주주의마저도 전체주의처럼 인간의 사유 능력을 강탈하는 어떤 씨앗이 있는 것일까.

이제 우리는 악의 평범성, 그 이상의 지점을 고민해야 한다. 필자는 '혐오의 규범성'이란 테제를 제시한다. 사유하고 판단할 줄 아는 민주주의 시민들이 고민한 결과, 혐오라는 감정 역시 어떤 정당한 목적이 있다고 여겼고, 그렇게 혐오가 규범적 위상으로 올라갈 수도 있다는 것이다. 사유하지 않기 때문에 '악'을 평범하게 생각하는 것이 아니라, 사유한 결과 '악'이라고 여겨진 것도 어쩌면 '선'이 될 수 있다고 믿는 것, 즉 우리의 사유 능력이 현격히 저하된 틈을 타 '외부'의 악이 음습한 것이 아니라, 그 '악'이라 일컬어지는 감정이 민주주의 공동체 내부의 '규범' 체계 안에서 작동할 수 있다는 것이다. 결국, 혐오는 선과 악이 얽히고설켜 복잡하고 혼잡스러운 형상으로 우리 곁에 존재하고 있다.

어쩌면 아이히만은 '유태인을 학살하라'는 히틀러의 명령을 곰곰이 사유하지 않았기 때문이 아니라 공동체의 감정 규범을 적극적으로 지지했기 때문에 홀로코스트에 가담한 것은 아니었을까. 학살을 통해 규범을 실천하고 있다고 믿었던 것은 아닐까. 혐오가 악인 줄 모르는 것이 아니라 곰곰이 생각해보니 혐오는 공동체의 질서를 위해 필요할 수도 있겠다고 판단했던 것은 아니었을까.

역설적이게도 혐오하는 사람들은 공동체의 정체성 위기를 걱정하는 자신을 민주주의 가치에 충실한 존재로 믿는다. 공동체를 걱정하는 것은 공적이고 이타적인 일이기 때문이다. 이것은 좌와 우, 진보와 보수, 극우의 문제도 아니다. 좌파든 우파든, 진보든 보수든, 공동체 구성원들은 자신이 몸담은 공동체에 대한 애착을 갖고 있어야 한다는 것을 당위로 생각하기 때문이다.

"홀로코스트가 끔찍한 비극인 것은 충분히 알고 있다. 다시는 이런 역사가 반복되어서는 안 된다. 다만, 우리는 타자들과 따로 살고 싶을 뿐이다. 타자들은 우리 공동체가 구축한 공동체에 해를 끼칠지도 모르기 때문이다"는 식의 사유들. 심지어 "민주주의를 지키기 위해 타자들이 우리 공동체를 떠나야 한다. 이것이 그들을 말살하자는 것은 아니지 않는가"라는 수사들.

이 익숙한 문장들은 우리 시대 포퓰리스트들의 보편적인 구호이기도 하다. 그리고 이는 민주주의가 가장 발달했다고 여겨지는 공동체에서 벌어지고 있는 현상이다. 어느새 혐오는 사유하지 않거나 성실하기만 한 사람들이 아닌, 정상적인 민주주의 교육을 받은 이들이 자발적으로 지지하는 규범이 되고 있다.

이 같은 구술에는 우리의 일반적인 믿음과는 구별되는 어떤 전제가 깔렸다. 우리는 흔히 민주주의는 '옳은' 제도라고 생각하고, 따라서 민주주의 공동체의 시민들은 사사로운 감정에 흔들리지 않고 철두철미한 계산에 근거해 '옳은' 판단을 할 것이라고 믿는다. 하지만 민주주의는 꼭 그렇게 돌아가지만은 않을 수 있다.

아니, 오히려 민주주의 역시 공동체 구성원의 '감정'에 따라 운영되어 왔으며, 그 감정이 규범의 구성에 지대한 영향을 미쳐왔다. 법과 제도의 기반은 이성(理性)보다는 감정일 수 있다. 그런데 최근 들어 유독 '혐오'라는 감정이 유독 거세졌고, 혐오 감정의 규범성 역시 강화되고 있으며, 혐오의 규범성을 강화시키는 어떤 사회적 상황이 존재하고 있다.

결국, 우리는 이성에 기반을 둔 도덕과 윤리, 이성적 근거에서 시작된 민주주의의 '옳음'이 의심받고 있는 시대에 살아가고 있다. 우리 시대 민주주의가 감정에 따라 흘러갈 수 없다는 것을 과감히 인정하고, 새로운 방식으로 우리의 민주주의를 재구성할 준비를 해야 한다.

이는 이 책이 앞으로 풀어낼 혐오와 민주주의의 관계에 대한 철학적 전제이기도 하다. 선악의 구획을 기준으로 '악한' 감정으로서의 혐오가 아니라 우리가 위대하다고 치켜세우는 민주주의가 왜 혐오에 취약할 수밖에 없었는지 면밀히 판독해야 함을 깨닫는다.

민주주의가 왜 혐오에서 취약할 수밖에 없는지 두 관점에서 기술한다. 첫째, 민주주의 공동체는 어떤 '옳음'에 근거한 도덕과 윤리를 달성하기 위해 만들어진 것이 아니라 공동체의 부정적인 감정을 최소화하기 위한 제도적 장치를 마련한 시스템에 가깝다. 부정적인 감정이 제대로 해결되지 못하고, 심지어 부유하는 상황에 직면하면, − 부정적인 감정의 종국적 형태로서의 − 혐오 감정 역시 거세질 운명에 처할 수밖에 없다. 민주주의의 작동 방식을 감안하면, 민주주의 공동체 역시 혐오에서 자유롭지 못했다.

둘째, 민주주의 공동체는 의외로 '회원의 자격'을 엄격하게 물어왔던 전통을 갖고 있었다. 아니, 의외가 아니라 오히려 강하게 물었다. 자연히 자격이 없다고 여겨진 타자는 공동체 구성원에서 실질적으로 배제되었다. 다만, 민주주의를 제도화하는 과정 속 홀로코스트와 같은 극단적 비극을 경험하며 어느 정도 안전장치를 마련했고, 물리적 폭력이 최소화되었을 뿐이다. 민주주의 공동체 역시 타자 혐오에 대해 근본적인 해결책을 만들어내지 못했다. 민주주의의 전통을 감안해도, 민주주의 공동체 역시 혐오에서 자유롭지 못했다.

부정적인 감정

법과 감정

2018년 12월 27일 국회 본회의가 열렸던 날, 국회 현장에서 고(故) 김용균 씨 어머니를 동행 취재하고 있었다. 이른바 '김용균법'이라 불렸던 산업안전 보건법 개정안 통과가 유력했다. 법안이 국회 본회의를 통과하는 순간, 어머니의 벅찬 '감정'을 카메라에 담고 싶었다.

본회의가 열리기 17일 전, 충남 태안화력발전소 협력업체 비정규직 노동자였던 김용균 씨는 운송설비 점검을 하다가 컨베이어 벨트에 끼어 숨졌다. 스물네 살의 젊은 나이였다. 위험한 업무를 하청업체 직원에게 맡기는 '위험의 외주화' 논란은 강하게 불붙었다. 안 그래도 청년 노동자들의 좌절감이 거센 상황이었다. 우리 공동체는 김 씨의 죽음에 분노했다. 이번만큼은 위험의 외주화를 끝내야 한다는 공적 욕망은 거세졌고, 제도적 실천에 대한 의지가 불타올랐다. 그 의지는 언론을 통해 증폭되었고, 입법자들에게 고스란히 전달되었다. 그렇게 '김용균법'이 입법 최종 관문을 통과했다. 2018년 12월 27일, 불과 참사 17일 만이었다.

'김용균법'은 유해·위험 작업의 사내 도급을 원천적으로 금지하고, 이를 위반할 때 10억 원 이하의 과징금을 부과하는 내용을 명시했다. 안전조치를 위반한 사업주의 처벌도 강화했다 — 이후 통과된 법이 '김용균 없는 김용균법'이라는 비판이 나왔다. 논란은 여전히 현재진행형이다. 다만, 법안 내용에 대한 구체적인 논란은 여기서 짚지 않기로 한다.

청년의 죽음은 어제오늘 일이 아니었다. 이미 2016년 5월, 구의역 사고가 있었다. 스크린도어를 혼자 수리하던, 역시 외주업체 직원 19세 김 군이 전동차에 치어 사망했던 사고다. 참사 이후, 사고가 난 구의역 9-4번 승강장에는 추모의 포스트잇과 국화가 가득했다. 그의 가방에서 나온 컵라면은 공동체 감정을 자극했다. 컵라면으로 끼니를 때우며 목숨을 걸어야 하는 우리 시대 청년들의 온도가 담겨 있었다.

아쉽게도 당시 그 감정적 분노는 이성적 논리에 반박되고 말았다. 산업안전보건법 개정안이 시행되면 기업이 줄도산 할 수 있다는 경제적 논리, 혹은 위헌 소지가 있다는 법리적 논리 때문이었다. 이성적이고 합리적 논리 앞에 감정 논리는 제대로 힘을 쓸 수 없었다.

그렇게 법안은 2년 넘게 계류되었다. 하지만 김용균 씨의 죽음 앞에서 감정 논리는 더욱 절박하고 강력한 형태로 소환되었다. 여론은 그 어느 때보다 들끓었다. 기업들은 늘 그렇듯 반발했지만, 정치인들은 예전처럼 마냥 버틸 수 없었다.

이성적인 관점에서 상황이 바뀐 것은 없었다. 비정규직 노동자들은 하루에 세 명 꼴로 산업 현장에서 죽어나가고 있었고, ― 물론 지금도 그렇다 ― 상당수가 청년들이라는 것. 달라진 것이 있다면, 그 사이 공동체의 분노가 더 거세졌고, 제도 변화에 대한 열망 역시 강해졌으며, 그렇게 머뭇거리던 정치권을 입법 테이블 앞에 앉혔다는 것뿐이다.

그렇게 새로운 법이 통과되었다. 기업에 대한 과잉 규제라는 우려의 시선들과 이에 대한 문제 제기에도 불구하고, 공동체 감정 변화는 만족할 수준의 내용은 아니었지만, '토론'과 '법안 처리'라는 민주주의의 절차를 이끌어냈던 것이다.

언론도 이성보다는 감정에 주목했던 것 같다. 김 씨 어머니와의 동행 기사에서도 법의 내용이 무엇인지, 여야 협의 과정에서 문구가 어떻게 수정되었는지는 기사에서 큰 비중을 차지하지 않았다. 그 법을 바라보는 어머니의 시선을 카메라에 담아내고 싶어 했다. 그렇게 기사는 어머니의 눈물로 채워졌다. 이 법을 만들어낸 이들의 감정을 지지하고 싶었던 것이 아니었을까. 법안 내용을 구구절절하고 딱딱하게 설명하기보다는.

당시 공동체 구성원들이 느꼈던 허탈감과 박탈감이란 '감정'이 없었다면 우리 공동체를 바꿔야 한다는 변혁 의지도 잉태될 수 없었을 것이다. 혁명의 역사가 그랬다. 멀게는 프랑스 혁명과 2월 혁명, 가깝게는 68혁명, 우리로 따지면 4·19 혁명과 2016년 겨울 촛불까지, 혁명 이후 만들어진 법과 제도는 당시 공동체 구성원들의 '감정'에 의탁하고 있다.

우리의 헌법 역시 – 그 딱딱한 구술에도 불구하고 – 우리의 감정을 대변하고 있다고 믿는다. "대한민국의 주권은 국민에게 있고, 모든 권력은 국민으로부터 나온다(헌법 1조 2항)", "모든 국민은 법 앞에 평등하다. 누구든지 성별·종교 또는 사회적 신분에 의하여 정치적·경제적·사회적·문화적 생활의 모든 영역에 있어서 차별을 받지 아니한다(헌법 11조 1항)"와 같은 고귀한 헌법의 문장들은 불평등한 공동체의 역사와, 여기서 기인된 박탈감과 좌절감, 그렇게 시작된 분노를 통해 첨삭되고, 완성되었다.

그렇다면 우리는 이런 감정적 접근을 어떻게 평가해야 할까. 법은 정확한 통계와 논리, 이성적이고 합리적인 계산에 의해 만들어져야 하는 것 아닌가. 감정에 호소해서 만들어지는 법은 '비이성적'이고, '비합리적'일 수밖에 없지 않은가. 철두철미해야 할 법이 감정에 휘둘리는 것은 용인할 수 없는 일 아닌가. 안타깝게도 이런 믿음은 착시에 가깝다. 법과 제도는 언제 어디서든 사람들의 감정 상태를 반영하며, 감정을 고려하지 않고는 이를 제대로 설명할 수 없다.[1]

감정과 법, 그 사이 가교 역할을 하는 것은 규범이다. 규범은 법처럼 성문

화(成文化)되어 있지 않는 경우라도, 공동체 구성원의 일상적 행동에서 판단 준거로 기능하고 있으며 사실상 강한 규제력을 가진다.

그리고 규범은 공동체 감정의 결과물이다. 앞서 서론에서 언급했지만, 스티븐 레비츠키와 대니얼 지블랫은 『어떻게 민주주의는 무너지는가(How Democracies Die)』에서 '제도적 자제'와 '상호 관용'이 민주주의를 지켜왔던 규범이라고 했다. 자제심과 관용이라는 규범은 감정 준거에 가깝지만, 동시에 민주주의의 이성적이고 합리적 운영에 기여할 수 있었다. 상대에 대한 너그러움은 관용 규범의 주춧돌이 되고, 그 규범을 통해 토론이 성사되었으며, 민주주의의 제도적 기반인 공론장이 완성되었다. 그렇게 우리는 법과 제도를 만들어 왔다.

즉, 공동체 감정에 의해 만들어진 규범이 텍스트화 되었을 때 성문화된 법의 형태를 띠게 된다. 그렇게 규범은 제도화된다. 이런 면에서 '감정 규범'은 결코 어색한 레테르가 아니다 ─ 달리 말하면, 관용의 대척점에 있는 혐오가 거세질 때 관용 규범은 쇠퇴하며 혐오 규범이 강력하게 작동한다. 혐오 규범 역시 제도화될 수 있으며, 포퓰리즘은 혐오 규범이 제도화될 수 있음을 보여준 상징적 사례였다.

따라서 민주주의 공동체를 지탱하는 입법·행정·사법기관은 감정 규범과 법 사이의 줄다리기를 하는 공적 공간이다. 법을 만드는 국회는, 법리를 따져 논리적 정합성을 살펴보는 곳이다. 하지만 동시에 감정 규범을 수렴한다. 가령, 흉악범의 얼굴 공개, 성범죄자 신상 공개와 관련한 입법은 범죄자의 기본권보다 범죄 예방 효과 혹은 처벌 심리를 우선순위에 둔 결과였다. 여기에는 공동체의 규칙을 파괴한 이에게 수치심을 주려는 감정 규범의 강한 욕망이 깔렸다. 부정청탁 및 금품 등 수수의 금지에 관한 법률, 이른바 '김영란법'은 공직자의 기본권보다 부패 근절을 위한 당위론이 큰 설득력을 얻었다. 공직자의 일상을 통제하고 나아가 법을 통해 처벌하고 싶다는 욕망이 담겼다.

사실, 법리적 잣대로 엄격하게 봤을 때 이는 모두 논란의 소지가 있다. 일각에서는 흉악범 얼굴 공개나 '김영란법'에 대해 불편해하는 목소리도 존재했다 – 마사 누스바움은 흉악범 얼굴 공개에 부정적인 입장을 보인다. 하지만 공동체 구성원은 여기서 나온 반론들을 좋아하지 않았다. 정치권은 대중의 감정을 존중해야 했고, 부응해야 했다. 공동체가 이성적이고 합리적인 철학적 잣대로만 굴러오는 것은 불가능하다.

법을 집행하는 정부는, 그렇게 수렴된 감정 규범을 수행한다. 그 수행 과정에서 다른 감정이 불타오르면, 논리의 테두리 안에서 집행을 달리하기도 한다. 집행의 여지가 제한되면 국회에 다시 감정을 반영한 법을 만들어주길 요청한다.

우리는 법이 옳고 그름의 모든 세세한 판단을 내려주지 못한다는 사실을 잘 알고 있다. 모든 판단을 법에 의탁할 수는 없다. 성문화된 법 조항을 성문화되지 않은 규범에 적용시키는 노력들이 필요하다. 우리는 이 과정을 '법의 해석'이라고 부른다.

법원은 바로 이 감정 규범을 해석하는 곳이다. "법에도 온정이 있다"는 표현은 법을 문장 그대로 해석해 기계적으로 적용하지 않는다는 것을 의미한다. 가령, 같은 범죄라도 각자의 사정을 감안해 – 관용과 자제라는 감정 규범에 따라 – 다른 판단이 나올 수 있다. '법 감정'은 이런 과정을 반영함을 뜻한다.

자연히 우리 공동체는 감정의 총아다. 우리가 이성적이고 합리적이라고 일컫는 법의 구문 하나하나, 집행과 해석 과정 하나하나가 감정의 발로이며, 결국, 감정 규범의 결과물일 수 있는 것이다. 달리 말하면, 민주주의 공동체에서 감정은 '심사의 대상'이며, '합의의 대상'인 것이다!

감정 균형

누군가가 "민주주의란 무엇인가"라고 물어봤을 때 어떻게 답할 것인가. 우리는 민주주의가 인간의 이성에 기반을 둔 도덕적·윤리적 단위에 의해 운영된다는 강한 믿음이 있다. 이와 관련된 여러 구술들이 있다.

누군가는 모든 권력이 국민으로부터 나온다는 헌법 조항을 대며 '법제적 구술'을 할 것이다. 다른 이는 '정부에 대한 비판의 자유'와 같은 '적극적인 정치 참여'와 같은 '당위적 구술'을, 또 누군가는 언론·출판·집회·결사의 자유와 같은 '방법론적 구술'을 선호할 수 있다. 혹은 자유와 평등, 인권의 가치를 지향하고 있는 정치 시스템이라는 '추상적 구술'을 동원할 것이다.

하지만 이런 구술들은 민주주의의 필요조건일 뿐, 민주주의 자체를 정의하는 충분조건이 될 수는 없다. 사실 민주주의는 애매모호한 이데올로기다. 자본주의와 공산주의, 전체주의마저도 '민주주의'를 표방한다고 주장한다. 북한 정권도 스스로의 체제를 조선 '민주주의' 인민공화국이라고 자칭한다.

이런 구술들의 공통점이 있다면, 우리가 말하는 민주주의는 우리가 막연히 지향해야 할, 도덕적·윤리적으로 '옳고' 혹은 '정의로운' 정치제도라는 믿음 그 어디쯤에 있다는 것이다. 사실 우리는 민주주의를 도덕과 윤리의 틀 안에서 규정하는 데 익숙하다.

민주주의는 인간의 존엄성, 도덕성을 강조했던 유럽 근대의 전통에 뿌리를 두고 있다. 존 로크(John Locke)와 장 자크 루소(Jean Jacques Rousseau), 그리고 볼테르(Voltaire)에 이르기까지 사실상 민주주의의 발판을 만들었던 사상가들은 — 그 주장은 조금씩 차이가 있지만 — 인간 이성(理性)에 대한 애착을 민주주의 출발점으로 삼는다. 그들에게 인간은 이성에 의해 '옳음'을 판단할 줄 아는 능력을 지닌 존재다.

근대 유럽 민주주의 사상가들에게 민주주의란, 이성이 있는 개인을 상정했을 때 기능한 정치 원리였다. 자유로운 '이성'을 가진 개인들은 합리적 판단 능력을 가지고 있기 때문에 상호 계약의 주체가 될 수 있고, 따라서 그 계약의 성과인 국가는 존중되어야 했다.

이는 학창시절 배웠던 '사회계약설'이란 표제어로 축약된다. 민주주의 시민들은 이성에 근거한 판단 능력이 있기 때문에 정부를 만들 줄 아는 사람들이고, 따라서 정부를 만들 권한을 부여받았던 것이다. 국민은 이성을 가진 개인들의 총합이다. 이성이 없다면 – 인간이 감정에 휘둘리는 나약한 존재였다면 – 공동체는 성립할 수 없다고 믿었다.

즉, 민주주의의 시작은 "인간의 이성과 합리성에 가장 부합하는 정치 형상"이라는 점을 관통했다. 그렇게 민주주의는 '법치주의'와 연결되었다. 법은 민주주의의 추상적 목표와 당위, 구체적 방법론이 망라된, 합리주의 정신의 총아였다.

민주주의의 근간이 되는 법과 제도는 인간 이성에 의해 구축된 '도덕적으로' 완결한 결과물로 취급받게 되었다. 자연히 감정은 선호될 수 없었다. 결코 배제될 수 없는, 오히려 가장 중요한 단위였음에도 불구하고 합리적 판단이 아닌 감정적 판단에 의한 것이라면 이성의 취지와는 상충된다고 믿었다.

하지만 앞서 말했던 것처럼 인간의 감정은 공동체를 운영하는 데 지대한 역할을 해왔다. 인류 역사의 모든 공동체는 늘 감정의 딜레마에 직면했다. 공동체 구성원 누구는 행복했지만, 또 누구는 불행했다. 누구는 안정감을 느꼈지만 누구는 불안해했다. 누구는 공감했지만, 또 누구는 공감하지 못했다. 누구는 박탈감을 느꼈지만, 또 누구는 만족했다. 공동체 내 수많은 구성원 사이에서 생기는 감정은 개인별로, 시간적·공간적·문화적으로, 다르게 발현되었다. 어쩔 때는 역학적이기까지 하다. 홉스(Thomas Hobbes)와 로크, 루소 같은 서양 근대 철학자들이 말하는 '자연 상태'는, 어쩌면 이런 식의 감정의 무질서와 같았다.

그렇다면 우리는 누구의 감정에 충실해야 하는가. 민주주의가 아닌 사회에서는 힘 있는 자들의 감정이 우선순위였다. 그렇게 감정은 '선별적으로' 수용되었다. 감정 불균형이 생겼다. 자연히 힘없는 자들의 감정은 해결되지 못한 상태로 남게 되었다.

힘 있는 자들은 이를 해결하기 위해 여러 통치 기술들을 동원했다. 부정적인 감정이 해결되지 못하고 부유한다는 것은 공동체 운영이 어렵다는 것을 의미하기 때문이다. 어떤 정치 세력은 직접적인 억압과 탄압을 통해 힘없는 이들의 감정을 통제했다. 다만, 그 억압과 탄압을 잘 견디면 대가를 지불하기도 했다. 계급 상승의 사다리를 일부 허용하며, "당신들의 감정도 수용될 수 있다"는 동기 부여를 제공하면서.

종교는 부유하는 감정을 통제하는 데 꽤 괜찮은 방식이었다. 어떤 종교는 전생의 업보를 통해 현생의 고통을 정당화했고, 혹은 환생과 윤회를 통해 지금의 짓눌러진 감정이 언젠가는 수용될 수 있다는 희망을 심어줬다. ─ 종교의 긍정적 기능을 부정하려는 게 아니라 감정을 통제하는 측면이 있다는 것을 말하려는 것이다. 기독교가 말하는 '천국과 지옥'은 내세의 감정을 어떻게 통제하느냐에 따른 보상 혹은 처벌이었다.

인류 역사의 공동체들은 부유하는 부정적인 감정을 적절히 탄압하고 통제하는 그 나름의 통치 기술이 있었다. 억압이든 탄압이든, 회유든 희망 고문이든, 표면적인 균형을 지향하며 공동체를 지탱해 왔다.

결국, 민주주의가 아닌 정치제도들이 감정을 공동체의 심사 혹은 합의의 대상으로 상정했다고 볼 수는 없다. 감정을 선별적으로 수용하고, 여기서 나올 수 있는 저항들을 최소화하는 방식에 가까웠기 때문이다. 엄밀히 말하면, 민주주의가 아닌 사회는 감정 불균형의 역사였다.

반면, 민주주의는 대부분의 공동체 구성원의 감정 역시 심사의 대상, 합의의 대상으로 상정했고, 그 방법을 제시하는 제도적 기반을 만들어냈다. 민주주의는 공동체 구성원의 감정에 권력을 부여한 것이다. 즉, 민주주의는 감정 합의를 원활하게 추동해, 다수 구성원이 느끼는 감정이 최대한 수용될 수 있게 잘 설계된 시스템이다. 이 시스템은 구성원 다수의 감정을 잘 다루고 손질해 감정적 합의를 유도하기 위한 절차를 만들었다. 민주주의가 대단한 이유는, 공동체 내의 복잡하게 얽혀 있는 '공동체 감정'의 '균형'을 만들어내기 위해 부단히 노력하고, 감정을 합의할 여건을 제공했다는 점이다.

민주주의는 '감정 균형'을 '지향'하는 것이다! 물론 민주주의 공동체의 법이 특정 개인의 감정을 반영하는 것은 아니다. 그 감정이 모여 단일한 '공동체 감정'이 되었을 때 심사 대상이 된다. 힘 있는 누군가의 사적인 감정이 일방적으로 법으로 반영되는 것은 권위주의 체제에서나 가능한 일이다. 공동체 감정으로 지지되었을 때 우리는 그 감정이 법에 담겨도 괜찮다고 판단한다. 민주주의는 감정 불균형이 발생하면 어떻게든 균형을 맞추게 하는 제도적 장치를 보장했다. 민주주의 국가의 '국민의', '국민을 위한', '국민에 의한' 정치는 더 정확히 말하면 '국민(감정)의', '국민(감정)에 의한', '국민(감정)을 위한' 정치였다.

가령, 구성원들이 빈부 격차 때문에 박탈감을 이기지 못할 때 그래서 분노의 감정이 커질 때 발전적인 복지 시스템을 들고 나온 정치인들을 지지하듯이 그 분노를 잘 담아낸 정치인들에게 힘을 실어준다. 복지 시스템이 잘 구축되면 분노는 어느 정도 추슬러지고, 구성원들은 안정감을 느낄 수 있다. 만일 이를 제대로 성취하지 못했다면, 그 분노는 다시 커진다. 그렇게 권력자들은 힘을 잃을 수 있다. 구성원의 감정을 제대로 성취하지 못했기 때문에 선거라는 절차에 의해 다시 선택받지 못할 수 있는 것이다.

감정 균형을 지향하는 민주주의는 부정적인 감정을 제도로 흡수해 용해시키는 지난한 과정을 수반한다. 인권, 자유, 평등, 인간의 존엄성과 같은 민주주의의 가치들은 공동체 구성원의 감정을 합의의 대상으로 상정하는 감정권(憾情權), 이를 행사하기 위해 마련된 하부 가치에 가깝다.

민주주의 공동체에서는 우리가 부정적이라고 믿는 감정들, 우리 사회에 해를 끼칠 수 있는 감정들은 그렇게 첨삭되고, 우리가 긍정적이라고 믿는 감정들, 우리 사회에 유익하다고 고려될 수 있는 감정들은 확장될 수 있다. 공포를 느끼는 누군가, 박탈감을 느끼는 누군가, 이들의 감정이 공론장에서 심사 대상이 되고, 존중받을 수 있다는 것, 그렇게 박탈감이 만족감으로 바뀔 수도 있고, 공포가 안정감 혹은 신뢰감으로 변할 수 있는 가능성을 전제하는 것이 민주주의 공동체다.

민주주의 공동체에도 합의되지 않은 감정은 존재할 수밖에 없다. 다만, 자신의 감정이 합의의 대상이 될 수 있다는 것, 나아가 그 감정이 사회적으로 지지받을 때 법과 제도를 통해 반영될 수 있다는 심리적 안정감을 선사하기도 했다. 비록 해결되지 못한 감정이라도 '폐기'가 아니라 '계류'될 뿐, 언젠가는 합의될 수 있다는 나름의 기대감에 가까웠다. 이런 면에서 인류의 역사는 감정 투쟁의 역사다.

다만, 민주주의 시스템이 보장되었다고 해도, 감정 균형이 자동적으로 성취되는 것은 아니다. 앞에서 민주주의가 감정 균형을 '지향'한다고 표현했다. 감정 균형은 이상적 목표에 가깝다. 공동체 구성원들의 부단한 합의의 노력을 통해, 시스템의 의도적인 활용을 통해 ─ 그리고 어떤 의식적인 노력에 의해 ─ 끊임없이 성취하는 노력의 과정이다.

민주주의는 감정 균형에 가까워지도록 부단히 노력하는 제도이며, 그 과정은 쉬운 일이 아니었다. 민주주의 공동체의 감정은 늘 위태롭게 운영될 수밖에 없었다.

종국적 감정

우리가 부정적이라 여기는 감정은 혐오뿐이 아니다. 공동체를 위험에 처하게 하는 감정은 차고 넘친다. 그럼에도 앞서 혐오 이야기를 지난하게 풀었다. 이 글을 읽고 있는 사람들은 이런 질문을 던질 수 있다. 왜 이 책은 수많은 감정 가운데 혐오에 이렇게 집착하는가.

우리에겐 긍정적인 감정과 부정적인 감정이 있다. 환희, 기쁨, 행복, 만족감, 기쁨, 즐거움, 안정감, 신뢰감 따위는 우리 스스로에게 긍정적이다. 후회, 자괴감, 우울, 수치심, 불안, 공포, 두려움, 무서움, 박탈감, 열등감, 굴욕감,

짜증, 분노, 불편함, 불쾌감, 미움, 적개심, 증오, 반감 등은 부정적이다. 물론 어디에도 속하지 않는 중립적인 감정도 있을 것이다.

폴 에크만의 여섯 가지 기본 정서를 다시 참고하자. 분노와 혐오, 공포, 놀라움, 슬픔, 즐거움이다. 이 가운데 분노와 혐오, 공포, 놀라움, 슬픔은 개인 입장에서는 고통을 수반하는 부정적인 감정이 되기 쉽다. 부정적인 감정은 우리를 위협하는 상황에 대한 반작용, 즉 우리의 생존과 관련되어 있기 때문에 더욱 기민하고 예민하게 취급되곤 한다.

가령, 분노는 어떤 부당함에 대한 즉각적인 반응이다. 같은 상황이 재현되지 않도록 하는 경고다. 혐오는 위험을 기피하기 위해, 공포는 안전한 곳을 추구하기 위한 자구책이다. 놀라움은 예기치 않은 상황에 맞닥뜨렸을 때 나오는 원초적 반응이다. 이를 통해 우리는 새로운 상황을 학습하며 생존 방식을 익힌다. 우리가 부정적이라고 일컫는 감정은 보통 생존의 위협을 감지했을 때 나타나며, 이를 극복해 생존을 유지하기 위한 정서들이다.

따라서 우리는 부정적인 감정에 더 예민할 수밖에 없다. 우리는 이 부정적인 감정을 가능한 빨리 극복하고 싶어 한다. 고통스럽기 때문이다. 이는 생존 본능에 가깝다. 부정적인 감정으로부터의 회피 욕구는 커진다. 그런데 부정적인 감정을 피할 수 있는 가장 효율적인 방식은, 부정적인 감정을 느끼게 하는 그 '대상'으로부터 멀리 떨어지는 것이다! 그렇다면, 그 '대상'은 누구인가.

감정은 사회적 관계 속에서 구성된다. 개인적 감정이 문화적 맥락에 따라 달리 만들어진다는 것은 별다른 이론적 설명을 필요로 하지 않는다. 우리는 어떤 부정적인 감정을 말할 때 사회적 관계를 연상하게 되고, 그 부정적인 감정을 일으킨 대상을 먼저 떠올린다. 감정은 그 감정을 유발한 상황에 대한 감정이고, 그 상황을 만든 대상에 대한 감정이며, 더 정확히는, 그 대상에 대한 평가의 감정인 것이다!

즉, 부정적 감정이 거세지면, 그 부정적인 감정과 관련된 대상, 그 부정적인 감정을 만들었다고 여겨지는 대상에 대해 부정적 평가를 수반한다. 분노를 일으킨 대상, 혐오를 일으킨 대상, 공포를 일으킨 대상, 놀라움을 일으킨 대상에 대한 부정적인 인식 따위다. 부정적인 감정에 대한 회피 본능은 우리의 생존을 유지해 주는 일종의 보호막 역할을 하면서도, 동시에 그 감정을 유인했다고 여겨지는 대상에 대한 회피로 이어지는 전형성을 띤다.

회피는 혐오 메커니즘의 출발점이다. 그렇게 우리는 부정적인 감정을 추동한다고 여겨지는 대상과 소통하고 싶지 않다. 그 대상이 우리로부터 멀어지기를 원한다. 분노든, 공포든, 박탈감이든, 좌절감이든, 여러 부정적인 감정이 유독 거센 사회는, 그만큼 그 대상에 대한 회피 감정도 강해진다.

그런데 그 대상이 자꾸 보일 때 그 대상의 행동 하나하나가 얄미우며, 심지어 그 존재 자체를 부정하고 싶다. 그 대상을 우리 곁에서 밀어내는 방법은 그의 악함, 위험성이 두드러져야 한다. 그렇게 그 대상의 정체성은 우리 의사에 따라 구성되기도 한다. 정체성을 상상하는 것은 혐오 메커니즘의 결과물과 같다. 즉, 혐오는 모든 부정적인 감정의 종국적(終局的) 형태다!

어떤 사회에 혐오가 거세지고 있다면, 그 사회에 우리의 생존 본능을 위해하고 있는 부정적인 감정이 '부유'하고 있다는 것을 의미한다. 지금껏 혐오라는 감정에 유독 집착하는 이유도 여기에 있다.

부정적인 감정의 '종국적 감정'으로서의 혐오는 민주주의 공동체가 지향하는 '감정 합의' 혹은 '감정 균형'과 깊은 관련이 있다. 민주주의 공동체에서 부정적인 감정이 법체계와 제도권 내에 잘 반영된다면, 그 부정적인 감정들이 구태여 부유할 이유가 없다. 민주주의는 공동체에 부정적인 감정이 거세질 때 이 감정을 수용하기 위해 노력했던 궤적이며, 종국적 감정인 혐오로 도달되지 않도록 애써왔던 노정과도 같았다.

반면, 부정적인 감정이 제대로 반영되지 못할 때, 합의되고 심사받지 못한 부정적인 감정들이 우리 공동체를 부유할 때 이 감정을 일으켰다고 여겨지는 대상에 대한 부정적 감정으로 이어지고, 그 부정적 감정이 강해질수록 종국적 감정인 혐오에 도달될 가능성이 커진다. 민주주의 시스템하에서 혐오 감정이 거센 공동체는, 혐오로 전화되기 전의 그 부정적 감정들이 부유하고 있다는 뜻이며, 감정을 합의하는 민주주의 시스템이 제대로 돌아가지 않는다는 것을 의미한다. 결국, 민주주의 역시 얼마든지 혐오에 취약할 수 있다. 민주주의 공동체가 감정 위기에 직면할 때, 즉 감정 합의가 제대로 이뤄지지 않을 때 혐오는 얼마든지 거세질 가능성을 전제해야 한다.

이런 면에서 종국적 감정으로서의 혐오는 공동체의 감정 상태를 알아볼 수 있는 감정적 체온과도 같다. 혐오가 거세진다는 것은 공동체 건강성의 이상 징후이며, 공동체의 감정 정치가 제대로 돌아가고 있지 않다는 신호다. 우리가 질병에 걸렸을 때 체온부터 재는 것과 마찬가지로, 민주주의 공동체의 건강성을 측정하기 위해서는 혐오 감정이 얼마나 강한지 측정해야 한다고 생각한다.

이제 다음과 같은 질문을 던질 수 있다. 누구 때문에 박탈감, 공포, 좌절감, 이런 식의 부정적인 감정을 느끼게 되는가. 누가 이런 부정적인 감정을 만들었는가. 좀 더 직설적으로, 지금 누구 때문에 힘든가. 즉, 그 '대상'은 누구인가.

먼저, 우리 시선은 보통 민주주의 시스템을 총괄하도록 위임받은 엘리트를 향할 수 있다. 정치인과 관료, 언론인, 지식인 등 사회에 영향력을 행사하는 이들이다. 이른바 기득권층일 것이다. 그들은 민주주의 공동체에서 감정 심사와 합의에 주무관으로서의 임무를 위임받았다. 그들이 위임받은 업무를 제대로 해내지 못했다면, 그들에게 책임을 묻는 것은 당연할 것이다. 엘리트에 대한 분노는 사회 변동에 중요한 역할을 담당했다. 분노가 극에 달하면 '혁명'이 일어났고, 때로는 성취되었으며, 그렇게 사회는 진보하기도 했다.

하지만 우리의 시선은 늘 힘 있는 이들만 바라보지 않는다. 나와 다른 계급, 나와 다른 정치적 성향, 나와 다른 세대 등 우리 곁에 있는 이들을 경유하기도 한다. 심지어 우리가 느끼는 부정적인 감정과 관련 없는 대상일 수도 있다. 감정은 원인과 결과가 꼭 일치하지는 않는다. 태극기 집회 공간을 그 사례로 들어보려고 한다.

혐오의 경유

우리는 촛불을 대한민국 민주주의 영광의 순간으로 기억하고 있다. 하지만 촛불 이후 우리 공동체는 크고 작은 분열을 경험할 수밖에 없었다. 그리고 그 갈등은 여전히 현재 진행형이다. 탄핵을 반대했던 쪽은 이른바 '태극기 집회'로 상징되었고, 반정부 시위의 대폿값이 되었다. 태극기 집회가 대한민국 공동체의 첨예한 진영 갈등, 그 이상의 의미가 있다고 진단한다. 태극기 집회는 공동체의 부정적 감정들이, 서로를 경유하기 위해 모여들었던 상징적 공간과 같았다.

2017년 태극기 집회가 한창일 때였다. 광화문에서 겪었던 일이다. 시청 앞 광장에서 시위대와 취재진 간에 실랑이가 있었다. 태극기 집회에 대한 부정적 보도에 불만이 많은 모양이었다. 태극기 집회 참여자 대부분은 노인이었다. 그들의 주장을 복기하면 이렇다.

"너희 기자들도 종북 좌파 빨갱이다. 빨갱이는 죽어도 된다."
"우리가 돈 때문에 나오는 줄 아는가? (동전을 던지며) 우리 돈 필요 없으니까 이거 다 가져가라!"
"우리가 뭘 그렇게 잘못했는가? 우리는 나라를 위해 평생을 바쳤던 사람들이다. 왜 우리를 이상한 사람 만드느냐?"

첫 번째 문장은, 자신들의 대척점에 있는 이들을 '종북 좌파' 혹은 '빨갱이'로 규정하는 이념 논리에 가까웠다. 집회에 참석한 노인들은 취재를 막으며 기자들을 향해 거침없는 발언을 쏟아냈다. 노인들은 자신들이 지지하는 대통령에 대한 탄핵에 일조했다며 당시 주류 언론을 '종북 좌파'로 규정했다. 이 과정에서 '빨갱이는 죽여도 된다'는 식의 강한 혐오 표현이 동원되었다. 꽤 많은 사람이 태극기 집회를 사회적 상식에 저항하는 하위문화로 인식했지만, 태극기 집회 참석자들은 대한민국을 지키기 위한 안보 투쟁쯤으로 믿었던 것 같다.

두 번째 문장은 돈 때문에 집회에 참가하고 있다는 사회적 시선에 대한 반박이었다. 당시 몇몇 언론은 노인들이 수만 원의 일당을 받고 시위에 참여하고 있다는 의혹을 제기했다. 궁핍한 노인들이 집회의 정치적 의미도 모른 채, 집회 주최 측이 쥐어주는 돈 몇 만원 때문에 집회에 참여한다는 것이다. 돈을 받는 모습이 카메라에 잡히기도 했다. 그들은 이런 보도가 자신들의 진정성을 매도한다고 불쾌해했고, 그 불쾌감을 기자들에게 표현했던 것 같다.

첫 번째와 두 번째 문장은 우리 사회가 태극기 집회에 참여한 노인들을 바라봤던 주된 관점과 맞닿아 있었다. 태극기 집회 참가자들이 반공 이념에 갇혀 있으며, 돈을 위해 폭력적인 행위를 서슴지 않는다는 것인데 이념적·경제적 근거인 셈이다. 이런 근거는 태극기 집회 공간에 모여든 노인들을 시대착오적이며 이기심 가득한 존재로 규정하게 했다. 주로 진보 진영을 중심으로 이런 시선이 강했다. 하지만 이런 접근 방식이 문제 해결에 별다른 도움이 되지 않는다고 생각한다. 태극기 집회에 얽힌 공동체 감정의 문제는 생각보다 훨씬 복잡할 수 있다.

세 번째, "우리가 뭘 그렇게 잘못했느냐"는 문장에 주목한다. 자신은 잘못한 것이 없는데, 주변에서 잘못하고 있다고 몰아가는 것에 대한 어떤 억울함 혹은 이유 없이 공격받고 있다는 소외감이었다. 그들은 한국전쟁에 대한 기억을 안고 살아왔다. 반공은 이데올로기의 문제가 아니라 일상의 문제이기도 했다. 다시 전쟁이 발발할 수 있다는 공포는 강렬했을 것이다. 그들에게 '악'은 '종북 좌파' 혹은 '빨갱이'와 동의어 같았다. 동시에 그들은 가난에 대한 기억과 산업화에 대한 기억, 한강의 기적, 그리고 그 주역으로서의 기억이 교차한다. 전쟁을 극복하고 한강의 기적을 일군 주역이라는 자부심이 누구보다 강하다.

그들은 이런 기억들이 사회적으로 존중받고 지지되길 원한다. 하지만 그들의 기억이 존중받기에는 우리 공동체의 변화 속도가 너무 급격했다. 제러미 리프킨(Jeremy Rifkin)이 '3차 산업혁명'을 말한 것이 불과 2012년이지만, 우리는 지금 '4차 산업혁명'을 말한다. 그들 정체성의 준거가 되었던 '반공'과 '한강의 기적'에 대한 기억들은 어느새 급격하게 말살되었다. 고대 그리스 시대에도 '요즘 애들은 버릇이 없다'는 말이 기록되어 있다지만, 윗세대와 아랫세대 기억의 간극이 지금처럼 벌어진 적은 없었다.

동시에 노인들의 경제적 처지는 더욱 열악해지고 있다. 노인 빈곤율이 OECD 국가 1위라는 통계를 굳이 들지 않더라도 고령화는 심각해지고 정년은 빨라졌다. 경기 침체가 장기화되면서 가족의 부양과 지지도 제대로 받기 어렵다. 노인 복지 사각지대는 늘어나고 있다. 그들은 삶의 질이 아니라 당장 먹고사는 문제를 고민해야 한다. 유교 문화권인 우리 공동체 역사에 노인을 이렇게 물적·심적으로 부양하지 않았던 시대 역시 드물었다.

반공 이념으로 전쟁을 극복하고 한강의 기적으로 대한민국을 선진국 반열에 올린 당사자라는 기억, 그렇게 만들어진 경험적 우월성은, 자신들을 향한 공동체의 모욕적 시선과 열악한 경제적 처지와 맞물리면서 강한 좌절감을 만들어냈을 것이다. 필자는 노인들의 자존감이 그 어느 때보다 떨어진 시대라고 진단한다. 여기서 파생된 어떤 좌절감과 박탈감, 분노의 감정, 결국, 이런 감정적 뒤얽힘이 집회 현장에서 폭력적인 모습으로 표출된 것이 아니었을까.

작아진 자아에 대한 반작용은 극렬하다. 집회, 시위, 폭동, 봉기 등을 '인정투쟁'으로 정의한 독일의 철학자 악셀 호네트(Axel Honneth)의 분석을 주목한다. 인간은 '인정'의 상호작용 속에 살아가는 동물이다. 타인의 인정을 통해 실존의 동력을 얻는다.

하지만 인정받지 못할 때 자존감을 상실하고 심지어 생존에 대한 의지를 포기하기도 한다. 존재가 부정당하는 것은 힘든 일이다. 더군다나 자신이 경험적 우월성을 가졌다고 생각하는 이들은 더욱 그럴 것이다. 세대 이동이 유독 빠르게 진행되면서 중심부에서 주변부로 밀려났던 노인들에게 중심부에 대한 선망은 강하게 작용할 수밖에 없었다. 그들은 정말 인정받고 싶어 했다. 사회적 인정을 훼손당하는 일은 당사자의 사적·공적 삶을 피폐하게 만들수 있는 것이다. 그렇게 당사자들의 결집이나 저항의 동기를 만든다.[2]

그들의 감정적 박탈감을 구원할 손쉬운 길은 자기 자신, 나아가 자신과 공통된 역사적 기억을 안고 있는 동년배였을 것이다. 함께 버스나 지하철의 노약자석에 앉을 자격이 있는 이들과 함께, 광화문이라는 광장의 노약자석에서 배타적 연대를 결의한 것은 아니었을까 ─ 노인들이 노약자석이라는 공간에 지나치게 집착하는 것도 유사한 감정적 맥락이 작동하는 것 같다. 다른 세대와의 경계에 더욱 강력한 연막을 치면서. 여기서 파생된 어떤 분노의 감정, 결국, 이런 감정적 뒤얽힘이 폭력적인 모습으로 전화된 것은 아닐까. 그렇게 빨갱이는 "죽어도 됐다".

결국, 반공과 탄핵 반대와 같은 정치적 구호는 그들의 자존감을 침식했던 감정들의 경유지에 불과했을 뿐이었다고 생각한다. 자신들이 조롱과 경멸의 대상으로 박제되고 있는 현실에 대한 반작용과 같았다. 그 뿌리는 연대가 가능할 정도로 강력했던 박탈감과 좌절감, 모욕감, 추락한 자존감과 같은 부정적인 감정들 아니었을까. 반공의 기억을 자신들의 박탈감에 흡착시키며 광장에 우르르 몰려 나왔을 뿐, 부정적인 감정에서 벗어나고 싶은 욕망이 본질이 아니었을까. 그리고 부정적인 감정을 느끼게 한 대상을 빨갱이나 젊은 세

---

2 악셀 호네트, 『인정투쟁: 사회적 갈등의 도덕적 형식론』, 문성훈·이현재 옮김(사월의책, 2011), 262쪽.

대, 진보 진영 등으로 한정하며, 그렇게 혐오했던 것은 아니었을까.

즉, 사회적으로 인정받기 위한 투쟁에 나선 것은 아니었을까. 기자들이 묻기도 전에 스스로 "우리가 뭘 그렇게 잘못했느냐"고 반문했던 것은 작아진 자아에 대한 그들 나름의 방어 태세는 아니었을까.

여기에는 또 다른 방식의 공동체 감정이 얽혀 있었다. 노인들의 반작용을 추동했던, 이른바 젊은 세대의 감정이다. 젊은 세대는 '성장의 추억'을 가진 윗세대들에게 괴리감을 느낀다. 산업화 시대에 그들은 취업이나 결혼, 주거 걱정을 할 필요가 없었다. 우리가 흔히 정상적이고 일반적이라 여겼던 관혼상제는 이제 누구나 할 수 있는 것이 아닌 것이 되어버렸다. 그리고 말한다. "노인 세대는 적어도 취업 걱정 없이, 결혼 걱정 없이, 집 걱정 없이, 좋은 시대를 살아왔으면서, 왜 우리 앞에서 경험적 우월성을 빌미로 훈수를 두고 있는 것인가."

청년 세대 역시 박탈감을 느낀다. '헬조선'으로 대표되는 열악한 사회적 조건, 여기서 나오는 청년들의 박탈감과 분노는 노년층을 향하며, '틀딱충'과 같은 혐오의 언어들을 차용한다. 그들은 노인의 투표권을 제한하자거나, 만 65세 이상 노인들에 대한 지하철 요금 혜택을 폐지하자고 주장하기도 한다. 노인들은 여기서 강한 모욕감을 느꼈을 것이다.

노인들이 느꼈던 박탈감의 대척점에는, 또 다른 형식의 박탈감에 허우적거리는 젊은이들이 위치한다. '헬조선'과 '금수저'의 시대를 어렵사리 살아가는 청년들의 박탈감은 공정성에 대한 문제 제기와 함께, 경기 호황 시대의 수혜를 누렸던 윗세대에 대한 반감으로 표집된다.

결국, '태극기 집회'는 대한민국 공동체 여러 세대의 감정적 박탈감이 얽히고설켜 있는 상징적 공간이었다. 박탈감이 거세지면 박탈감을 준다고 여겨지는 대상에 대한 반감은 거세지고, 또 그렇게 종국적 감정인 혐오로 전화하고, 다시 그 혐오가 박탈감을 재소환하는 악순환이 반복되었다. 그렇게 누군가는 '빨갱이'가 되었고, 또 누군가는 '틀딱충'이 되었다.

우리 공동체는 미처 이 부분까지 고려하지 못했던 것 같다. 노인 세대의 태극기 집회는 개인의 도덕적 타락으로, 청년 세대의 좌절감은 개인의 노력 부족으로 생각하지는 않았던가. 그 심각성을 제대로 인식하지 못하고 제대로 손보지 못한 것은 아니었을까. 그렇게 우리 공동체에 합의 대상이 되지 못한 감정들, 부정적인 감정들이 곳곳을 부유하고, 부정적인 감정의 종국적 감정, 혐오가 그렇게 우리 주변을 배회하고 있는 것은 아닐까. 결국, 태극기 집회는, 우리 공동체 위태로운 감정의 '징후'가 아니었을까. 그 위태로운 감정이 각기 다른 세대를 향해 있었던 것은 아니었을까.

경기 침체 장기화, 빈부 격차, 신자유주의……. 이 흔한 말들은 진영 갈등을 넘어, 이 모순되는 경제적 상황이 우리의 부정적인 감정을 극대화시키고 있음을 나타낸다. 그리고 전 지구의 보편적 현상이기도 하다. 선진국이든 후진국이든 세계 곳곳은 삶의 질을 위태롭게 하는 모순적인 상황에 좌절하고, 분노하며, 또 그렇게 누군가를 혐오하고 있다.

문제는 이 지점에서 시작된다. 우리 시대, 부정적인 감정의 어떤 경유지가 적극적으로 부상하고 있다. 그리고 그들은 그 어떤 경유지보다 매력적이었다. 계급, 이념, 세대 따위를 경유할 때는 '혐오'라기보다 '갈등'이란 말로 표현할 수도 있었지만, 이 경유지는 '갈등'이라는 말로 표현할 수 없을 만큼 약한 자들이었다. 좀 더 직설적이고 적나라했다.

우리와 다른 정체성을 가진 이들, 우리 공동체의 정상성을 공유하지 않은 이들, 따라서 별로 소통할 필요성을 느끼지 못하게 만드는 이들, 태극기를 든 노인들과 이를 적대하는 청년들까지 모두가 손쉽게 경멸할 수 있는 이들. 바로 타자들이다!

그리고 이는 이상 현상이 아니었다. 이미 민주주의 공동체는 다른 공동체와 마찬가지로 – 혹은 그 이상으로 – 태생부터 공동체 '회원의 자격'을 따져 물었으며, 자격이 없다고 여겨졌던 타자에 대해 가혹했다. 자격과 무자격의 경계는 정상과 비정상의 경계와도 같았다. 민주주의 공동체 구성원이 그 누구보다 관용적이고 도덕적이며 윤리적이라는 기대와 달리, 공동체 회원에 대한 자격 심사에 엄격했던 것이다. 그리고 이것은 민주주의 공동체의 역사이기도 했다.

02
회원의 자격

통합과 연대

우리 시대 공동체 담론을 말할 때 유럽 근대 공동체가 어떻게 만들어졌는지 그 역사의 궤적부터 살펴봐야 함을 깨닫는다. 민족주의, 민주주의, 자본주의, 자유주의, 나아가 공산주의까지, 유럽 근대 공동체에서 발아한 이데올로기들은 막대한 영향을 끼쳤다. 가령, 서구의 민족주의는 제국주의로 외연이 확장되었고, 아시아와 아프리카, 아메리카 대륙에 거센 반작용을 불렀다. 유럽 근대의 산물인 민주주의와 자본주의는 우리 시대 주류 이데올로기로 기능하고 있다. 지역별로 변형을 거치며 달리 이식되었을 뿐, 그 공통분모는 훼손되지 않았다. 근대 유럽 공동체의 역사적 관성은 현대까지, 전 지구적으로 이어지고 있다고 진단한다.

앞서 했던 질문을 다시 소환한다. 민주주의 교육을 받고 있는 우리가, 혐오라는 감정이 홀로코스트라는 극한값까지 갈 수 있다는 역사적 선례를 반성하고 있는 우리가, 왜 타자를 증오하고 혐오하는가.

결론적으로 말하면, 근대 유럽 공동체에서 발아한 민주주의는 태생부터 민족과 국가, 그 동질성과 순수성을 신성시한 역사적 기억 위에 자리를 잡고 있다. 심지어 민주주의가 성장하기까지 동질성과 순수성에 대한 부채가 있었다. 동질성에 대한 애착은 자연히 타자에 대한 경계와 반감, 나아가 혐오의 발판이 되었다.

종교는 유럽 중세 공동체를 규정하는 가장 중요한 단위다. 유럽의 근대는 종교에서 인간으로 무게중심이 이동한 시기였다. 우리는 이런 경향을 '인본주의(人本主義)'라고 명명했다. 민주주의는 인본주의에서 잉태되었다. 하지만 종교의 쇠락을 맞닥뜨린 유럽의 근대인들은 그 공허함 채울 무언가가 필요했다. 사실 중세 종교가 단순히 절대적 신(神)에 대한 찬양과 믿음으로만 버텨온 것은 아니었다. 신은 중세 공동체 결속의 근거였으며, 교회는 그 결속을 수행하는 공동체 제의(祭儀)의 현장이었다.

> 교회는 종교 의례의 집회의 공간 그 이상으로 신자 공동체, 나아가 전 세계 신자 공동체 전체를 가리키기도 한다. '교회'는 하느님께서 온 세상에서 모으시는 백성이다. 교회는 지역 공동체 안에 존재하며, 전례의 거행, 특히 성체성사를 위한 전례적 모임으로 실현된다. 교회는 그리스도의 말씀과 성체로 살아, 스스로 그리스도의 몸이 된다.[1]

종교의 힘이 빠진다는 것은 공동체 결속의 끈이 약화된다는 것을 의미하기도 했다. 종교는 중세 인간의 정체성을 규정했던, 더 정확히는 공동체의 일원임을 보장해 주던 증명서와 같았다. 공동체 회원 증명서가 사라져가고 있는 시대, 근대인들은 자신들이 느꼈던 공허함 때문에 또 다른 증명서를 발급받길 원했다.

공동체는 종교의 양식과 다른 형태의 결속 근거를 찾아야 했다. 가장 좋은 방식은 종교에서 위안받았던 방식을 참고하는 것이다. '하느님의 공동체'와 같은 어떤 '존엄한 공동체'라는 결속의 끈. '민족 공동체'는 그렇게 '하느님의 공동체'가 갖고 있던 존엄함을 이식받았다. 종교로부터 받은 안정감과 영속성은 '민족'을 통해 얻을 수 있었다.

유럽 근대의 민주주의 이론가들은 자유, 평등, 인간의 존엄성, 합리주의,

---

1   『카톨릭 교회 교리서』, 752항.

이성의 가치만 말한 것이 아니었다. 오히려 그들이 말했던 가장 중요한 가치는 '통합'과 '연대'였다.

근대 민주주의의 아버지로 불리는 프랑스 사상가 장 자크 루소는 자신의 저서 『사회계약론』에서, 인간은 자연 상태에서 생명과 자유에 대한 자연법상의 권리를 갖고 있으며, 이를 확실히 보장하기 위해 구성원들 합의에 따라 계약을 맺고 국가를 만든다고 했다. 하지만 사적 이익의 추구로 위기가 발생할 수 있기 때문에 각 개인은 자신의 한 몸을 전체에 양도한다. 이렇게 개인의 자유로운 계약으로 성립하는 국가는 단일한 의지를 갖게 되는 데 이것이 바로 일반의지(general will)다. 법과 제도는 이 일반의지의 산물이다.

루소가 말하는 근대 민주주의의 자유, 평등, 인간의 존엄은, 현대적 의미의 민주주의가 말하는 자유, 평등, 인간의 존엄과는 그 결이 달랐다. 현대 민주주의가 개인의 자율성을 중요하게 다루는 데 반해, 루소의 민주주의는 각기 다른 이해관계를 가지고 있는 개별적 단위의 개인을 크게 고려하지 않았다. 루소의 개인은 '추상적으로' 동등한 개인일 뿐, 다원성과는 거리를 뒀다. 개인이 모여 있는 공동체, 그리고 공동체의 단일 의지가 민주주의의 출발점이라고 봤다.

신에 대한 믿음으로 결속된 종교 공동체에서 국가에 대한 강한 신뢰로 맺어진 국가 공동체로의 이동. 루소의 민주주의는 국가와 민족에 대한 신앙과도 같았다. 집단은 그렇게 '구체화'되었고, 개인은 그렇게 '추상화'되었다.

근대 민주주의에 기반을 둔 '1인 1표' 선서 제도는 이런 추상성을 뒷받침하고 있다. 모두가 '1표'로 동등하다는 것은, 모두가 전체의 일부로서 동등해야 함을 뜻한다. 'n분의 1'로서의, 즉 '1표'가 성립하는 것은 개별적이고 특수한 개인이 아니라 일반화된 형상에 녹아들어 전체의 일부로 주조된 개인이어야 한다. 오스트리아의 철학자 이졸데 카림(Isolde Charim)은 이를 '추상적 평등'이라고 했다. 통합과 연대의 끈을 구체화했던 것은 민족이라는 서사였다. 개인이 자신을 향해 민족의 정체성을 덧씌우는 민족 서사는, 자신을 개별적 사인

이 아닌, 공동체의 공인으로 재인식하게 만드는 외형을 제공하는 것이다.[2]

루소가 말하는 민주주의 근간은 동등한 개개인이 함께 연대할 때 비로소 시민으로서의 삶이 실현된다는 믿음이었다. 일반의지는 민중이 숭배하는 하나의 세속 종교가 되었으며, 이를 통해 탄생한 정치는 숭배에 기반을 뒀다. 기존 왕조에 대한 숭배는 민족의 상징이 될 수 없었다. 민중이 민중을 숭배하고, 바야흐로 민족이 민족을 숭배하는 세속 종교가 발아했다. '일반의지'란 이름으로 민족주의는 대체 종교로 기능했던 것이다!

그 대체 종교는 민주주의 그 자체여야 했다. "모든 권력은 국민에게 있고 모든 권력은 국민으로부터 나온다"고 주장했던 루소에게, 민족 공동체의 통합과 유대는 민주주의를 성취하는 중요한 단위였다. 그래야 권력은 국민에게서 나올 수 있었다고 믿었다.

민족의 통합과 연대는 민주주의의 성장에 요긴하게 활용되었다. 민주주의는 피를 먹고 자란다. 저항을 위해서는 힘이 필요했다. 여기서 힘을 하나로 모을 수 있는 것은 역시 연대였고, 서로 같은 문화적·역사적 맥락을 갖고 있다는 공통분모의 힘은 꽤나 강력했다. 민족 서사는 여기서 중요한 역할을 담당했다. 민족적 정체성, 그 동질성은 연대의 동력을 제공했다. 민족적 연대와 단결 덕에 힘센 권력에 대항할 수 있었다. 민주주의의 역사적 사건인 1789년 프랑스 혁명은 인간 공동체에 대한 신성성에 기반을 뒀다. 민족은 위대해졌고, 도시국가로 존재했던 독일과 이탈리아에도 통일의 원천을 제공했다. 유럽 근대인은 인간의 힘을 믿었고 그 힘은 인간의 연대에서 나올 수 있다는 것을 절감했다. 민족주의는 그렇게 민주주의 성취 가능성을 재확인시켰다.

비단 유럽만의 이야기는 아니다. 제국주의에 대항하는 식민지 국가들 역

---

2   이졸데 카림, 『나와 타자들: 우리는 어떻게 타자를 혐오하면서 변화를 거부하는가』, 이승희 옮김(민음사, 2019), 20~22쪽.

시 민족적 연대를 극적으로 활용했다는 것은 익숙한 이야기다. 우리 역시 민족의 힘으로 일본 제국주의에 맞선 역사적 기억이 있다. 민족적 동질성은 독립에 기여했고, 국가의 기반을 다져나가는 데 꽤 유용한 이데올로기적 기반을 제공했다. 민주주의와 민족적 순수성은 상호 보완하며 성장했다.

민족 서사, 국가 서사, 공동체 서사를 통해 자신을 '사인'에서 '공인'의 지위에 올려놓는 것은 민주주의를 끌어가는 원천이었다. 민주주의 역사를 말할 때 민족과 국가는 민주주의 시민들의 핵심적인 정체성이 되었다. 개별적 정체성을 가진 대상을 하나로 통합해야 했다. 그렇게 민주주의와 민족과 국가는 한 몸이 되었다. 근대 유럽인들이 민주주의 공동체에서 살아간다는 것은, 달리 말하면 민족의 정체성, 국가의 정체성을 함양하는 것과 같았다.

즉, 지금 우리가 말하는 민주주의와 그때의 민주주의는 조금은 다른 개념일지도 모른다. 다만, 이런 민주주의의 전통과 역사적 기억은 우리의 무의식 속에 자리 잡고 있다. '한 몸'으로서의 민주주의. 민주주의의 역사에서 공동체 밖에 머물거나, 공동체 안에 있더라도 공동체의 상식과 동떨어져 있는 '다른 민족', 나아가 '다른 대상', 이른바 '타자'는 고려 대상이 아니었던 것이다. 아니, 고려되어서는 안 되었다. 공동체 회원 자격이 없는 이들의 유입은 피 흘려 성취했던 민주주의의 근간을 해할 수도 있다고 믿었기 때문이다. 동질성은 민주주의의 심장이었다.

이런 관점의 연장선에 있는 것이 사회를 신체에 비유하는 정치적 언어들이다. 우리는 공동체를 단일한 단위로 보는 관점에 익숙하다. 19세기 영국의 철학자 허버트 스펜서(Herbert Spencer)에게 사회는 곧 하나의 신체였다. 그의 사회유기체론(社會有機體說)은 사회를 생물에 비유하고, 사회 구성원을 각각의 생물 기관에 견준다. 각 기관은 몸을 떠나면 생명력을 잃듯이, 개인은 사회를 떠나서는 존재할 수 없다는 것이다.

사회 현상을 생물 현상과 유착하는 사고방식은 우리 사회의 동질성을 강화시키는 관념을 불러일으킨다. 생물의 건강을 해치는 것은 세균이다. 세균은 밖에서 유입된다. 생물의 건강성을 위해서는 외부 환경을 늘 경계해야 한다. 사회 역시 건강하기 위해서는 외부에서 유입되는 외집단, 타자를 늘 조심해야 한다. 타자는 우리 사회를 감염시켜 건강을 해칠 수 있기 때문이다.

신체의 정상성을 유지하기 위해서는 '비정상적'인 세균 감염을 막아야 한다. 이런 무의식 속에, 우리는 늘 '정상성의 범주'를 고민했다. 정상적이라 치부되는 정체성의 공간에 다른 정체성이 유입되면 대단한 이물감을 만든다. 정상성은 배제의 역학이자 제외의 역학이다.[3]

더럽다고 여겨지는 것은 만지기 싫어하듯, 우리 사회가 그렇게 하나의 몸으로 여겨지면 미미한 이물감에도 정체성을 걱정하고, 심지어 공포감까지 느끼게 된다. 중요한 것은 세균의 양이 아니라 세균이 침투하고 있다는 사실 그 자체다. 세균은 우리 몸에 들어와 얼마든지 활발하게 번식할 수 있다.

가령, 일부 프랑스인들은 여성 무슬림들이 해변에서 착용하는 이슬람식 수영복, 이른바 '부르키니(burquini)'를 그냥 보고 둘 수 없었다. 부르키니 반대 여론이 들끓었다. 자신들이 별로 좋아하지 않는 이슬람 문화가 공동체에 유입되는 일종의 상징처럼 느꼈기 때문이다.

프랑스인들의 저항은 자신들의 정체성이 위협을 받을 수 있다는 불안감의 표현에 가까웠다. 부르키니로 상징되는 이슬람이라는 '세균'이 당장 많지는 않을지라도 공동체라는 '몸'에서 증식하기 시작하면, 우리 공동체 전체를 전염시킬 수도 있다는 불안과 공포의 표현이었다 — 마치 대한민국 공동체가 예멘 난민 몇 백 명의 유입을 불쾌해하고, 두려워했던 것처럼. 그리고 저항은 효과가 있었다. 프랑스 일부 공공 해변에서 부르키니 착용을 금지하는 법이 만들어졌다.

물론 누군가는 지나친 일반화라고 생각할 수 있을 것이다. 하지만 타자를 해로운 정체성으로 일반화시켜버리면, 혹시라도 느낄 수 있는 양심의 가책, 혹은 미안함 감정과 같은 불편함에서 자유로워질 수 있다. '나'만 그런 것이

---

3   같은 책, 42쪽.

아니라 '우리'가 그렇다고 일반화하면 개인적 감정을 공동체 감정으로 변주해도 된다는 것을 뜻하기 때문이다. 그렇게 우리는 '불편한 감정'을 느끼는 우리의 '불편함'에서 자유로워질 수 있다.

그냥 내가 싫고 불편한 것이 아니라 우리 사회의 정체성 혼란을 걱정하는 공동체에 대한 '우려'로 치환될 수 있음을 뜻한다. 여기서의 나는 '사적인 나'가 아니라 '공적인 나'가 된다. 그렇게 타자의 정체성을 일반화하며 이타심과 선의(善意)에 가까워질 수 있다. 타자에 대한 불편함과 혐오는 사회적 권위를 지닌 우려로 격상되는 것이다.

민족의 통합과 연대, 동질성과 순수성에 대한 견고한 믿음, 타자에 대한 경계의 노정은 인류사 최대 비극으로 이어지기도 했다. 루소는 정치사회의 구성원들이 자신의 의무를 사랑하도록 만드는 신앙고백을 요구했다. 그가 말한 일반의지가 언어로 표현된 것이 법이라면, 법이라는 시스템 이상으로 결속을 요구하는 그 무언가를 요구했다. 그의 『사회계약론』은 문명화 이전의 '자연 상태'에서 시작해, 자연 상태의 비참함을 극복하기 위해 공동체 구성원이 '계약'을 맺는 과정을 거쳐, '일반의지'에 다다르는 대장정이다. 일반의지에 도달하면, 시민이 시민을 숭배하는 종교적 경지에 오를 수 있었다. 루소는 이를 '시민 종교'라고 불렀다. 시민 종교는 공동체 구성원으로서 자신의 의무를 사랑하는 신앙고백과도 같았다. 『사회계약론』의 종착지였다.

> 시민의 종교란 어느 한 국가에만 한정된 것으로, 그 국가에 고유한 신을 부여하고 그 신이 동시에 국가의 수호자 역할을 하는 종교다. 이 종교는 자신의 교리와 의식을 갖고 있으며 법률에 따라 정해진 예배 의식을 갖고 있다.[4]

루소가 말하는 시민 종교는 공동체, 나아가 민족과 국가의 권위를 종교적

---

4   장 자크 루소, 『사회계약론 외』, 이태일 옮김(범우사, 1999), 173쪽.

위치에 격상시켜야 함을 전제한다. 공동체 구성원이 스스로를 숭배함으로써 통합과 유대를 이끌어내는 제도적 장치였다. 루소는 기독교가 미사나 예배를 통해 신에 대한 믿을 강화시켰듯, 구성원들을 하나로 엮어내 통합하는 정치 의례가 중요하다고 봤다.

가령, 루소는 『폴란드 정부에 관한 고찰(Considérations sur le gouvernement de Pologne)』에서 분열된 상태에 있던 폴란드를 향해 '애국 축제'를 개최할 것을 요구했다. 폴란드 역사의 주요 사건을 담은 기념비를 세우고, 이 기념비 앞에서 대대적인 축제를 개최해 민족의 신념을 강화할 수 있다고 믿었기 때문이다. 이는 민족이 민족을, 민중이 민중을 숭배하는 의례이기도 했다.[5]

그리고 그 중심에는 늘 '지도자'가 있었다. 정치 지도자는 시민 종교의 제사장(祭司長)과 다름없었다. 지도자를 위시로 시민들이 모여, 어떤 의식을 치르며 통합을 다짐했다. 미국의 역사가 조지 모스(George L. Mosse)는 20세기 초 독일 공간에서 벌어진 현상을 특히 주목했다. 익명의 대중은 광장에서 수행된 일종의 제례(祭禮)를 통해 국민으로 재탄생되었고, 그렇게 광적인 전체주의가 잉태되었다고 말한다.

나치 역시 군사 행진을 이용해 총통 탄신일을 기념했다. 때론 4시간씩 지속되기도 했다. 그러나 나치는 숭배 의례에도 의지했다. 주요 기념식은 라디오로 중계되었고 모든 지역의 당 산하 기구가 그 행사들을 모방했다.[6]

공동체의 순수성과 동질성을 종교적 반열에 올려놨던 민주주의의 아버지는, 동시에 타자 혐오의 씨앗 역시 품고 있었다는 것이다. 심지어 모스는 루

---

5   조지 L. 모스, 『대중의 국민화: 독일 대중은 어떻게 히틀러의 국민이 되었는가?』, 임지현 옮김 (소나무, 2008), 145쪽.
6   같은 책, 145쪽.

소가 지향했던 정치 양식이 홀로코스트의 단초가 되었다고 진단한다. 루소의 사상과 히틀러의 사상이 얼마나 깊은 관련성을 지녔는지 증명하며, '민주주의의 아버지'를 '나치즘의 아버지'로 격하시키는 작업이었다. 루소의 철학을 나치즘의 뿌리로 지목해 버린 것이다.

루소는 종교의 억압에서 인간을 해방시키는 데 결정적인 역할을 했다. 하지만 동시에 숭배의 주체를 종교에서 민족, 국가로 대체하는 작업을 수행했다. 현대적 개념의 민주주의와 나치즘은 이론적으로는 서로 대척점에 있을지는 몰라도 민족적 동질성, 이를 통한 통합과 연대에 유사한 뿌리를 두고 있을지도 모른다.

나치즘과 파시즘은 사악한 악마가 국가를 점령해 빚어진 게 아니라, 민주주의가 의탁했던 민족주의에 대한 숭배가 절정을 맞은 결과물이라는 것, 어쩌면 민주주의가 혐오의 독소를 잉태하며 탄생했고, 그러한 흐름이 홀로코스트로 이어졌다는 것이다. 유태인 박멸을 외친 히틀러의 잔인함이 근대 민주주의의 유산을 적극적으로 차용했다는 모스의 분석은 민주주의 공동체, 그 이면의 감정적 맥락에 대한 직언에 가까웠다.

타자에 대한 경계, 여기서 발화된 혐오는 다른 공동체와 마찬가지로 민주주의 공동체의 역사에서도 꽤 중요한 역할을 담당했다. 오히려 대중을 하나로 묶기 위해 공동체의 순수함과 동질성에 의탁했고, 이를 효과적으로 드러내는 방식은 타자에 대한 비순수함과 다름을 노골적으로 드러내는 것이었다.

그렇다면 민주주의가 그토록 추앙하는 가치라고 여겨지는 '관용'이란 규범은 무엇인가. 관용은 상호 신뢰가 밑바탕이 되어야 성취할 수 있는 것 아닌가. 민주주의가 타자에 대한 경계, 나아가 적대감과 혐오를 통해 성취된 역사적 무의식을 갖고 있다면, 유럽 근대에 이미 출현해 꽤 명성을 떨쳤던 '관용'은 어떻게 설명할 수 있는가.

관용

이 책의 서론에서 현대적 의미의 민주주의가 관용을 지지대 삼고 있다고 말했다. 그리고 관용은 도덕적·윤리적 당위라기보다는 공동체에서 부유하는 부정적인 감정을 추스르기 위해 불가피하게 소환한 통치 기술적 의미가 크다고도 했다. 즉, 관용은 그 자체로 '옳기 때문에' 혹은 그 자체로 '지고지순한 가치이기 때문에' 존재했던 것이 아니라 공동체 유지를 위해 필요에 의해 널리 활용된 공동체 규범이었다.

사실 민주주의 공동체에서 관용은 '아무에게나' 베풀었던 것이 아니었다. 공동체 구성원 가운데 '정상성'에 부합하는 이들, '신뢰할 만한 이들', 정확히는 '자격이 있는 이들'에게 국한되는 개념이었다. 신뢰받지 못하고, 자격이 없는 이들에게까지 관용을 베푸는 것은 공동체 감정이 용납하지 않았다. 민주주의는 누구에게 관용을 베풀 것인지 긴장감 넘치는 줄다리기를 해왔다.

여기서 질문이 생긴다. 그렇다면, 누가 신뢰할 만한가. 같은 역사적 기억을 가진 사람들, 같은 언어를 쓰는 사람들, 나아가 같은 정체성을 가진 사람들이다. 근대 민주주의가 말하는 관용은 타자가 아닌 같은 정체성을 가진 이들의 결속을 위한 단위에 가까웠다.

가령, 우리가 상호 신뢰의 상징적 언어로 자주 인용하는 ─ '관용'의 프랑스어인 ─ '똘레랑스(tolérance)'는 범세계적 인류애의 정신이라기보다는, 동일한 민족 간의 유대를 위한 일종의 회원권과도 같았다. 원래 똘레랑스는 자기와 다른 종교·종파·신앙을 가진 사람의 입장과 권리를 용인한다는 뜻으로 시작되었다.

대체로 동일한 사회 안에 복수의 종교가 있는 경우 똘레랑스는 자주 거론되었다. 이는 종교가 쇠락한 근대 유럽에서 새로운 방식의 결속력을 요구했던 당시 상황과 맞물린다. 즉, "민족과 국가로 함께 연대하고 통합해 나가기 위해서는 다른 종교에 대한 관대한 정서가 필요하다"는 의미일 수 있었다.

똘레랑스는 민족적 '연대'를 위한 정치적 기술에 가까웠다.

프랑스 철학자 볼테르는 똘레랑스의 사도로 꼽힌다. 그는 종교적 권위에 맞서 종교적 관용이 얼마나 중요한 가치인가를 강조했다. 이 계몽주의 철학자는 개종을 하려는 아들을 살해했다는 누명을 쓰고 끔찍하게 처형된 장 칼라스(Jean Calas) 사건에 맞서, 비인도적인 종교 권력을 '인도주의'라는 이름으로 고발한다. 그렇게 명저 『관용론』이 나왔다. 종교적 편견과 맹신의 폭력성을 고발하며 인도주의의 이름으로 똘레랑스를 호소했다.

하지만 볼테르가 반(反)유대주의자였으며, 반(反)이슬람주의자였다는 사실을 아는 사람은 많지 않다. 그는 유대교와 이슬람교 문화를 교정하거나 심지어 버려야 한다고 주장했다. 볼테르의 똘레랑스는 인종적·민족적 경계를 넘어 타자를 향했던 것이 아니라 공동체 내부 구성원들의 결속의 도구에 가까웠다. 그의 『관용론』은 엄밀히 말해서 '선택적' 관용론이었다.

야스차 뭉크(Yascha Mounk)는 자신의 책 『위험한 민주주의(The People vs. Democracy)』에서 민주주의 공동체 안에서 벌어지는 이민자에 대한 혐오가 민주주의의 역사와 무관하지 않다고 해석하는 것 같다. 오히려 로마 제국이 로마 공화국보다 더 관대한 회원 규칙을 적용하고, 오스만투르크 제국이 타자에 대해 더욱 포용적인 정책을 시행했다는 역사적 선례들은 이런 분석을 더욱 설득력 있게 만든다.[7]

달리 말하면, 민주주의 공동체는 외부에서 유입된 타자들에 의해 공동체의 목소리가 약화되는 것을 늘 경계해 왔다는 것이다. 민주주의는 독재에 대한 저항인 동시에 타자에 대한 경계심이기도 했다. 자격이 검증되지 않은 이들이 유입된다는 것은 신뢰와 관용의 공든 탑으로 만들어진 민주주의가 훼손될 수 있다는 불안감을 자극했다.

---

7   야스차 뭉크, 『위험한 민주주의: 새로운 위기, 무엇이 민주주의를 파괴하는가』, 함규진 옮김 (와이즈베리, 2018), 211쪽.

결국, 민주주의는 도덕적·윤리적으로 완전무결하지 않다. 우리가 흔히 말하는 관용의 원칙은 절대적으로 옳기 때문에 추앙한 것이 아니라 욕망의 분배를 제도화하기 위해 불가피하게 가져다 써야 했던, 따라서 공간이나 시대에 따라 가져다 쓸지 말지 선택할 수 있는 실용적 규범에 가까웠다. 사실 관용의 원칙은 위태로웠다.

지금까지 민주주의의 역사를 개관한 이유는 ─ 긍정적이든 부정적이든 ─ 우리가 살고 있는 민주주의 공동체가 민족적 연대와 타자에 대한 적대감의 지반 위에 서 있다는 것을 강조하기 위해서다. 타자에 대한 혐오라는 감정이 꽤 뿌리 깊은 역사를 갖고 있으며 우리가 두텁게 신뢰하는 민주주의에도 꽤나 중요한 역할을 했다는 그 지난함 때문이다.

오해는 하지 말았으면 좋겠다. 민주주의 정신 그 자체가 혐오와 동일하다는 것이 아니라 민주주의 성장 과정에서 혐오가 불가피하게 동원된 측면도 있음을 강조할 뿐이다. 분명히 밝히지만, 민주주의와 혐오가 긴밀히 유착되는 현실 속에서 혐오를 극복하기 위해 이 책을 쓰고 있다. 결코, 인간의 존엄성과 자유, 평등, 관용, 신뢰 따위의 민주주의 정신이 가식적인 가치라고 매도하지 않는다.

다만, 민주주의 역시 다른 이데올로기처럼 근대 공동체의 유산을 받은 한 형태이기 때문에 민주주의 공동체 역시 혐오의 독소를 품고 있음을 과감히 인정해야 한다. 근대 공동체에서 발아했던 다른 형태의 이데올로기인 공산주의 역시 ─ 범세계적 노동자 해방 운동을 주장하지만 ─ 민족 범주의 한계를 극복 못 하지 않았던가.

한국의 민주주의 역시 유사한 노정을 걸었다고 진단한다. 우리 사회 역시 민족 서사는 민주주의 발전에 중요한 단위였다. 일본 식민 지배에 대한 역사적 경험은 한국 사회 통합과 연대에 매우 중요한 역할을 했다. 유럽 근대의 민족주의가 종교의 쇠퇴에서 기인된 공허함에서 시작되었다면, 한국의 민족주의는 일본의 제국주의에 대항하는 좀 더 공격적인 형태로 성장했다는 차이가 있다.

다만, 해방 공간에 냉전 이데올로기가 이식되면 두 개의 적대적 민족주의가 발흥한 특수성을 지닌다. 공산주의에 기반을 둔 북쪽의 민족주의와, 반공주의에 기반을 둔 남쪽의 민족주의 대결의 형태였다. 하지만 그 양태가 다를 뿐, 남과 북 모두 민족이라는 단위는 강한 통합과 유대를 선사했다. 통합과 연대의 규모에 차이가 있었을 뿐, 까다로운 회원 자격을 끊임없이 되물었던 것은 다르지 않았다.

이후 남쪽 사회에 자본 유입이 본격화하면서 공동체 감정은 재편되었고, 운동에 의한 민주화가 진행되었다. 1960년 4월 혁명, 1980년 광주항쟁, 1987년 6월 항쟁 등 민주화운동에서 늘 태극기가 어김없이 등장했고 애국가가 울려 퍼졌다. 대한민국의 민주화운동 역시 '대한민국을 위한' 운동이었으며, 이는 민족 단위의 결속, 통합과 연대를 통해 독재 및 군부 세력과 대결 구도를 만들었음을 의미한다.

독재 및 군부 세력이 늘 '외부 개입설'로 맞대응했던 것은, 외부의 개입이 공동체의 순수성을 말살시킬 수 있다는 구성원들의 무의식을 활용한 결과와 같다. 북한 세력, 공산주의 세력의 개입에 대한 음모론 따위였다. 기존의 정치학에서는 강한 반공 이데올로기의 연장선으로 이해했지만, 본질적으로 타자가 개입하는 민주주의는 그 순수성이 훼손될 수 있다는 민주주의의 보편적 형성 과정을 따르고 있다고 진단한다.

따라서 대한민국 현대사, 민주주의의 역사를 탐구할 때 역시, 진영 철학 이상의 지점을 되짚을 필요가 있다고 생각한다. 우리 역시 타자에 대한 경계와 그 안의 연대와 통합의 배경에서 민주주의가 발아했다고 볼 수 있기 때문이다. 문화적 특수성 때문에 각론은 많이 다르지만, 우리의 민주주의 역사도 '누구를 신뢰할 수 있는가'에 대한 회원의 자격을 계속 물어왔다.

즉, 타자 혐오, 소수자 혐오는 단순히 타자와 소수자 인권의 문제에 국한되는 것이 아니라 순수성과 동질성을 극렬히 편애하는 공동체의 감정적 맥락이 있다. 그리고 그 순수함을 규범적 위치에 놓는 우리의 관성, 달리 말하면 혐오가 규범화되고 있는 현실을 직시해야 한다.

혐오의 규범성에 대해 좀 더 정밀한 설명이 필요함을 깨닫는다. 혐오의 규범성은 어떤 대단한 현상이 아니라 우리 일상에도 자연스럽게 스며들어 있다. 그 상징적 사례로 대한민국 공동체에 중요한 의미를 갖고 있는 세월호 참사를 들고자 한다. 이른바 '유족 혐오' 현상에 대한 분석이다. 당시 유족 혐오 현상은 ─ 음모론에 입각한 ─ 보수 정권과 보수 언론의 합작품, ─ 진영 논리에 입각한 ─ 극우 세력의 치졸한 전략 등으로 해석되었지만, 혐오의 규범성을 위시한 감정 정치 관점에서도 중요한 의미가 있다고 생각한다. 유족 혐오 현상의 이면에는 '회원의 자격'을 지난하게 되물었던 감정의 흐름이 있었다.

혐오의 규범성

규범성

'단원고 유가족'과 '일반인 유가족'. 2014년 세월호 참사 정국 당시, 우리 공동체는 참사 피해자들을 달리 분류하곤 했다. 누군가는 '단원고 유족'이 도심을 점거하고 불법 시위를 한다며 비난했다. 시위 전문 집단과 연계되어 있다는 의혹도 나왔다. 목소리를 비교적 적게 냈던 '일반인 유족'과 곧잘 비교되었다. 일반인 유족은 온건하며 침착한 유족이라는 평가가 나왔다.

당시 필자는 국회에 출입하고 있었는데, 정부 여당은 단원고 유족에 대한 불편한 감정을 기자들에게 종종 드러내보이곤 했다. 아무래도 유족에 대한 반감에 언론이 동조해 주길 원했던 것 같다. 사석에서 만난 당시 청와대 정무수석실 직원은 청와대 내부 분위기를 귀띔했다.

요약하면, 당시 청와대 직원은 VIP(당시 박근혜 대통령)가 유족들에게 할 만큼 다 했는데, 유족들이 되레 VIP를 계속 공격하고 있다며, 그 중심에는 '단원고 유족'들이 있다고 했다. 단원고 유족들은 좌파들과 손잡고 정부를 공격하고 있다는 것이다. 이런 갈등 때문에 결국 손해를 보는 건 공동체의 평범한 사람이라고 덧붙였다. VIP 머릿속에는 오로지 경제뿐인데, 세월호에 발목 잡혀 경제를 살릴 시기를 놓치고 있기 때문이라는 것이다. 그러면서 '일반인 유족'에 대한 이야기로 이어졌다. '일반인 유족'들은 단원고 유족과는 달리 고통을 잘 감내하고 있다고 했다. 이는 언론이 단원고 유족에 대해 비판을 해 주길 원하는 것으로 읽혔다.

그리고 2년 뒤인 2016년 말 촛불로 대한민국이 요동쳤던 즈음, 고(故) 김영한 청와대 민정수석의 비망록이 언론에 공개되었다. 2014년 7월 김기춘 당시 비서실장의 지시를 받아 적은 것으로 추정되었다. 비망록에는 "일반인 유가족을 분리해 용어를 사용할 것", "세월호 유가족 외 기타 유가족 요구는 온건하고 합리적으로, 이들 입장을 반영하여 중화시킬 것"이라는 말이 쓰여 있었다.[1] 청와대가 단원고 유족과 일반인 유족을 구분지어 사용하는 '전략'을 세웠고, 이를 적극적으로 활용한 것으로 읽혔다.

"궁지에 몰리면 논란을 만들면 된다"는 것은 정치권의 격언과도 같다. 대형 참사는 정치를 궁지로 몰기 마련이다. 당시 권력자들은 동정받고 지지받아야 할 피해자 가운데, 비난의 대상을 구분 짓기 하는 전략을 취했다.

정치는 분열을 먹고 산다. 분열은 지지층의 '결집'과 동의어와 같다. 적군이 많을지라도 확실한 우군이 자신을 거세게 지지할 때 위기는 생각보다 쉽게 극복할 수 있었다. 참사로 위기를 맞은 권력자들 입장에서 이런 분열은 꽤 달콤한 위기 타개책이었을 것이다.

그렇게 유족은 피해자다운 피해자와 이타적인 피해자, 피해자답지 못한 피해자와 이기적인 피해자로 분류되었다. 전략은 잘 먹혀들었다. 어떤 유족은 동정의 대상이 되었고, 다른 유족은 진정성을 의심받으며 지탄의 대상이 되었다. 유족을 동정하느냐, 의심하느냐에 따라 우리 공동체는 둘로 나뉘어 반목했다. 그렇게 참사는 정치가 되었다.

언론 역시 이 과정에서 중요한 역할을 했다. 국민대학교 홍주현 교수와 나은경 교수는 「세월호 사건 보도의 피해자 비난 경향 연구」에서 정부가 의도했던 프레임에 따라 시위·농성 현장에 자주 참석했던 단원고 유족을 '일탈하는 피해자'로, 특별한 경우 기자회견 외에는 집단행동을 자제했던 일반인 유

---

1   국회, "청와대 공작정치 사례를 통해 본 국정농단, 어떻게 대응할 것인가", 토론회 자료집 (2016).

족을 '자각하는 피해자'로 나눠, 언론이 이를 어떻게 보도했는지 분석했다. 연구에 따르면 언론은 '일탈하는 피해자'는 반정부 세력이며, 이들이 집회에 불법적으로 참가했다는 식의 프레임으로 보도했는데, 특히 폭력성을 강조했다. 반면, 자각하는 피해자는 폭력적인 유족들의 행동에 동참하지 않고 있다는 것을 강조하며, 이들에 대해 호의적인 태도를 나타낸 것으로 드러났다.[2]

당시 권력이 위기를 모면하기 위해 참사를 정치적 논란으로 희석시킨 면이 있으며, 이 때문에 유족에게 다시 한 번 큰 상처를 남겼다는 점은 비판받아 마땅하다. 이 부끄러운 역사에 언론의 책임이 있다는 것은 부인할 수 없다. 언론인의 한 사람으로서 부채를 느낀다.

당시 정부와 보수 언론의 사악함과 패륜성을 말하기 위해 세월호 참사 이야기를 꺼낸 것은 아니다. 필자는 공동체 구성원들이 힘센 자들이 짜놓은 '프레임'에 '선동'당했다는 식의 표현을 별로 좋아하지 않는다. 권력의 전략이나 극우 세력의 준동, 어떤 음모론 때문이라고 단순히 규정하고 마는 것은 공동체 구성원들의 중요한 감정적 맥락을 간과할 수 있기 때문이다. 자연히 공동체 구성원들의 감정적 주체성을 간과하는 우를 범하기도 한다.

혹은, 공동체 일부 구성원이 도덕적으로, 윤리적으로 타락해서 패륜적 본능이 극에 달해 증오해서는 안 될 사람을 증오했다는 식의 도덕적 접근과도 거리를 두고 싶다. 어떤 부정적 감정이 거세지는 것을 도덕과 윤리의 결함으로 이해하는 것은 이 책의 정신이 아니다.

유족 구분 짓기를 지렛대 삼아 정치적 위기를 모면하려 했던 권력자들 뒤에는 이런 전략을 비교적 잘 수용했던 대한민국 공동체 구성원들의 어떤 '감정적 지점'이 있었다. 유족을 불편해하고, 심지어 혐오했던 사람들은 (단원고) 유족들이 공동체의 중요한 규범을 훼손한다고 여겼고, 이들에 대한 감정적

---

2   홍주현·나은경, 「세월호 사건 보도의 피해자 비난 경향 연구」, 《한국언론학회보》, 59권 6호 (2015년 12월), 33쪽.

처벌이 공동체를 위하는 일이라고 생각했던 것 같다. 물론, 혐오하는 사람들에게 그 책임을 묻겠다는 것도 아니다. 유족을 구분 짓는 잔혹한 전략이 ― 이성적이고 합리적이고 관용적이라 여겨지는 ― 민주주의 시민들에게마저 수용될 수 있었던 이유가 무엇인가에 대한 성찰이 필요하다는 의미로 이해해 주었으면 좋겠다.

당시 정치 권력자들의 전략은 누가 피해자의 '자격'이 있는가에 대한 질문과 맞닿아 있었다. 단원고 유족을 피해자 자격이 없는 피해자로, 일반인 유족을 피해자 자격이 있는 피해자로 분류했던 것은 '피해자다움' 혹은 '유족다움'이 그 기준이 되었다. 피해자다움은 우리에게 익숙한 물음이다. 법학과 범죄학, 특히 여성학에서 집중적으로 조명받아 온 이 개념은 범죄나 재난, 참사 피해자가 갖고 있을 것으로 기대되는 고정관념으로 구성되며 그 기준에 따라 피해자의 지위가 규정된다.

지위는 곧 위계로 직결된다. '피해자 위계(hierarchy of victim)'는 피해자다움을 상징하는 표제어다. 미국의 사회학자 데이비드 알테이드(David L. Altheide)는 같은 피해자라도 이들을 동일하게 다루지 않는 피해자 위계 문제를 제기했다. 커뮤니케이션 학자로서 그가 주목한 것은 언론의 태도였다.

그는 범죄 피해자를 다룬 수백 건의 기사들을 분석했는데, 피해자의 인종을 비롯해 지위, 성격, 태도에 따라 언론이 다르게 해석하는 경향이 있다는 점을 지적했다. 문제는 여기서 그치지 않는다. 같은 기사를 읽은 사람일지라도, 피해자를 바라보는 시선은 개개인의 해석에 따라 다를 수도 있었다. 가령, 어떤 사람은 언론에 나타난 피해자가 피해자다운 사람이라고 생각했고, 또 다른 사람은 그 피해자가 피해자답지 못한 사람이라고 은연중에 결론 내렸다.[3]

---

3   David L. Altheide, Barbara Gray, Roy Janisch and Lindsey Korbin, "News Constructions of Fear and Victim: An Exploration Through Triangulated Qualitative Document Analysis,"

우리 공동체가 세월호 피해자를 다뤘던 방식도 이런 전형성에서 크게 벗어나지 않았다고 생각한다. 이미 회원의 자격을 예민하게 다뤄왔던 공동체 구성원들은 지지받아야 할 피해자라 할지라도 ― 의식적이든 무의식적이든 ― 피해자다움에 대한 긴장감 넘치는 줄다리기를 하고 있었고, 당시 정치 권력자들은 구분 짓기 전략을 통해 피해자다움에 대한 답안을 제시했던 것이나 마찬가지였다. 여기에 부응한 사람들은 다시 피해자를 불편해하고, 못마땅해할 자유 이용권을 얻게 되었다.

　　그렇게 혐오 커뮤니티를 중심으로 유족 혐오가 절정에 달했다. 일간 베스트는 더 거친 방식으로 부응했다. 피해자를 향한 혐오 표현이 넘쳐났다. 심지어 그들은 유족들이 단식하는 광장에 직접 나가 피자와 치킨을 시켜먹으며 조롱했다. 혐오를 경계하는 사람들은 이런 패륜적 행동을 도저히 이해할 수 없었다. 유족 혐오 공간은 패륜과 몰상식의 대푯값으로 여겨졌다. 필자 역시 그들의 혐오 표현은 심정적으로 도저히 용서할 수 없다. 그럼에도 불구하고 피해자다움 담론의 보편성을 감안한다면 더 고민해 볼 감정적 맥락은 더 있다고 생각한다. 일베 공간의 극단적 혐오 표현의 탄생 그 이전에 이런 패륜적 상황을 잉태하게 만든 우리 공동체의 감정선 혹은 무의식 같은 것이다.

　　실제로 공동체 구성원들 모두가 세월호 참사 유족에 대해 무조건적인 동정과 지지를 보내지는 않았다고 생각한다. 매우 지엽적인 사례이지만, 정치에 관심 없는 평범한 60대 여성인 필자의 어머니는 세월호 유족들의 사연이 나오는 방송을 보면, 눈물을 흘리면서도 이런 말을 하곤 했다. "자식 잃었는데 얼마나 가슴이 아프겠어. 그런데 이제 뉴스에서 그만 봤으면 좋겠어. 산 사람은 살아야 하니까. 언제까지 세월호만 붙들고 살 수는 없잖아."

　　안타깝고 속상한데 한편으로는 또 불편한 어떤 감정적 지점. 어쩌면 이런 감정이 우리 공동체 구성원의 일반적인 감정적 문양과 가깝다고 생각한다.

Qualitative Inquiry, Vol.7(2001), p.312.

동정과 불편함의 어색한 공존, 여기서 감정적 무게중심이 불편함 쪽에 쏠리기 시작할 때 유족 혐오하는 정서는 자극받을 수 있는 것은 아닐까. 사악하고 패륜적인 누군가가 혐오 표현을 적극적으로 생산하고 유통하며 선동했기 때문만이 아니라 공동체 구성원들이 유족에게 느꼈던 어떤 불편함의 지점이 증폭되고 과장되어 혐오 표현은 유통되었다는 것이다. 공동체를 뒤흔들었던 혐오 현상이 나오기까지 공동체 구성원들 사이의 경미한 감정적 징후가 존재할 수 있기 때문이다.

그리고 그 징후란, 피해자다움에 대해 엄격한 기준을 들이대는 공동체의 보편적 정서다. 실제 촛불 이후 일베의 위세가 한풀 꺾인 지금까지도, 유족에 대한 혐오 표현은 끊이질 않고 있다. 포털 사이트에서도 '세월호'를 검색하면 세월호 혐오 표현은 상단에 노출된다. 온라인 뉴스 댓글만 보더라도 심심치 않게 볼 수 있다. 참사 몇 년이 지난 지금까지도 유족들은 혐오 표현에 고통을 호소한다.

세월호 참사뿐이 아니다. 2020년 5월, 38명이 희생된 이천 물류창고 화재 참사 당시 유족들은 "떼쓰지 말라", "돈 밝히는 것"이란 근거 없는 공격에 시달려야 했다. 스쿨존 내 교통사고에 대한 처벌 강화를 담은 '민식이법'에 대한 반발이 커지면서 고(故) 김민식 군의 부모 역시 악성 댓글에 시달렸다.[4]

이는 대한민국 공동체에 한정되지 않는다. 이웃 일본도 다르지 않았다. 2011년 동일본 대지진으로 발생한 후쿠시마 방사능 누출 사고 당시, 피해자들이 겪었던 고통은 방사능 때문만은 아니었다. 일본 공동체는 참사 사후 처리가 길어지면서 피해자에 대한 불편한 감정이 커지기 시작했고, 심지어 후쿠시마에서 다른 지역으로 피난을 갔던 학생들은 집단 괴롭힘에 시달렸다.

외신을 인용한 국내 언론 보도에 따르면 후쿠시마를 떠나 다른 지역으로 이주한 한 학생은 자신의 이름에 '세균'을 붙이는 별명으로 불렸다. 물리적

---

4   "이천 참사 일주일 만에 시작된 '유족 혐오'", ≪경향신문≫, 2020년 5월 6일 자, 1면.

폭력 때문에 자살까지 생각했다는 증언도 했다. 원전 사고로 받은 보상금이 엄청나다며 유흥비를 요구하기도 했고, 폭력이 무서워 순순히 돈을 내주기도 했다.

피해자에 대한 공격은 이 학생만의 사례는 아니었다. 피해자들이 또래 집단 안에서 지속적인 폭력에 시달린 다른 사례 역시 외신을 통해 종종 보도되었다. 일본 ≪요미우리(讀賣)신문≫이 전국 교육위원회에서 자료를 받아 국·공립 초·중·고등학교를 대상으로 조사해 봤더니 원전 집단 괴롭힘이 신고된 것은 44건이나 된다는 보도도 있었다. 철없는 아이들만의 문제일까. 후쿠시마 출신 지역 성인들도 지역에서 따돌림을 당한 경우가 여럿 있었다.

한 일본 언론이 후쿠시마에서 다른 곳으로 피난 간 741명에 대해 설문 조사를 했더니, 괴롭힘을 당해 정신적 고통을 느꼈다는 답변이 45.1%로 절반에 달했다. 보상금에 대한 공격이 274건으로 가장 많았다. 지역 행사에서 배제시키는 것을 비롯해, 피난인의 자동차를 망가뜨리는 식의 폭력적인 괴롭힘도 있었다.[5]

세월호 참사와 후쿠시마 방사능 유출 사고 당시, 한국과 일본 공동체가 참사 피해자를 다뤘던 방식은 놀라울 정도의 기시감이 있었다. 사고 초반만 하더라도 일본 공동체 역시 후쿠시마 원전 피해자들에 대해 깊은 동정을 표했다. 모금운동을 벌였고 국제적인 도움의 손길도 이어졌다. 하지만 복구가 지난하게 길어지면서 공동체 구성원 누군가는 피해자에 대해 불편함을 느끼기 시작했다.

그들의 불편함은 혐오로 전화되었다. 혐오 표현 방식도 비슷했다. 후쿠시마 원전 피해자를 일컬어 '후쿠시마 균(菌)'이라고 표현했던 것은 세월호 유족을 '유족 충(蟲)'으로 불렀던 것과 거울상이다. '균'과 '충'은 타자의 열등성을

---

5   "두 번 우는 日 원전 피난민… 어른·어린이 모두 '집단 괴롭힘' 피해", ≪연합뉴스≫, 2016년 7월 30일 자.

강조하며 위계상 낮은 곳에 몰아넣으며 '피해자 위계'를 단적으로 드러내는 혐오 표현이다.

즉, 피해자 자격을 평가하는 일은 피해자 지위를 부여하는 위계화 작업이다. 높은 지위에 있는 피해자는 사회적으로 지지받고, 사회적 자원을 추가로 배분받아도 괜찮지만, 낮은 지위에 있다면 비난받아야 할 대상이며, 지원해주면 안 된다는 식으로 판단의 외연이 확장된다.

여기서 우리는 본질적인 질문을 마주한다. 그들은 모두 구조적 모순에 의해 발생한 참사의 명백한 피해자들이다. 가령, 후쿠시마 참사는 침수 위험 지대에서 전력 설비를 지하에 설치한 것부터 큰 실수였고, 기계가 손상될까 봐 도쿄전력이 온도를 낮추기 위한 해수 투입을 망설였던 것이 극단적인 참사로 이어졌다. 세월호 참사도 다르지 않았다. 불량 개조와 화물 과적, 나아가 해경의 구조 실패까지 단계 단계마다 원인 제공자가 있었다. 그런 원인 제공이 모여 대형 참사로 이어졌다. 심지어 참사에 대한 처벌도 제대로 이뤄지지 않았다. 후쿠시마 참사는 사고 5년 만에 관련자들이 기소되었지만, 모두 무죄가 선고되었다. 세월호 참사 역시 말단 경찰, 민간업체 관계자들만 처벌받았을 뿐, 구조적 모순을 방치한 힘 있는 사람들은 아무도 처벌받지 않았다. 정치 권력자들의 미온적인 사후 처리로 피해자들은 두 번 상처를 받기까지 했다. 그들은 공격받을 이유가 없는 피해자였다.

그럼에도 불구하고, 피해자의 자격을 묻는 '피해자다움' 담론은 ― 심지어 '균'과 '충'과 같은 극단적 위계 언어가 동원될 만큼 ― 왜 공동체에서 강하게 작동하는 것일까. '구조적 모순'을 알고 있으면서도 왜 '피해자 모순'을 더 기민하게 상정했던 것인가. 피해자다움을 자극하는 공동체의 감정이란 무엇인가.

2019년 9월, 후쿠시마 방사능 취재를 위해 일본 도쿄에 갔을 때 취재 과정에 도움을 줬던 현지 통역사와 대화를 나눌 기회가 있었다. ― 취재 내용과는 상관없었지만, ― 대체 왜 후쿠시마 피해자들을 부정적으로 보는지 물었다. 현장 통역사가 꺼냈던 것은 '돈' 문제였다.

기　자: 후쿠시마 출신 지역민을 싫어하는 이유가 뭔가요?

통역사: 사고 때문에 돈을 많이 벌었거든요. 받은 '보상금'이 엄청나요. 한 달에 수십만 엔을 받아가요.

기　자: 그래도 고향에서 떠나온 분들인데…….

통역사: 도쿄로 이주한 사람들이 꽤 되는데, 어떻게 사는 줄 알아요? 카지노에 가면 다 후쿠시마 사람들이에요. 농사짓던 사람들이라 도시에서 일할 줄은 모르고. 국가 세금 받아서 다들 도박하는 거예요. 돈 잃으면 국가에서 세금으로 또 돈 주고. 그러니 죽어라 일하며 세금 내는 도쿄 사람들은 얼마나 불쾌하겠어요?

기　자: 국가가 제대로 했으면 이런 일도 없었을 텐데.

통역사: 어쨌든 사고는 났잖아요. 그러면 자기들도 성실히 살아야죠. 국민들이 열심히 일해서 지원해 주는 돈으로 사는 건데, 돈 대주는 사람들한테 고마워는 해야죠. 솔직히 다른 사고로 죽거나 다친 사람이 얼마나 많아요. 그런 사람들 국가에서 돈 안 대주잖아요. 다른 피해자들보다 좋은 대우를 받은 거는 사실이잖아요. 그런데 카지노나 전전하며 돈 쓰는 게 정상은 아니잖아요?

역시 기시감이 있는 말들이었다. 우리 공동체 역시 통역사가 했던 식의 말들을 자주 하곤 했다. 세월호 참사가 인명 피해가 컸을 뿐 다 같은 교통사고라는 말, 다른 교통사고와 형평성을 고려해야 한다는 말, 그럼에도 세월호 피해자들은 주목도 많이 받고, 보상금도 많이 챙겼다는 말, 또 그럼에도 이런 공동체의 수혜도 모른 채 끈질기게 정부에 무언가를 요구하고 있다는 말, 배 인양하는 데 수천억 원이 든다는 데 또 우리 세금 들어간다는 말 등.

물론 결함이 많은 문제 제기였다. 세월호 희생자 유족들은 정부 산하 보상심의위원회에서 평균 4억 2500만~4억 7000만 원을 지급받았다. 교통·산재 손해배상액 산정 기준에 따라 심의위원회에서 1억 원으로 결정한 위자료와 예상 수입 상실분 등을 합한 것이다. 그 나름의 기준에 따라 지급된 결과였다. 보상금 관련 유언비어가 많다는 것은 언론의 팩트체크를 통해서도 자주 보도되었다.

하지만 이런 팩트체크는 유족을 혐오하는 사람들에게 중요한 사실이 아니었다. 그들이 팩트체크 보도를 보지 못해 참사 피해자들을 불편해하고 미워했다고 생각하지 않는다. 보상금과 교통사고라는 키워드는 혐오하는 사람들이 느끼는 부정적인 감정의 경유지였을 뿐, 그 이면에는 유족에 대한 어떤 근원적 불편함이 존재한다고 생각한다.

결국, 참사 피해자들의 '피해자다움', 나아가 '회원의 자격'에 대한 질문으로 되돌아오게 된다. 이는 공동체의 통합과 연대에 무게를 두는 구성원들이, 이를 방해한다고 여겨지는 다른 구성원, 이른바 타자에게 느끼는 근원적 불편함과 맞닿아 있다. 꼭 보상금 문제가 아니더라도 이미 그들은 혐오 감정을 느낄 정서적 준비가 되어 있었을지도 모른다.

우리는 피해자들에게 전형적 태도를 요구한다. 피해자들은 슬픔을 안고 산다. 아니, 늘 슬픔을 안고 '살아가야 한다'. 일상을 제대로 영위하기 어렵다. 아니, 일상을 제대로 영위하지 '말아야 한다'. 너무 슬퍼서 돈 욕심낼 여력이 없다. 아니, 슬픈 사람이기 때문에 돈 얘기를 꺼내면 '안 된다'. 더군다나 아이를 잃었다면, 다른 죽음에 비해 그 무게가 훨씬 무겁기 때문에 공동체가 요구하는 그 전형적 태도는 극대화된다. 이것이 '정상적인' 피해자다운 행동이며, 피해자 자격의 기준이 된다. 피해자다움은 피해자의 정상적 태도를 규정하는 규범과 같다.

미디어는 공동체 구성원들이 피해자 자격을 평가하는 감정적 기준을 제시한다. 참사 초반 미디어에 나오는 피해자들은 극도의 슬픔과 상처를 지닌 존재들로 비쳐진다. 공동체의 동정심과 지지를 받을 자격이 된다. 사고 직후, 우리 공동체는 진심으로 동정하고 지지했다. 그런데 참사 규모가 커질수록 피해자들의 언론 노출은 잦아질 수밖에 없다. 참사와 관련된 뉴스가 지속적으로 나오면서 — 보도 내용과는 별개로 — 그만큼 전형적 피해자의 모습에서 이탈된 피해자들을 목격하는 횟수도 늘어난다.

가령, 보상금 문제에 적극적으로 나서며, 이성적인 자세로 '협상'의 주체가 되는 모습들, 나아가 거리 시위 현장에도 나서고 광장에서 단식을 하며, 심지어 정치적 목소리를 내는 행동들, 특별법을 통과시켜 달라며 국회 앞에서 농성을 부리는 모습들이 그렇다. 특히, 2015년 가을에는 세월호 유족이 참석한 시위 현장에서 태극기가 불태워졌던 것이 논란이 되었다. 그렇게 유족들을 애국심이 부족한 존재로 소비되었다.

피해자 전형성에서 벗어난 모습은 이렇게 생중계된다. 공동체 구성원들은 피해자들의 순수성을 의심하기 시작한다. 정확히는 그들이 피해자답지 못하다는 불편함마저 느낀다. 슬퍼해야 할 존재인데, 너무 슬퍼서 계산기 두드릴 시간도 없을 것 같은데, 권리를 주장하고 있다는 것은 큰 이질감으로 다가온다. 언론은 동정에서 불편함으로 전화되는 감정의 변화를 '참사 피로도'라고 설명했다. 그렇게 세월호 피해자들은 불쌍하기만 한 존재가 아니라 탐욕적이고 이기적인 정체성이 스멀스멀 덧씌워지기 시작한다.

보상금이나 교통사고 담론은 이런 불편함을 감정적으로 재확인하고, 나아가 구체화시켜주는 좋은 소재였다. 다른 참사 피해자와는 달리 세월호와 후쿠시마 참사 피해자들은 공동체의 관심 덕에 후한 보상금을 받을 수 있었다는, '형평성'에 대한 의구심이 맞물린다. 같은 사고라도 누구는 혜택을 더 받고, 누구는 덜 받는다는 것, '유명한' 참사 피해자와 '유명하지 않은' 참사 피해자들이 차별적 상황에 놓인다는 것은 공동체 구성원의 감정이 사안에 따라 달리 협의되고 합의될 수 있음을 뜻하기 때문이다. 정치권에서 세월호 참사를 다른 교통사고와 비교하려던 여러 구술은 구성원들의 '피해자다움'에 대한 정서를 충분히 자극했다.

그렇게 피해자답지 못한 행동을 하는 것으로 여겨지는 피해자들은 공동체의 '정상성'에서 이탈하는 존재로 연상된다. 피해자다움에 대한 공동체 구성원들의 질문은 보상금 문제, 다른 교통사고와의 형평성 문제 등이 얽히고설키며, 그 불편함을 입증시켜줬고 반감의 논리적 당위를 부여했다. 이런 반감은 세월호 피해자들이 공동체의 분위기를 해치며, 나아가 유대와 통합을 훼손할 수 있다는 긴장감으로 이어졌다.

'유족 혐오'로 불렸던 일련의 현상은 피해자를 향해 우리 공동체 회원 자격이 결여되어 있음을 지난하게 증명하는 과정과 같았다. 참사 피해자들은 본의 아니게 공동체 회원으로서의 자격을 지속적으로 검증받았던 것이다. 공동체 구성원들은 공동체 규범을 어긴 이들을 증오하고 혐오하는 것이 공동체를 위하는 '이타심의 발로'라고 생각했을지도 모른다. 공동체의 유대를 어긴 이들을 처벌하는 것은 규범적으로 합당하다고 믿었기 때문이다.

즉, 거세진 혐오는 '규범'의 위상을 차지할 수 있다는 함축을 지닌다. 공동체의 중요한 규범이 되었다는 것은 '옳음'에 부합한다는 것이다. 그렇게 혐오는 공동체의 선(善)을 달성하려는 '옳음'이 될 수 있었다. 타자를 혐오하고 증오할 때, 자신의 정체성은 긍정적으로 다져질 수 있다는 점에서 정체성은 반동적이기까지 하다. 달리 말하면, 악하다고 여겨지는 존재를 혐오할수록 자신은 착하고 옳은 사람이라는 착각에 빠지는 것이다.[6]

결국, 타자를 경계하고 심지어 혐오한다는 것은 우리의 도덕성이 결여되어서, 성숙하지 않아서, 혹은 힘 있는 자들의 음모와 계략 때문만이 아니라 평범한 이들이 공동체의 선을 달성하고 있다는 착시 때문일 수 있다.

가령, 일본의 뇌 과학자 나카노 노부코(中野信子)는 심지어 옳은 일을 할 때와 혐오할 때 뇌 호르몬을 통해 생체적으로 같은 과정을 거친다고 말한다. 자신이 옳은 일을 행하고 있다고 생각할 때, 그리고 남을 처벌하고 보복할 때 모두 도파민이 방출되며, 이는 우리 몸에 묘한 쾌감을 준다는 것이다. 도파민은 우리를 흥분시켜 의욕과 흥미를 부여하는 역할을 한다. 이성이 '공격은

---

6   김종갑, 『혐오, 감정의 정치학』(은행나무, 2017), 82쪽.

옳은 일'이라고 합리화해 주기 때문이라는 설명이다.[7]

즉, 우리는 옳음에 대한 만족감과 타자에 대한 혐오감을 머나먼 감정처럼 여기고, 나아가 이성이 감정을 자제하게 한다고 믿지만, 사실 두 감정이 생체적으로 얽히고설켜 있다는 분석이었다. 타자를 혐오함으로써 얻는 쾌감은 옳은 일을 함으로써 얻는 쾌감과 거울상일지도 모른다.

혐오가 규범으로 기능하고 있다는 생물학적 근거인 셈이다. 즉, 혐오는 도덕과 윤리를 몰라서, 인격적으로 성숙하지 못해서 강해지는 것이 아니다. 타자 혐오는 도덕성과 별개의 문제일 수 있다. 오히려 공동체 구성원들은 정상성에서 벗어난 이들을 불편해하고 배제하며 비난하고 혐오하는 것이 도덕과 윤리를 지키는 일이라고 생각한다. 자신이 한 행위가 정의에서 비롯된 것이라고 믿어 의심치 않기 때문에 '옳은 일을 하면 즐겁다'고 생각하며 타자에 대한 처벌을 멈추지 못한다. 괴롭힘이 도덕성과 관련이 없다는 노부코의 말은, 혐오의 대안이 도덕과 윤리 같은 인격의 문제로 환원해 단순화하면 안 된다는 은유가 담겨 있다.

즉, 정치적 위기에 내몰린 권력자들은 참사 피해자에 대한 정상과 비정상의 기준을 만들어 제시했다. 회원의 자격에 대한 질문이었다. 회원의 자격에 늘 예민해했던 공동체 내부 구성원들은, 비정상으로 구획된, 즉 타자로 조형된 이들이 공동체의 선(善)을 위배한다는 믿음을 자극했다. 그렇게 자격이 없는 이들을 불편해하고 심지어 혐오하는 것은 공동체를 위한 일이라는 '규범적 의미'를 얻게 되었다. 혐오는 그렇게 규범이 되었다. 회원의 자격을 묻는 질문은 그리고 그 근거가 되었던 혐오 규범은 참사 피해자조차 피해가지 못할 정도로 한편으로는 잔인하고, 또 한편으로는 강력했던 것이다.

---

7   나카노 노부코, 『우리는 차별하기 위해 태어났다: 차별과 혐오를 즐기는 것은 인간의 본성인가?』, 김해용 옮김(동양북스, 2018), 63~65쪽.

타자 혐오

　지금까지 민주주의가 혐오에 취약할 수밖에 없는 이유를 설명하려 애썼다. 첫째, 민주주의가 구성원들의 '감정'을 '합의'하기 위해 만든 시스템이며, 이를 통해 구성원들의 감정을 '균형적으로' 성취하는 것을 목표삼고 있다고 강조했다. 감정 합의가 제대로 성취되지 않으며 부정적인 감정은 부유하며, 종국적 감정으로서의 혐오는 거세진다. 민주주의 공동체의 감정 합의는 살얼음 같은 과정이었다. 민주주의가 지향하는 도덕과 윤리, 관용과 같은 규범들이 혐오를 억제시키는 만능 특효약은 아니었다.

　둘째, 민주주의 공동체는 '어떤' 구성원의 감정을 합의할 것인지 고민해 왔다. 자격이 있는 구성원이라면 합의의 대상이 될 수 있지만, 자격이 없다면 합의의 대상으로 보지 않았다. 민주주의 공동체는 다른 공동체와 마찬가지로 ─ 혹은 그 이상으로 ─ 회원의 자격에 예민했고, 자격이 없다고 여겨진 이들을 엄격하고 가혹하게 다뤘던 전통이 있다. 즉, 민주주의 공동체는 혐오가 거세지지 않도록 노력했을 뿐 혐오는 얼마든지 부상할 씨앗을 품고 있던 것이다!

　타자는 혐오의 매력적인 대상이었다. 민주주의 공동체 역시 회원의 자격을 되물었고, 자격이 없다고 판단되면 ─ 세월호 유족의 사례처럼 ─ 공동체 내부 구성원조차 타자화의 대상이 되었다. 그 근간에는 혐오의 규범성이 있었다. 회원의 자격과 관용이라는 규범 사이의 긴장감 속에서 민주주의 공동체는 혐오를 위축시키기 위해 노력했을 뿐이다.

　하지만 작금의 민주주의 공동체는 그간 경험하지 못한 새로운 위기와 마주하고 있다. 공동체 도처에는 지금껏 경험하지 못한, 타자 혐오를 더욱 격렬하게 만드는 조건들로 충만하다. 관용의 규범적 힘이 빠지고 있다. 가령, 우리는 그 어느 때보다 자주 타자를 대면한다.

　반면, 우리와 타자의 좁아지는 물리적 거리만큼 소통의 양은 늘지 않았다.

부정적인 감정들이 지엽적인 정보와 만날 때 타자의 정체성은 좀 더 쉽게 규정되고 상상된다. 그들은 야만적이며, 그들은 위험하고, 그들은 해로우며, 그들은 오염되었다는 식이다. 정체성이 동원되고 변주될수록 혐오는 타자들과 강한 흡착력을 갖는다.

반론이 나올 수 있다. 솔직히 혐오받는 타자들은 대부분 '소수자' 아닌가. 이들에 대한 혐오는 매우 안타까운 일이지만, 전체 비율로 보면 극히 미미할 텐데 이들에 대한 혐오 현상을 들먹이며 민주주의의 위기를 말한다는 것은 너무 나간 것 아닌가.

이런 질문에 대해 스스로 의식 있다고 믿는 지식인들은 "혐오가 거세진다는 것은 인권이라는 원칙을 무너뜨리는 것"이라고 말하는 것을 좋아한다. "민주주의의 근간은 인권이다", "혐오는 인권을 훼손한다", "인권이 훼손되면 민주주의가 무너진다"는 식의 논증이다. 심지어 혐오가 극단으로 치달으면 홀로코스트와 같은 인류의 비극이 다시 발생할 수 있다고 위협하기도 한다. 하지만 유감스럽게도, 이런 식의 접근은 공동체 구성원들의 공감을 얻어내지 못한다. 적어도 민주주의 공동체 구성원 대부분은, 대다수의 인권은 지켜진다고 믿고 있기 때문이다. 가령, 타자를 '박멸'하자는 게 아니라 그저 '따로' 살고 싶다는 것일 뿐인데, 무슨 대학살이 벌어진 것마냥 부산을 떨 필요가 있는지 의구심을 드러낸다. 그들은 네오 나치 몇 명 때문에 민주주의가 무너질 리 없으며, 오히려 인권 걱정하는 사람들이 지금의 상황을 과장하고 있다고 생각한다.

이런 식의 고민이 무의미하다고 생각하지는 않는다. 혐오가 민주주의를 훼손할 수 있음을 우려하지만 도덕과 윤리라는 원칙적 관점으로는 문제를 해결할 수 없다고 진단한다. 혐오의 시대, 우리가 정말 우려해야 하는 것은 히틀러의 재래가 아니라 격한 감정마저 정당하게 지지받게 만드는 민주주의의 변형이다!

민주주의는 늘 위기를 겪었다. 강한 권력을 열망하는 이들은 민주주의를 훼손하면서 권력을 얻기 위해 애썼다. 하지만 이런 경우, 민주주의의 기본 질서 자체를 손상시키는 역설에 직면할 수밖에 없었다. 그들은 뻔뻔하게 헌법을 개악하거나 정치적 정적을 고문했으며, 심지어 평범한 이들마저 학살했다. 그렇게 시스템을 사유화했다. 민주주의 공동체 구성원들이 이 역설을 서서히 자각하는 순간, 민주주의를 훼손하는 이들을 물리치자는 투쟁의 명분을 얻었다.

반면, 혐오가 거세지는 민주주의 공동체는 강력한 정치 권력자를 반드시 필요로 하는 것은 아니다. 여기에는 감정적 자발성이 있다. 혐오는 민주적으로 지지받는다. 민주주의 공동체 구성원들 상당수는 ─ 심지어 민주주의를 성취하기 위해 피를 흘렸던 이들조차 ─ 공동체에 해를 끼친다고 여겨지는 이들을 혐오한다. 혐오는 주로 우리 공동체의 정상적 구성원이 아닌 사람들에게 통용되는 감정이며 그 비정상성으로부터 우리의 정상성을 지키자는 공동체 정체성 보호의 규범적 의미가 있기 때문이다.

지금의 상황을 보자. 제도적 차원에서의 우리 시대 민주주의는 여전히 건재하다. 민주주의적인 법과 제도는 꽤 견고한 형태로 구축되어 있다. 인권과 도덕, 윤리, 관용, 신뢰의 원칙 역시 여전히 변함없이 유지되고 강조된다. '이성적 관점'에서 민주주의는 결함이 없다. 그런데 타자 혐오는 거세진다. 도덕적으로 완결하다고 여겨지는 민주주의를 지지대 삼고 있음에도 불구하고, 타자를 혐오하는 역설적인 현상이 벌어지고 있다.

즉, 혐오의 규범성이란, 혐오하는 사람들이나 혐오를 경계하는 사람들이나, 모두 '옳음'이란 가치를 공유하고 있음을 전제한다. 혐오를 경계하는 사람들은 도덕적 우월감에 기인해 인권과 관용이라는 가치가 옳기 때문에 혐오를 버려야 한다고 말하지만, 혐오하는 사람들은 혐오가 공동체를 지키는 선(善)과 맞닿아 있기 때문에 옳다고 믿는다. 폭압적인 정치 권력자들이 없어도 민주주의가 폭압적으로 변질될 수 있다는 것이다!

타자를 향해 거친 목소리를 내는 포퓰리스트들은 자신들이 민주적으로 지지받고 있기 때문에 진정한 '민주주의자'라고 자칭한다. 민주주의의 선봉장 역할을 했거나, 지금도 하고 있는 미국과 유럽의 상황이다. 포퓰리스트들은 민주주의 절차를 훼손하지도 않았으며 '선거'라는 정당한 민주주의 절차에 의해 선출된다. 도덕적이고 윤리적이며 이성적인 민주주의 시스템에서 반도덕적이고 반윤리적이며 반이성적인 감정이 수용된 것이다. 그리고 이것은 전체주의와 파시즘의 부활이 아니라 기형적인 문양의 '민주주의'의 발흥이다.

우리는 그간 절대적으로 신뢰했던 '옳음'이라는 '도덕적 판단'이 의심받고 있는 시대에서 살고 있다. 민주주의 시민들이 왜 도덕적 옳음을 의심하고 있는지, 그들은 왜 혐오를 지지하는지를 고민해야 한다. 민주주의 시민들이 인권과 도덕, 윤리라는 가치를 충분히 잘 알고 있음에도 혐오한다는 것은 우리 시대 혐오 현상을 다른 관점에서 접근해야 한다는 것을 의미한다. 혐오가 거세지는 이유는 사람들이 인권이라는 도덕적 가치를 제대로 알지 못해서, 혹은 어떤 극우 세력의 준동 때문이 아니다. 한나 아렌트의 말대로 악(惡)이 평범해서도 아니다. 지금의 혐오 현상을 패륜과 사악함이라고 손가락질하는 것만으로는 대안을 구성하기 어렵다고 믿는다. 이성적이며 합리적 관점의 민주주의, 풀어서 말하면 '옳음'이라는 도덕적·윤리적 개념으로서의 민주주의는 이미 한계에 직면한 것 같다.

결국, '옳음'에 기반을 둔 도덕, 윤리, 정의의 관점에서 민주주의가 운영된다는 신앙으로는 지금의 문제를 완벽히 해결할 수는 없다. 우리 시대 민주주의를 바라보는 시각을 '도덕 정치'의 관점이 아니라 '감정 정치' 관점으로 전환해야 함을 깨닫는다. 우리가 가장 먼저 물어야 할 질문은 "혐오하는 사람들은 도덕적·윤리적으로 왜 그렇게 타락했는가"가 아니라 "왜 공동체의 부정적인 감정은 왜 부유하고 있는가". 나아가 "(종국적 감정으로서의) 혐오는 최근 들어 유독, 왜 타자를 '경유'하고 있는가"여야 한다.

감정 재편

어느 시기든 경제 위기는 있었다. 호황이 있으면 불황이 있었다. 인플레이션이 있으면 디플레이션이 있었고, 증시 폭등이 있으면, 증시 폭락이 있었다. 고금리 시대의 바통은 저금리 시대가, 고유가 시대의 바통은 저유가 시대가 이어받았다. 경제학자들은 이를 경기 순환 '사이클'이라고 불렀다. 자본주의는 등락의 역사였다. 경제 위기가 심각해질 때 정치 역시 큰 영향을 받았다. 유물론적 관점을 그렇게 좋아하지는 않지만, 경제 위기가 민주주의를 만드는 데 지대한 영향을 미쳤다는 점을 부인할 수 없다. 경제의 등락은 감정의 등락과 강한 상관관계가 있다.

우리 시대, 그 누구도 작금의 경제 상황을 '호황'이라고 말하지 않는다. 1980년대 이후 경기 침체는 장기화되었다. 이것은 한국의 상황이 아니라 전 지구적 현상이다. 특히, 20세기 후반 양적 성장은 수명을 다했다는 평가가 나왔다. 이전의 비약적인 성장은 목격하기 어려워졌다. 선진국 공동체에서 더욱 노골적으로 나타나고 있다. 신자유주의, 세계화라는 이름 속에 빈부 격차의 문제는 ─ 더 정확히는 박탈감과 좌절감이란 감정의 문제는 ─ 임계치를 넘어서고 있다.

우리 시대는 그 어느 때보다 높은 경제성장을 경험한 호황의 세대와, 또 그 어느 때보다 높은 상대적 빈곤을 경험한 불황의 세대가 공존하고 있다. 이는 감정의 위기와 맞닿아 있었다. 누구는 시대의 호황을 이끈 자신들의 경험이 존중받고 지지되어야 한다고 생각하지만, 또 누구는 이것이 불편하고 심지어 저항한다. 누군가는 취업과 결혼이 당연하다고 믿지만, 또 누군가에게는 성취가 쉽지 않다.

『미국의 성장은 끝났는가(Rise and fall of American growth)』의 저자 로버트 고든(Robert J. Gordon)은 "미국 역사상 처음으로 젊은 세대의 생활수준이 부모 세대의 생활수준보다 못한 시대가 시작될 것"이라고 경고했다. 이는 비단 미국의 문제가 아니라 전 지구적 문제다. 달리 말하면, 우리 시대 감정 합의가 지속적으로 어려워지고 있다는 것이며 결국, 민주주의는 위기에 노출되어 있음을 의미한다. 시대 감정은 재편되기 시작했다. 우리 시대 공동체들은 이런 이례적 상황에 제대로 대처할 능력을 갖추지 못했다.

대한민국 사회도 예외는 아니었다. 토마 피케티(Thomas Piketty)가 주도하는 세계불평등데이터베이스(WID)를 참고하면, 통계가 잡힌 1976년 상위 1%가 전체 소득에서 벌어들이는 비율이 7.6%였지만 2016년 12.2%로 증가했다. 상위 10%의 비율은 1976년 25.7%, 2016년 43.3%였다. 상위 10%가 소득이 절반 가까이 차지하고 있는 셈이다.[8]

경제적 양극화가 날이 갈수록 벌어져 위험 수위에 다다르고 있고 이 때문에 우리 삶이 고돼진다는 사실은 별다른 이론적 설명이 필요하지 않는다. 호황을 경험한 뒤 급격한 불황을 견디고 있는 기성세대는 기성세대대로, '호황의 추억'조차 없는 젊은 세대는 또 젊은 세대대로 현실이 쓰리다. '흙수저', '금수저', '88만 원 세대' 등은 이런 박탈감을 상징적으로 드러내는 표제어다.

앞서 강조했지만 안 그래도 민주주의는 우리가 생각하는 것과는 달리 늘 위험에 노출되고 혐오에 취약했다. 민주주의의 감정 합의는 살얼음과 같았다. 장기적인 경기 침체는 이를 더 어렵게 만들었다. 그런데 여기에 더 중대한 상황이 터져버렸다. 부정적인 감정을 더욱 부유하게 만드는 상황, 그렇게 감정 합의를 형해화시키며 혐오를 더욱 강렬하게 소환하는 현실이다.

우리 시대 감정을 재편시키는 민주주의의 위기를 세 가지로 제시한다. 첫째, 정체성의 위기다. 회원 자격이 없다고 여겨지는 이들이 양적으로 증가했고 이들에 대한 담론은 폭증하기 시작했다. 지금껏 우리에게 익숙했던 정체성이 침식되며 '다문화'라는 익숙지 않은 상황이 도래했다. '정상적'이라고 믿었던 신앙이 서서히 균열을 맞이하며, '비정상적'이라 여겨졌던 구성원들의

---

8   세계불평등데이터베이스(WID) 홈페이지(https://wid.world/).

목소리가 점점 커져가는 것을 체감한다. 합의할 감정은 많아지는데 정작 합의될 수 있는 감정은 제한적이다. 그렇게 자격 없는 회원은 혐오받는다. 결국, 작금의 민주주의 공동체 구성원들은 '누구의' 감정을 합의할 것인가에 대해 혼란을 겪고 있다. 혐오는 격렬해졌고, 민주주의 위기가 시작되었다!

둘째, 공론장의 위기다. 회원의 자격이 없다고 여겨지는 이들에 대한 담론 증가는 미디어 환경의 변화와 맞물려 있다. 가장 대표적인 것이 소셜 네트워크 서비스, SNS다. SNS는 단순히 정보를 빨리 전달하는 데 그치는 것이 아니었다. 부정적인 감정은 역사상 그 무엇과도 비견될 수 없는 빠른 속도로 퍼져나갔고 반향실에 갇힌 공명이 되며 더욱 증폭되었다. 이 공간은 감정의 협의 혹은 합의에 관심을 갖기보다는 감정의 확증 편향을 키우고 있다. 결국, 작금의 민주주의 공동체 구성원들은 '어디서' 감정을 합의할 것인가에 대해 혼란을 겪고 있다. 혐오는 격렬해졌고, 민주주의 위기가 시작되었다!

셋째, 엘리트의 위기다. 민주주의 공동체는 엘리트에게 감정 합의의 중요한 업무를 위탁했다. 하지만 이들은 시대의 감정선을 제대로 읽어내지 못했다. 혐오하는 사람들을 향해 '인권'과 '정의'의 이름으로 패륜성을 부각하는 데 그쳤다. 그렇게 공감을 얻어내지 못했고, 되레 혐오에 기생하는 ─ 감정 합의에는 전혀 관심이 없는 ─ 포퓰리스트들에게 권력을 이양하는 일까지 벌어졌다. 그들은 공동체 변동 속 감정을 합의할 방법을 제대로 파악하지 못했다. 결국, 작금의 민주주의 공동체 구성원들은 '어떻게' 감정을 합의할 것인가에 대해 혼란을 겪고 있다. 혐오는 격렬해졌고, 민주주의 위기가 시작되었다! 제3부에서는 이 세 가지 위기를 하나씩 살펴보겠다.

제 3 부

민주주의의 위기

제**4**장

혐오 정체성

상상의 공동체

민족은 공동체로 상상된다. 왜냐하면 각 민족에 보편화되어 있을지 모르는 실질적인 불평등과 수탈에도 불구하고 민족은 언제나 심오한 수평적 동료의식으로 상상되기 때문이다.[1]

베네딕트 앤더슨(Benedict Anderson)은 민족 공동체를 일컬어 '상상의 공동체'라는 멋진 말을 만들어냈다. 서양 근대의 한복판에서 발아한 민족주의는 근대를 넘어 현대, 서구를 넘어 동양에 이르기까지 공동체 담론의 중심부를 차지하고 있다.

민족주의는 근대 서구의 식민지 개척을 위한 버팀목과 같았다. 민족 간의 뚜렷한 경계는 다른 민족에 대한, 이른바 타자에 대한 수탈을 정당화시킬 수

---

1   베네딕트 앤더슨,『상상의 공동체: 민족주의의 기원과 전파에 대한 성찰』, 윤형석 옮김(나남, 2003), 27쪽.

있었다. 오리엔탈리즘은 그 경계를 구획하기 위한 사상적 주춧돌과 같았다. 역설적이게도 주류 집단의 민족주의는 반작용으로서의 민족주의를 잉태했다. 식민지 공동체는 자신을 침탈한 제국주의자들에 대항해 자신들만의 민족 서사를 적극적으로 생산했고 활용했다. 우리의 항일운동도 그 공식을 따랐다.

민족의 반작용 역시 민족이었다. 그만큼 민족 서사의 힘은 강력했다. 인류 역사상 민족만큼 돈독한 공동체는 없었다. 그 귀결은 세계대전, 그리고 홀로코스트라는 피의 역사였다. 수많은 이가 민족이라는 이름으로 전쟁에 나갔고, 그렇게 죽거나 다쳤다. 홀로코스트는 민족 동질성과 순수성의 사생아였다. 인류사를 통틀어 20세기 이전 전쟁 때문에 사망한 사람들은 지난 100년간의 희생자를 넘지 못한다. 전쟁 희생자 대부분은 민족주의의 깃발 아래 묻혀 있다. 그 참극에도 불구하고 민족에 대한 강한 믿음과 신념은 여전히 강렬한 결속의 끈으로 기능하고 있다. 물론 제국주의자들에게 그 원죄가 있을 것이다.

힘센 자들은 자신들의 의도를 성취하기 위해 민족주의를 적극적으로 활용했다. 가령, 독재자는 민족주의를 지렛대 삼아 공동체 통합을 선동했고, 민족을 내세운 전쟁을 통해 공동체 구성원들의 시선을 밖으로 돌렸으며, 그렇게 전쟁의 전리품을 독점했다. 다만, 앤더슨이 말하는 상상의 공동체로서의 민족 공동체는 단지 힘센 자의 의도나 음모에 의해 조작된 것만은 아닐 것이다.

사실 민족 서사는 공동체 구성원들의 감정적 불안감을 해소하는 데 나름대로 극적인 효과가 있었다. 민족주의는 특정한 시기, 특정한 공간, 특정한 사람들의 경험을 통해 문화적으로, 나아가 자발적으로 구성되며 의미가 부여되었다. 탈종교의 시대, 신(神)의 전지전능함을 떠나보낸 공동체의 공허함을 달랬던 것은 민족주의였다. 시대는 그렇게 민족 공동체를 스스로 요구했던 것이다.

그런데 민족 공동체가 '상상된 것'이라는 앤더슨의 표현은 지금껏 절대적이고 영속적인 의미가 부여되었던 민족 공동체에 대한 어떤 신앙 따위가 해체되고 있음을 직감하게 한다. 사실 민족 공동체가 정말 '상상된 것'에 지나지 않는다는 징후들이 공동체 곳곳에서 포착되고 있다. 우리는 '정상적'이라 여겨졌던 것이 정상적인 것이 아닐 수 있다는 도전장을 그 어느 때보다 많이 받고 있는 시대에 살고 있다. 정상적 공동체, 정상적 정체성이라 믿어졌던 것들이 상상된 것일 수 있다는 불편한 진실이 공동체를 관통하고 있다. 정상성(正像性)의 위기다!

그리고 정상성의 위기는 – 앤더슨은 '민족' 범주에서 논의를 풀어가고 있지만 – 비단 '민족' 범주에 그치지 않는다. 민족 서사의 위기는 공동체를 결속하던 기축 이데올로기가 흔들린다는 뜻이며, 동시에 공동체의 동질성이 도전에 직면했음을 의미한다. 동질성이란 무엇인가. 정상과 비정상의 경계였다. 우리와 다른 것은 비정상적이라는 따위의 믿음과도 같았다. 어쩌면 우리 공동체가 가졌던 '정상성'은 태초부터 위태로운 개념이었는지도 모른다.

장기화된 경기 침체, 높아지는 실업률로 이미 공동체의 긴장은 높아져 있었다. 그런데 감정 합의의 대상이 아니었던 이들, 이른바 타자들이 '다문화'라는 이름으로 우리 주변을 맴돌기 시작했다. 이민자와 난민의 유입, 외국인 노동자의 증가이다. 이는 양적 변화만은 아닐 것이다. 소수자 담론은 그 어느 때보다 급증했다. 성 소수자의 공공연한 커밍아웃, 광장에서 '퀴어 축제'란 이름으로 연대 행위를 하는 모습들, 미디어를 통해 자주 목격되는 페미니스트들……. 우리 시대는 정상성이 마모되고 있다는 것을 체감할 수 있도록 만든 '비정상적 상황'으로 충만하다. 우리 시대 정상적이지 않다고 여겨진 이들, 지금껏 소외되었던 정체성을 가진 이들이 공동체 주류의 틈바구니로 스멀스멀 들어오고 있다.

정상적인 공동체, 정상적인 정체성, 정상적인 구성원의 경계는 그렇게 모호해진다. 우리는 묻는다. "그들은 누구인가." 아니, 내심 정확한 질문은 이것이다. "우리는 누구인가." 우리는 불안해지고, 조급해지며, 작아진다. 어쩌면 비정상적이라 업신여긴 이들이 공동체의 주인인 우리와 별반 다를 게 없음을 인정하는 것은 불쾌한 일이다.

공동체 표준이 되는 정체성이 흔들리는 시대, 민주주의 공동체 구성원들이 이렇게 역동적인 '다문화'를 경험한 적은 별로 없었다. 이제 일상은 누가 공동체의 '진성' 회원인지에 대한 질문들로 가득하다. 공동체 박탈감의 문제로 촉발된 내부의 위기가 '다문화'라는 외부의 도전과 맞물리면서 부정적인 감정이 공동체 도처를 부유한다.

마치 근대 유럽인들이 힘이 빠진 종교의 여백에 불안해했던 것처럼 우리 시대는 힘이 빠진 정상성의 여백에 위기를 체감한다. 근대 유럽인들이 민족 서사를 찾았던 것처럼 우리 시대는 정상성의 여백을 메울 새로운 서사를 요구하고 있다. 우리 시대 위기에 빠진 민주주의를 재구성할 새로운 좌표로서의 서사가 필요하다.

다문화 속에서 '당연한' 문화가 사라지고, 정상적이라고 여겨지던 존재들이 헤게모니를 잃기 시작한다. 『나와 타자들』의 저자 이졸테 카림의 말처럼, 타자 혐오는 이렇게 작아진 자아가 취하는 방어 태세이다.[2] 우리는 시대가 직면한 감정 위기를 벗어나기 위해 환각제를 스스로에게 요구하고 있는지도 모른다.

---

2   이졸데 카림, 『나와 타자들: 우리는 어떻게 타자를 혐오하면서 변화를 거부하는가』, 이승희 옮김(민음사, 2019), 60쪽.

불확실성

정상성의 위기

　재일 한국인은 일본 공동체에서 늘 차별받고 혐오받았던 존재였다. 그런데 공격의 수위가 왜 하필 1990년대 들어 유독 거세졌는지, 그 배경을 주목해야 한다.

　1980년대까지 극적인 경제성장을 했던 일본 사회는 1990년대 그 기세가 멈췄다. 버블 붕괴로 부동산과 주가가 곤두박질쳤다. 1998년에는 GDP 성장률이 마이너스로 돌아섰고, 2000년대에는 실업률이 5%를 넘었다. '잃어버린 10년'이란 말이 이때 나왔다. 1980년대의 호황과 밀레니엄 시대의 불황, 그 간극은 공동체에 거센 긴장감을 자극했다. 공동체의 좌절감은 커지기 시작했고, 동시에 외국인 혐오는 힘을 얻었다. 혐오는 특히 일본에 사는 한국인인 '재일 한국인'에 표집되었다.

　한국 혐오 단체로 재일 특권을 용납하지 않는 시민 모임, 이른바 '재특회'는 그 상징적 장면이었다. 1990년대부터 강해진 혐한 감정이 2000년대 온라인 공간의 진보와 맞물리며 본격적인 활동을 시작했다. 단체 이름에서 나오는 '재일 특권'이란 이름부터가 이런 반감을 반영하고 있다. 그들이 말하는 재일 특권은 1990년대 일본에서 시행된 '입관 특례법'을 의미했다. 일본은 이법을 근거로 재일 한국인에게 '특별 영주 자격'을 부여했다.

　재특회는 나아가 자신들의 혈세로 재일 한국인이 과도한 혜택을 받고 있다고 주장했다. 기초생활보호 재일 한국인에 대한 우대 명목 지원금은 주요 표적이 되었다. 그들은 재일 한국인을 '무임 승차자'라고 규정하며 혐한 담론을 퍼뜨렸다. 물론, 그들의 주장은 모순으로 가득 차 있었다. 재일 한국인은 국적 문제로 국민연금에 가입할 수도 없었다. 그들의 노후는 일본 사회 평균치에 비해 열악했다. 차별에 시달리며 저임금 직군에 내몰렸고, 자연히 빈곤하게 살 수밖에 없었으며, 이 때문에 생활보호 대상자가 된 경우가 많았다. 일본 후생노동성은 이런 의혹 제기에 "생활보호 지원금 지급에서 중시하는 것은 어디까지나 신청 기준에 합당한가 여부였을 뿐, 재일 한국인이기 때문에 지급한 적은 없다"고 공식적인 입장을 밝혔을 정도였다.[1]

양심 있는 일본 지식인들은 재일 한국인 혐오 현상에 대해 진지하게 고민하기 시작했다. 『거리로 나온 넷우익(ネットと愛国)』으로 국내에서도 잘 알려진 일본의 저널리스트 야스다 고이치(安田浩一)는 재특회 회원들의 면면을 조사했다. 직업과 소득수준을 살펴보니 사회적으로 구석에 내몰린 사람들, 경제적 박탈감에 시달리는 사람들, 이른바 '잘 풀리지 않는 사람들'이었다는 것이다. '잘 풀리지 않았던 이들'의 박탈감과, 재일 한국인이라는 '더 잘 풀리지 않았던 이들'을 향한 증오가 사실상 거울상이라는 분석이었다.

밀레니엄 시대 이전과 이후, 일본 공동체의 경제적 간극은 일본 고유의 기업 문화에도 영향을 미쳤다. 일본은 '가족 기업'과 '평생직장', 이른바 '정규직'의 나라다. 가족에게 헌신하듯 회사에 헌신하는 문화가 강했다. 하지만 불황이 계속되면서 이런 기업 문화가 흔들렸다. 고용 유연화로 정규직은 줄어들었고, 중산층의 급여는 큰 폭으로 깎였다. 마치 지금의 대한민국 공동체처럼 취업과 결혼, 내 집 마련, 육아는 한정된 계층의 특권처럼 여겨지기 시작했다. 고용 불안정과 비정규직이 양산되면서, 소속감은 방향을 잃었다.

야스다는 갈 곳 잃은 재특회 회원들이 일본이라는 소속감을 통해 존재감

---

1   야스다 고이치, 『거리로 나온 넷우익: 그들은 어떻게 행동하는 보수가 되었는가』, 김현욱 옮김 (후마니타스, 2013), 209쪽.

을 얻기 위해 그 반작용으로서의 재일 한국인 혐오에 천착한 것이라고 봤다. 달리 말하면, 재특회에게 재일 한국인에 대한 특권의 실체는 중요한 것이 아니었다. 재일 한국인 혐오는 어디에도 소속될 수 없었던 이들이 어떻게든 기를 쓰고 '소속되기 위한' 어떤 치유 행위에 가까웠다. 불안한 현실 속에서 자신들의 부정적인 감정을 치유할 환각제로서 혐오를 소환했다는 것이다.

2019년 8월, 한창 한일 무역 갈등으로 반일 감정이 고조되던 시기, 소속된 부서 차원에서 야스다와 심층 인터뷰할 기회가 있었다. 우익의 뿌리를 찾는 기획 보도였다. 필자가 직접 일본을 찾아 인터뷰를 한 것은 아니었지만 팀 차원의 기획이었기 때문에 당시 인터뷰 전문을 공유해 보도했다.

당시 야스다는 재특회 회원들을 일컬어 '우리 이웃', '평범한 사람들'이란 말을 자주 썼다. 도덕적으로 타락한 존재들의 이상 행동이 아니라 위기 속에서 구성원 누구나 불안을 느낄 수 있고, 그 감정이 혐오를 경유할 수 있다는 의미로 읽혔다.

야스다의 분석은 혐오를 경제적 관점에서 해석하는 방식과 맞닿아 있다. 하지만 경제 위기가 정체성의 위기로 직결되는 것만은 아니다. 경제 위기는 어느 시대, 어느 공간에나 존재했다. 경제 위기의 수위가 높아지면 감정이 재편되었고, 이를 수정하고 보완해 온 역사는 반복되었다. 경제 위기는 우리 시대 유독 혐오가 거세지고 있는 충분한 이유가 되지 못한다.

도쿠시마대학교 히구치 나오토(樋口直人) 교수의 분석은 이를 보완하려는 시도로 읽힌다. 히구치는 야스다의 시선과 달리, 경제 불황이라는 '현재의 문제'보다는 역사적 발탈감이라는 '과거의 문제'를 주목했다. 히구치는 『폭주하는 일본의 극우주의(日本型排外主義)』에서 야스다의 『거리로 나온 넷우익』에 나온 재특회 회원들을 다시 분석했는데, 그들이 경제적 박탈감을 느낄만한 사람이 아니라고 반박했다. 재특회 회원 25명을 비롯한 배외주의운동 활동가 34명 가운데 정규직이 30명이었던 반면, 비정규직은 두 명에 불과했다는 것이다. 그들은 의외로 '꽤 잘 풀렸던 사람들'이었다. 히구치는 "재일 특권 문제는 전후 문제의 상징"이라는 한 재특회 회원의 인터뷰를 주목하며, 일본 공동체의 역사적 정체성의 의미와 그 위력을 추적한다.[2]

일본인들은 히로시마 원폭의 상처와 함께, 미국을 포함한 전승국들에 의해 현대 일본의 틀이 만들어졌다는 역사적 기억을 갖고 있다. 일본의 전후 공간은 그들에게 패배의 기억이었고, 공동체 안에서 맞닥뜨리는 재일 한국인은 자신들의 패배의 기억을 계속 상기시키는 존재와 같았다. 혐한의 중심에는 "주류의 역사에 대해 '불협화음을 내는' 존재인 재일 한국인을 오욕의 역사와 함께 말살하려는 욕망"이 깔려 있었다.[3]

결국, 재특회의 일탈은 재일 한국인의 '특권', 혹은 경제적 공허함 그 이전에 일본인으로서의 정체성 문제가 자리 잡고 있었다. 히구치의 주장은 "(재일 한국인의 특권 이야기를 하는) 재특회를 도려낸다고 해도, 문제는 반드시 다른 형태로 분출될 것"이라는 문장에 집약된다.

히구치의 역사적 관점이 지금껏 지난하게 말했던 '정체성 위기', 즉 '정상성의 위기'와 맥을 같이 한다고 생각한다. 사실 일본의 1990년대는 경제 위기와 함께, 정체성의 변동이 진행된 시기이기도 했다. 당시 외국인 노동자, 귀화자, 귀국 자녀, 인도차이나 출신 난민 등 '경계인'들의 양적 규모가 증가하면서 '다문화 담론'이 본격적으로 논의되었다.

당시 일본 정치권과 지식인들은 다문화 담론에 꽤 적극적인 모습을 보였다. 지방 공무원 채용 과정에서 외국인에게 문호를 개방하거나, 외국인 의회를 설립하는 방안이 논의되었다. 홋카이도에 살던 소수 민족 아이누(Ainu)족을 보듬는 시도도 있었다. '홋카이도 구토인보호법'을 폐기하고 '아이누문화진흥법'을 만들어 아이누족의 존재를 공식적으로 인정했던 것이 1997년이었

---

2   히구치 나오토, 『폭주하는 일본의 극우주의: 재특회, 왜 재일 코리안을 배척하는가』, 김영숙 옮김(미래를소유한사람들, 2015), 215쪽.

3   같은 책, 372쪽.

다. 이는 일본 공동체 역사적 사건으로 평가된다. 재일 한국인의 특별 영주 자격의 근거가 된 '입관 특례법'도 1991년에 시행되었다. 위안부 문제에 나름대로 진일보한 태도를 보이며 사과를 표명한 '고노(河野) 담화'는 1993년, '무라야마(村山) 담화'는 1995년에 발표되었다. 일본의 진보적 지식인들은 일본 공동체의 다양성이 크게 발전할 것이란 기대를 품고 있었다.

일본은 한국보다 앞서 다문화를 일찌감치 선언했고 여러 제도적 대안이 적극적으로 만들어지기 시작한 것이다. 당시 한국의 문화 인류학계에서도 일본의 선제적이고 적극적인 다문화 대책을 주목했다. 우리 역시 다문화 시대가 불가피할 텐데 일본의 대처 방식이 가늠자가 될 수 있었기 때문이다.

하지만 합리적이고 이성적이며 정치적으로 올바른 시도로 충만했던 1990년대 일본 다문화 실험은 사실상 실패로 끝났다. 일본 공동체 내부의 반작용은 의외로 강력했다. 외국인 혐오가 싹트기 시작했고, 그 위세는 지금까지 이어지고 있다. 사실상 배외주의를 천명하고 있는 자민당 정부가 구성원들의 높은 지지를 받고 있다는 사실만으로도 실패의 증거를 구구절절이 설명할 필요는 없어 보인다. 당시의 여러 합리적 시도가 정체성 위기에 놓인 구성원들의 감정의 문제를 따라잡지 못했던 것이다.

달리 말하면, ─ 공동체마다 그 차이는 있겠지만 ─ 공동체 '회원 자격'의 문제는 그만큼 쉽사리 여겨질 수 없는 문제임을 방증한다. '동질한 정체성'은 일본 사회를 규정하는 중요한 단위였다. 경제적 박탈감이 커지는 동시에 공동체 회원 자격 기준이 느슨해지고 있다는 정상성의 위기, 정체성의 위기, 다문화에 대한 혁신적 시도에 대한 반작용을 함께 경험하면서 부정적인 감정은 더욱 얽혔던 것이다.

혐오를 주도했던 것은 일본의 정치 엘리트들이었다. 혐오를 자산 삼아 몸집을 불렸다. 뒤에서 자세히 다루겠지만, 공적 영역이 혐오에 편승한다는 것은 혐오를 공적으로 인증하는 효과를 갖는다. 야스다는 당시 인터뷰 말미에 집권 세력이 한국 혐오를 방치하는 것을 넘어 혐오를 주도하고 있다는 점을 강조했다.

> 저는 자민당을 지지한 적은 한 번도 없는데 최근에 약간 예전의 자민당이 그리워
> 질 때가 있습니다. 몇 년 전만 해도 자민당에는 조금 더 폭넓은 인식이 있었어요.
> 그 내부에는 다양한 사고방식을 가지고 있는 사람들이 있었어요. 아베정권이 들
> 어서면서 달라졌습니다. 제 생각에 일본 최대의 넷우익 혹은 일본 최대의 배외주
> 의자 그룹은 자민당이에요.

히구치 나오토도 비슷한 맥락을 말한다. 히구치는 일본 사회 재일 한국인
혐오는 일본 정치 엘리트와 지식인들이 "1990년대의 시도를 그처럼 어중간
하게 끝낸 대가"라고 정리했다. 그러면서 "역사수정주의나 근린제국에 대한
적의를 드러내는 정치가는 끊이지 않는다"고 했다.[4] 두 지식인 모두 '1990년
대의 추억'을 말하며, 집권세력에게 책임을 묻고 있다.

다만, 진영 논리가 지금의 혐오 현상을 제대로 설명해 주지 못한다는 것은
이 책의 주요 전제와 같다. 그간 간과해 왔기에 더욱 주목해야만 하는 지점
은 정치 수용자가 필연적으로 겪어야 하는 감정 변화이다. 회원 자격이 없다
고 여겨지는 타자들이 양적으로 많아지고 심지어 목소리를 높일 때, 공동체
구성원들이 느끼는 부정적인 감정은 공동체의 정서에 거대한 영향력을 발휘
할 수 있기 때문이다.

달리 말하면, 공동체에서 그다지 중요하게 다룰 필요가 없었던 이들, 그간
감정 합의의 대상이 아닌 이들이 눈에 띄게 부상하면서 공동체는 더욱 복잡
한 도전에 직면해야 했다. 이는 불안하며, 심지어 두려운 일이다. 부정적인
감정은 더욱 거칠게 상승효과를 만들어내고 있다. 우리 시대의 감정 재편은
이렇게 공동체 내부의 현실적인 문제와 타자에 대한 경계심, 방어심이 얽혀

---

4   같은 책, 215쪽.

훨씬 위력적인 모습으로 증폭된다.

어렵사리 구축되고 운영되어 왔던 민주주의 공동체에 외집단이나 소수자가 조금씩 늘어나며 그 수혜를 누린다는 건, 우리가 애써 만든 감정 합의 시스템 자체가 훼손될 수 있다는 두려움으로 이어질 수 있다. 공동체의 연대의식, 그 신뢰를 보증했던 기준은 '같은 정체성'이었지만, 그 기준이 흔들리는 것이다. 신뢰의 속도는 변동의 속도를 따라가지 못한다.

가령, 북유럽의 대표적 복지 국가이며, 살기 좋은 나라로 꼽히는 덴마크역시 최근 이민자가 유입되면서 외국인 혐오가 기승을 부리고 있다. 『포퓰리즘의 세계화』의 저자 존 주디스는 덴마크 공동체의 신뢰 문제를 지적한다. 덴마크 구성원들은 자신들이 추구하는 복지 정책에 대한 자부심이 높은데, 이는 공동체 구성원들이 복지의 관대함을 악용하지 않을 것이라는 신뢰를바탕으로 한다. 도덕적 해이가 큰 문제가 되지 않을 것이라는 믿음이 있다는뜻이었다. 그런데 덴마크 구성원들은 신뢰할 수 없는 사람들이 – 회원 자격이없는 사람들, 우리와 정체성이 판이하게 다른 사람들 등 – 대거 유입되면, '도덕적 해이'의 문제가 생길 것이라는 개연성을 연상했다.[5] 이는 공동체 구성원들이오랜 기간 공들여 만든 시스템이 훼손될 수 있다는 두려움과 맞닿아 있다.

공동체 연대의 기축 정서인 민족 서사가 무너진다는 것은 공동체를 결속하던 기축 이데올로기가 흔들린다는 의미이기도 하다. 우리가 지극히 '정상적'이라고 여겨졌던 그 무언가가, 실상은 상상된 것에 불과하다는 것을 자각하는 과정은 고통스러운 일이다.

정상성의 외피를 벗어던지는 시대, 그렇게 우리 공동체는 '벌거벗은 상태'가 되고 있다.

---

5   존 주디스, 『포퓰리즘의 세계화: 왜 전 세계적으로 엘리트에 대한 공격이 확산되고 있는가』, 오공훈 옮김(메디치미디어, 2017), 152쪽.

두려움

우리는 정상성의 외피 안에서 안락함을 느낀다. 하지만 언제부턴가 시대는 외피를 벗어던지기를 요구하고 있다. 우리를 보호하던 외피가 사라져버릴 때, 어떤 위험이 닥칠지 예단하기 어렵다. 아무 일도 없을지, 단순히 스산함 정도로 그칠지, 아니면 냉혹한 바람을 맞이하게 될지 불확실하다. 미래가 불확실하다는 것은 고통스러운 일이다.

우리는 공동체를 지배하던 여러 정체성의 균열을 목격하고 있다. 나아가 균열을 일으킨다고 여겨지는 이들을 증오하는 방식으로 두려움을 극복하고자 한다. 우리의 중심을 잡아줬던 정체성의 해체는 혐오라는 유독한 감정으로 번지는 빌미가 되고 있는 것이다. 정체성의 해체와 불확실성, 두려움과 혐오의 관계를 살펴보는 것은 감정 정치 차원에서 중요한 작업이다. 감정의 악순환이 반복될 때, 민주주의 공동체 구성원들은 자신도 모르게 구성원 자신과 공동체를 파괴할 수도 있기 때문이다.

어쩌면 두려움과 공포 앞에서 '사실'은 중요한 것이 아니다. 곰곰이 생각해보면 혐오받는 이들이 우리에게 직접적인 피해를 끼친 적은 별로 없었던 것 같다. 제주 난민 500명이 입국했을 때 혐오하는 사람들은 "제주도가 샤리아의 지배를 받는 무슬림 영토가 될 것", "우리의 일자리를 빼앗을 것"이라는 말을 자주 했다. 상식적으로 생각할 때 500여 명의 숫자가 우리 공동체의 주요 세력으로 성장한다는 것은 쉽지 않은 일이다. 이방인들이 우리 일자리를 빼앗고 있다는 실증적 통계도 찾기 어렵다. 외국인 직업별 취업자는 기능원·기계 조작 및 조립 종사자가 37만 5000명(39.0%)으로 가장 높았고 단순노무가 30만 5000명(31.7%), 서비스·판매종사자 12만 1000명(12.6%) 순이었다.[6] 이방인들은 기피 업종에 몰리고 있다. 이들이 갑자기 사라진다면 우리 경제

---

6   통계청, '2016년 외국인 고용조사 결과'.

는 타격을 받을 수도 있다. 혐오하는 사람들의 화법을 훑어보면, 대부분 현실적 근거를 찾기 어려울 때가 많다.

하지만 혐오하는 사람들이 합리적인 근거를 대지 못한다고 해서 돌을 던지는 것은 결코 상황을 개선시키지 못한다. 혐오하는 사람들의 생각을 지지할 수는 없지만, 불확실한 상황 속 누증하는 두려움, 공포와 같은 부정적인 감정들이 왜 진실을 무력하게 만들 수밖에 없는지 그 맥락을 따져봐야 한다. 우리는 공동체의 부정적인 감정이 얽히고설키는 내면의 지도로 시선을 돌려야 한다.

최근 미국의 대통령 선거는 미국 공동체 구성원들이 갖고 있던 정체성의 위기, 여기서 추동되는 불확실성의 공포와 혐오의 상관관계를 적확하게 설명해 준다. 미국 공동체에 급증하는 히스패닉, 이슬람 인구의 유입과 같은 시대적 상황은 '이방인 추방'과 '아메리칸 퍼스트'를 외친 한 정치인을 미국 45대 대통령의 반열에 올려놨다. 도널드 트럼프의 배타적인 구호는 대중의 거친 무의식과 결합하며 호응을 얻었다. 그는 비록 2020년 대선에서 재선에 실패했지만 정상성의 위기와 정체성의 위기가 민주주의를 얼마나 후퇴시킬 수 있는지를 보여주는 상징적 사례로 남아 있다.

그렇다면 그의 구호를 가장 환호한 이들은 누구인가. 어떤 사람이 트럼프를 지지했는가. 달리 말하면, 이질적 정체성을 가장 두려워하는 이들은 누구인가. 누가 공동체의 정상성에 크게 의탁하고 있고, 의탁해야 하는가. 두려움에 취약하며 쉽사리 동요할 수밖에 없는 지역은 어디인가. 트럼프의 득표율과 지지율을 토대로 지역적·계층적 분석을 통해 알아보려고 한다.

필자는 미국 각 주별로 시민권이 없는 비시민권자(noncitizen) 비율과 2016년 대선 당시 트럼프 득표율의 상관관계를 분석한 결과를 온라인용 기사로 쓴 적이 있다. 결론은 외국인의 비율이 높은 지역에서 트럼프의 득표율이 낮았고, 외국인이 적을수록 트럼프의 득표율이 높았다는 점이다. 둘 사이의 상관계수는 -0.63이었다.[7] 통계학적으로 강한 음의 상관관계였다. 이민자나 난민, 미등록 외국인 같은 사람들이 싫어서 트럼프를 찍었다면, 트럼프는 외국인들이 많이 사는 지역에서 높은 지지를 받아야 했다. 하지만 오히려 외국인을 자주 접해보지 못한 지역에서 트럼프의 '아메리칸 퍼스트'에 환호했다. 이런 지역들 가운데서도 이방인의 증가율이 최근 들어 커지는 곳, 이방인의 증가를 쉽게 체감할 수 있는 곳일수록 외국인에 대한 반감이 컸다.

구체적인 설명이 필요해 보인다. 오하이오주는 플로리다주, 아이오와주와 함께 2012년 대선에서 민주당 오바마를 선택했지만, 2016년과 2020년 대선에서는 트럼프를 선택한 지역이다. 오하이오의 트럼프 득표율은 2016년 51.3%, 2020년에는 53.3%로 더 높아졌다. 오하이오는 미국 제조업의 상징과도 같은 러스트벨트(rust belt) 지역으로 장기 불황으로 대도시의 제조업 부문 고용이 크게 축소된 곳으로 알려져 있다.

오하이오는 이민자가 적은 지역이다. 2019년 기준 오하이오의 인구는 1170만 명인데, 외국 출생 인구(foreign born population)는 4.8%에 불과하다. 미국 평균 13.7%에 비하면 매우 낮은 수치다. 그런데 최근 10년 사이 이민자의 증가가 매우 뚜렷했다. 1990년대 10년 동안 오하이오의 외국 출생 인구 증가율은 30.7%였지만, 2000년대 이후 63.8%에 달했다. 같은 기간 미국 전체 평균은 각각 57.4%, 43.1%였다. 반면, 2000년 이후 원주민 증가율은 1.1%에 불과했다.[8]

이는 2010년대 이후 오하이오의 이민 유치 정책과도 맞물려 있다. 오하이오는 도시의 인구 감소를 극복하기 위해 이민자들을 적극적으로 받아들였다. 시리아 난민까지 적극적으로 받아들여야 한다는 조언까지 검토했다. 가령, 오하이오의 대도시인 데이턴은 2011년부터 '웰컴 데이턴(Welcome Dayton)' 캠페인을 펼치기도 했다. 데이턴과 같은 오하이오 대도시들은 IT에 특화된

---

7   이경원, "난민의 사회학: 낯선 자에 대한 공포", 《SBS 취재파일》, 2019년 2월 11일 자.

8   미국 이민정책연구소(MPI) 홈페이지(www.migrationpolicy.org).

유색 인종을 중심으로 유입이 가속화되었다.

　도시 지역은 외국 출신의 엘리트들이 많이 들어오면서 경제에 활력을 불어넣기도 했지만, 문제는 교외 지역이었다. 도시의 일용직을 전전하는 이민자들은 비싼 거주 비용을 감당하기 어려워 교외 지역을 선택했다. 이민자들을 맞이할 준비가 되어 있지 않았던 교외 지역의 원주민들은 평소 자주 볼 수 없었던 외국인이 급증하고 있다는 걸 체감하기 시작했다. 교외 지역의 원주민들이 느꼈던 이질감과 불편함은 상상외로 컸다. 원주민들은 '정체성의 위기'를 마주해야 했다. 자신들이 구축해 놓았던 일상이 심각하게 침해될 수 있다고 생각했던 것이다. 그들은 도시 사람들만큼 배우지 못했고, 늘 자신의 고용을 걱정해야 하는 처지였기 때문에 두려움은 더욱 강하게 자극될 수밖에 없었다. 이민자들이 '실제로' 원주민들의 일자리를 뺏고 있는가에 대한 '사실'은 별로 중요한 것이 아니었다.

　그렇게 데이턴 교외 지역에는 외국인 혐오가 거세지기 시작했다. 이민자들은 '테러리스트', '너희 나라로 돌아가라'는 말을 자주 들어야 했으며, 자녀들은 학교에서 자주 괴롭힘을 당했다. KKK와 같은 백인 우월주의 단체의 포스터가 자주 발견되었다.[9] 같은 오하이오 지역이라도 원래부터 외국인이 많았고, 이를 통해 경제적 효과를 본 대도시 지역은 타자에 대한 거부감도 낮았지만 — 2020년 대선의 경우, 클리블랜드가 있는 쿠야호가 카운티에서 트럼프 지지율은 32.4%에 그쳤다 — 교외 지역 대부분은 트럼프를 지지했다. 도시 지역에 비해 교외 지역의 외국인 규모는 훨씬 작았지만, 혐오의 농도는 훨씬 짙었던 셈이다.

　즉, 타자를 자주 접해보지 않은 사람들일수록 타자에 대한 경계심이 강하며, 따라서 '아메리칸 퍼스트'와 같은 혐오에 가득 찬 구호들을 더욱 매력적

9　Miranda Cady Hallett and Theo J. Majka, "The benefits that places like Dayton, Ohio, reap by welcoming immigrants," *The conversation*, April 29, 2019.

으로 느낄 가능성이 크다. 나아가, 타자의 증가를 쉽게 체감할 수 있는 지역, 원래 타자가 적어서 소통할 기회가 많지 않았는데 서서히 접촉할 기회가 늘어나면서 마을에 변화가 있다는 것을 훨씬 느끼기 쉬운 지역, 이른바 타자가 구체화되기 시작한 지역일수록 이방인을 불안해하고, 두려워하며, 심지어 혐오할 여지가 커진다. 이는 앞서 설명한 '추상적 타자'와 '구체적 타자'의 간극과도 맞물린다. 달리 말하면, 다른 정체성에 대한 두려움은 타자에 대한 정보가 부족한 '불확실한' 상황 속에서 잉태된다.

정치학계에서는 이방인이 적게 사는 곳에서 이방인 혐오가 오히려 강하게 자극된다는 점을 주목하고 있다. 포퓰리즘으로 골머리를 앓고 있는 유럽 역시 상황은 비슷하다. 프랑스의 국민연합(RN), 독일의 대안당(AfD)과 같은 혐오 선동가들은 주로 이방인이 적은 곳에서 높은 지지를 받았다. 가령, 2017년 9월 독일 연방 선거에서는 AfD가 사상 최대의 성공을 거뒀는데, 외국 출신 인구가 가장 적은 작센주 대부분 지역에서 지지받았다. RN의 당수 마린 르 펜(Marine Le Pen) 역시 마찬가지였다. 프랑스 2015년 12월 지방선거 결선 투표 당시, 르 펜은 인구의 5% 미만이 외국 출신인 노르파드칼레피카르디 지역에서 42%의 득표를 기록했다.[10]

이방인을 자주 접해보지 못한 사람들은 이들과 소통할 기회나 신뢰를 구축해 본 경험이 많지 않다. 낯선 자에 대한 공포는 더 클 수밖에 없다. 감정 정치 관점에서 풀어보면, 이방인에 대한 반감의 근거는 '현실의 구체적 경험'이라기보다는 '미래의 막연한 두려움' 혹은 '불안감'에 근거하고 있음을 뜻한다. 그렇다고 이런 막연함을 과소평가할 필요는 없다. 구성원들이 새로운 정체성을 맞닥뜨릴 때, 우리의 일상이 어떻게 변할지 모른다는 불확실성은 커지며, 그 감정적 위력은 막강하기 때문이다. 이는 우리 공동체가 정책적 과

---

10   야스차 뭉크, 『위험한 민주주의: 새로운 위기, 무엇이 민주주의를 파괴하는가』, 함규진 옮김 (와이즈베리, 2018), 224쪽.

제로 끌어와야 하는 중대한 문제다.

지금까지 트럼프 지지율이 높은 지역의 환경적 특성을 살펴보았다. 이번에는 지지자 개개인의 계층적 공통점을 찾아보려고 한다. 2020년 미국 대선 당시 출구 조사를 참고하면, 대학 학위가 있는 백인은 48%가 트럼프를 지지했지만 학위가 없는 백인은 67%가 트럼프를 지지했다.[11] 여론조사를 통해 2016년 대선 당시 유권자들을 분석한 전미선거연구소(ANES)의 2016년 대선 연구(ANES 2016 Time Series Study)를 분석한 자료로 좀 더 구체적으로 살펴보려고 한다.[12]

전에는 오바마에게 투표했다가 트럼프에게 투표한 사람은 전체 유권자의 12.7%, 전에 투표하지 않았던 사람 가운데 트럼프를 지지한 사람은 46.1%였다. 그런데 단순 노무직이나 고졸 이하 백인 계층 비율이 유독 높았다. 전에는 오바마에게 투표했다가 트럼프한테 투표했다고 밝힌 비율은 각각 27.2%, 28.7%였다. 전체 유권자 평균의 두 배가 넘는 수치다. 투표하지 않았다가 트럼프를 지지했다고 밝힌 사람은 각각 58.5%, 59.7%였다. 백인 블루칼라는 2016년 대선 선거에서 매우 중요한 변수가 된 셈이다.

학력과 트럼프 지지율 사이의 관계는 비교적 많은 연구가 진행되었다. 자신의 업무가 쉽게 교체될 수 있는 직업, 이른바 단순노동 직종에 종사하는 사람일수록 트럼프에게 투표할 확률이 높았다는 것이다.[13] 그렇다고 저소득층이 꼭 트럼프를 지지하는 건 아니었다. 트럼프 지지자들은 당장 경제적으로 어려운 사람들이라기보다는, 미래에 자신이 어려워질 가능성을 절실히 느끼는 사람들, 나아가 자신의 후손이 자신보다 열악하게 살 것이라고 믿는 사람들이 많았다. 불확실한 현실과 미래에 대한 불안과 두려움이 큰 사람들

---

11   CNN 출구조사(https://edition.cnn.com/election/2020/exit-polls/president/national-results).

12   Stephen L. Morgan and Jiwon Lee "Trump Voters and the White Working Class," *sociological science*, Vol. 5, No. 10(2018), p. 237.

13   야스차 뭉크, 『위험한 민주주의: 새로운 위기, 무엇이 민주주의를 파괴하는가』, 204쪽.

<표 4-1> 누가 트럼프에게 투표했을까

구분		오바마에게 투표했던 사람	투표하지 않았던 사람
전체		12.7%	46.1%
백인	단순 노무직	27.2%	58.5%
	고졸 이하	28.7%	59.7%

자료: Stephen L. Morgan and Jiwon Lee "Trump Voters and the White Working Class," *sociological science*, Vol.5, No.10(2018).

이다.[14]

가령, 트럼프의 주요 지지층인 백인 블루칼라는 원래 공화당보다 민주당을 더 선호하는 계층으로 알려져 있다. 그런데 불과 몇 년 사이 감정 위기가 가속화되면서 상당수가 트럼프 지지층으로 돌아섰다. 자신의 고용 불안정에 대한 걱정이 높을수록 갑자기 유입되는 타자에 대한 반감이 클 수밖에 없으며, 혐오 구호에 예민하게 반응했던 것이다.

비슷한 맥락으로 백인 여성도 마찬가지였다. 2020년 대선 당시 CNN 출구조사를 보면, 백인 여성의 트럼프 지지율은 55%, 그 이전 2016년 대선 때 출구조사는 52%였다.[15] 트럼프는 반(反)여성 발언으로 늘 논란이 되었다. 여성 비하 발언을 무더기로 쏟아내며 늘 공격을 받았다. 미국 사회 주류 엘리트들은, '적어도 양심이 있다면' 백인이든 흑인이든 결코 여성이 트럼프를 지지할 이유가 없다고 봤다. 하지만 백인 여성들은 트럼프의 손을 들어줬다. 여기에는 범죄에 취약한 여성 계층이 이방인의 유입을 바라보는 두려움에 가득 찬 시선이 담겨 있다. 여성들은 젠더에 대한 정치적 올바름의 문제보다 범죄가 높아질 가능성, 그렇게 자신의 일상이 타격받을 수 있는 어떤 불확실한 지점에 자극받았다.

---

[14] Max Ehrenfreund and Jeff Guo, "A massive new study debunks a widespread theory for Donald Trump's success," *Washington Post*, August 12, 2016.

[15] CNN 출구조사(https://edition.cnn.com/election/2020/exit-polls/president/national-results).

물론 이들은 모두 '백인'이라는 인종적 공통점을 지녔다. '백인'이라는 공동체 주류 정체성의 지위를 내줄 수 있는 위기감에 예민한 사람들이었다. 여기에 '블루칼라'와 '여성'이라는 계층적 특징이 얽히고설킨다. 직업적 안정성과 치안 문제에 예민한 이들로, 다문화의 불확실성을 절실하게 느끼는 이들이기도 하다. 여러 정체성이 하나의 줄기로 엮이며 혐오라는 공동체 감정으로 수렴되고, 그렇게 혐오 선동가를 매력적으로 느꼈다.

우리가 주목해야 하는 것은 타자들 때문에 어떻게 바뀔지 모른다는, 어떤 불확실한 지점을 유독 예민하게 다루는 계층이 존재한다는 것이다. "그들은 우리의 일자리를 뺏을지도 모른다, 그들은 노동도 하지 않고 우리 공동체가 땀 흘려 만든 복지 시스템의 혜택을 받아갈지도 모른다, 그들은 우리 공동체에 와서 범죄를 일으킬지 모른다"는 수사들을 단순히 가정에 근거한 오류라며 타박할 것이 아니다. 미국의 블루칼라와 여성들은 불확실한 상황을 – 그간 미국 공동체에서 타자 경계의 기준이 되었던 – 인종적 렌즈를 통해 봤고, 그렇게 인종주의 정체성을 적극적으로 소환하며 감정 정치에 적극 참여했던 것이다.

즉, 혐오하는 정치인의 선동 구호를 매력적으로 느낀 사람들은 당장 이방인의 수가 많지는 않지만 공동체에 이방인이 증가할 '가능성'을 느끼는 사람들, 당장 이방인과 깊게 교감하며 살아가지는 않지만 앞으로 살을 맞대며 살아갈 수밖에 없다는 '가능성'을 지각한 사람들, 당장 나의 삶이 질이 악화하지는 않지만 앞으로 이방인들과 일자리를 두고 경쟁할 '가능성'을 인지한 사람들이다. 이들은 자신의 삶의 질이 떨어질 '가능성'이 큰 사람들이다. 엘리트들이 주목해야 했던 핵심 표제어는 '인권', '평등' 그 이상의 '감정'이어야 했다.

물론, 2020년 대선에서 트럼프가 재선에 실패한 것은 희망적인 일이다. 미국 주요 언론들은 '민주주의의 회복'이라며 흥분했다. 가장 앞장서서 역방향으로 치닫던 트럼프를 미국 공동체 구성원이 스스로 제동을 건 것은 분명 다행이다. 하지만 타자 혐오로 촉발된 미국 공동체의 감정 위기가 해소되었다고는 볼 수 없다. 트럼프는 예상보다 높은 지지율을 얻었다.

2016년과 2020년의 대선 결과를 비교해 보자. 미국 각 주에 있는 행정 구역 '카운티(County)'를 — 루이지애나주의 경우 패리시(Parish) — 기준으로 삼았다. 미국에 있는 총 3142개 카운티 가운데 2020년 12월 현재 분석 가능한 3044개를 살펴봤다 — 아직 개표가 완전히 마무리되지 않은 데다, 미국 대선의 경우 길게는 1년 가까이 지속적으로 보정이 이뤄지기 때문에 전수 분석이 어려웠다. 전체적인 추세는 거의 일치한다고 전제하고 논의를 풀어가겠다.

2016년 대선에서 3044개 카운티 가운데 트럼프가 승리한 곳은 2603곳이었고, 민주당 후보였던 힐러리가 승리한 곳은 441곳이었다. 2020년에는 트럼프가 승리한 곳은 2572곳, 바이든이 승리한 곳은 472곳이었다. 인구가 많은 대도시에서 바이든 득표가 많았던 것이 승리를 견인했다. 인구 50만 명 이상 카운티 128곳 가운데 바이든이 이긴 곳은 102곳, 트럼프가 이긴 곳은 26곳뿐이었다. 2016년 대선에는 힐러리가 이긴 곳은 95곳, 트럼프가 이긴 곳은 33곳이었다.

2020년 대선에서 트럼프가 승리한 곳 2572개 카운티를 다시 분석했다. 그런데 이들 지역은 2016년 대선에 비해 오히려 트럼프에 대한 지지도가 높아진 것을 알 수 있었다. 상대적 지지율 격차, 즉 트럼프 득표율에서 민주당 후보 득표율을 뺀 수치가 늘어난 곳이 1502개 카운티였다. 트럼프가 바이든과의 득표율 격차를 더 벌리며 더 높은 지지를 얻은 곳인데, 그 비율이 무려 58.4%에 달했다.

이들 카운티는 대부분 인구 5만 명 정도의 소규모 도시 혹은 도외 지역이다. 트럼프의 상대적 득표율이 올라간 1502개 카운티 인구는 평균 5만 3013명이었다.

물론 선거는 머릿수로 하는 것이다. 인구가 많은 카운티, 도시 지역에서 트럼프의 득표율이 낮아진 것은 사실이며, 선거 정치학적 관점에서 트럼프

번호	미국 주	카운티	인구	2020 대선 트럼프 득표율 - 바이든 득표율 (A)	2016 대선 트럼프 득표율 - 힐러리 득표율 (B)	A-B
1	텍사스	케네디	404	32	-8.1	40.1
2	텍사스	사파타	14,179	5	-32.9	37.9
3	아이다호	매디슨	39,907	64	27.2	36.8
4	텍사스	리브스	15,976	23	-7.6	30.6
5	텍사스	에드워즈	1,932	68	41.3	26.7
6	유타	후압	12,017	75	48.9	26.1
7	텍사스	라 살	7,520	12	-12.5	24.5
8	유타	모건	12,124	62	38.3	23.7
9	아이다호	프랭클린	13,876	78	54.4	23.6
10	유타	박스 엘더	56,046	63	40.1	22.9
⋮	⋮	⋮	⋮	⋮	⋮	⋮
⋮	⋮	⋮	⋮	⋮	⋮	⋮
1502	와이오밍	컨버스	13,822	73	72.9	0.1

자료: 미국 인구조사국 (United States Census Bureau), 뉴욕타임즈(The New York times)

는 분명 패배했다. 하지만 인구가 적은 소도시 혹은 시골 지역에서 트럼프의 상대적 지지율은 되레 높아졌다는 점을 주목해야 한다. 혐오의 전염력은 거세다. KKK나 스킨헤드, 네오나치와 같은 인종차별주의자들은 교외 지역에서 기승을 부리다가 대도시 지역으로 힘을 뻗어나가는 전형성을 띤다. 미국 연방수사국(FBI) 통계를 보면 2019년 7314건의 증오 범죄가 발생했다. 이는 2008년 7783건 이후 최고치로, 특히 살인이 포함된 혐오 범죄는 FBI가 관련 통계를 집계한 1990년 이후 가장 많은 걸로 기록되었다.[16] 여전히 미국 공동체의 감정은 취약하다. 앞으로 또 다른 트럼프가 등장할 가능성을 염두에 둬야 한다.

---

16 'FBI 증오범죄 통계', FBI 홈페이지(FBI Hate Crime Statistics, https://ucr.fbi.gov/hate-crime).

정체성의 위기, 정상성의 위기는 도덕과 윤리를 상쇄할 만큼 거센 감정적 위력을 가진다는 함축을 지닌다. 이는 분명 인종차별이고 외국인 혐오이며, 도덕적·윤리적으로 그른 행동일 수 있지만, 단순히 사악함의 틀에 가두는 것으로는 근본적인 대안을 구성할 수 없다.

그렇다고 너무 비관할 필요는 없다. 이방인의 규모가 작은 곳에서 혐오도 강하다는 위의 분석과 반대로, 이방인이 많은 곳에 사는 사람들은 이방인에 대한 적대감이 상대적으로 덜하다는 것을 의미한다. 이방인과 소통할 수밖에 없는 환경에 노출되어 있는 만큼, 일상을 공유할 기회가 그만큼 많고 그렇게 적대감을 줄여나갔던 것이다. 이는 지금의 감정 위기를 극복할 대안을 재구성하는 데 중요한 단서를 제공한다. 이에 대해서는 결론에서 이야기하기로 한다.

소수자성

소수자성

다시 일베 회원과의 인터뷰 이야기다. 왜 과격하고 원색적이며 폭력적인 표현을 하느냐는 직설적인 물음에, 일베 회원은 "이런 혐오 표현은 지엽적인 사례일 뿐"이라고 맞섰다. 반박이 계속되자 일베 회원은 "우리는 사회의 폭력과 싸우고 있다. 표현에 얽매이지 말고 시야를 넓혀달라"고 주문했다.

가장 주목하고 싶은 것은 '사회의 폭력과 싸운다'는 표현이었다. 혐오 표현의 폭력성에 대해 우리 공동체가 더 폭력적이라는 대응은, 자신들의 도덕적 일탈, 나아가 폭력적인 표현을 왜곡된 '사회구조'에 책임을 물어야 한다는 뜻이기도 했다.

처음에는 자신들이 배설한 표현에 대한 정당성을 부여하기 위해 억지로 끌어 쓴 논리로 생각했다. 온라인 공간의 배설에 익숙한 이들이 갑자기 기자와 '인터뷰'라는 공적 대화를 할 때 온갖 좋은 말을 끌어다 쓰는 경우가 많기 때문이다. 그들은 자신들의 혐오 표현을 축소하기 위한 자기 합리화에 익숙하며, 도덕적 면죄부를 받기 위한 자기방어에 숙련되어 있다.

이런 식의 철학적 불일치 때문에 많은 전문가가 일베를 사회적 패륜의 상징 값으로 정도로 취급했던 것 같다. 주류 언론에서도 일베 회원은 열등감과 패배감에 사로잡힌 은둔형 외톨이, 공론장에서 아무 말도 못하면서 인터넷에서 가감 없이 일탈과 배설을 하며 희열을 느끼는 사회적 이상치로 구술하곤 했다.

하지만 그들을 도덕적으로 비난하기에 앞서 내적으로 이해하는 작업이 필요하다. 인터넷이 언뜻 몰사상적인 공간처럼 보이지만, 동시에 몰사상성이 역으로 하나의 사상적 의지로 뒤틀린 공간일 수 있다. 사상이 아닌 것처럼 보이는 것에서 사상성의 존재를 포착해야만, 비로소 우리 공동체가 어떻게 변화해 왔는지를 제대로 이해하고 비판할 수 있다.[1]

'사회적 폭력'이란 표현에서 드러난 일베의 사상성을 조금은 이해했다고 생각했던 것은 한 독일 영화에 대한 해설을 봤을 때였다. 브리기테 페촐트(Brigitte Päzold)는 『극우의 새로운 얼굴들』에서 동독 출신 인종 차별주의자들인 스킨헤드에 대한 다큐멘터리 영화 〈고장났어, 가자(Stau, jetzt gaht's lost)〉를 인용해 그들의 대화 구조를 분석한다. 토마스 하이제(Thomas Heise) 감독의 이 영화는 1992년 베를린 영화제에 출품되었다.

영화에서 감독은 스킨헤드에게 "왜 이민자를 혐오하는가"라고 물었다. 이때 스킨헤드의 중심 인물은 마르크스 이론과 파쇼 사상이 뒤얽힌 혼란스러운 대답을 하더니 "폭력적인 것은 우리가 아니라 시스템이다"라는 결론을 내렸다.[2]

일베 회원과 동독 출신 스킨헤드는 사실 같은 말을 하고 있다. 일베 회원은 여성을 혐오하는 이유로 남성들의 '열악한 환경'을 들었다. 스킨헤드가 이민자를 증오하는 것은 '절망' 때문이다. '열악'과 '절망'은 이렇게 조응한다. "사회의 폭력과 싸우고 있다"라고 말하는 일베 회원의 투쟁가는 "폭력적인 것은 시스템이지 우리가 아니다"라는 스킨헤드의 항변과 닮았다.

그들은 사회가 '폭력적'이라는 공감대가 있었다. 그리고 그들이 말하는 사회는 도덕적 주도권을 쥐고 있는 '주류 사회'와 동의어였던 것 같다. 주류 엘리트들이 요구하는 도덕관념에 대해 — 타자들을 차별하고 배제하면 안 되며, 보호

---

1   박가분, 『일베의 사상: 새로운 젊은 우파의 탄생』(오월의봄, 2013), 18쪽.
2   세르주 알리미 외, 『극우의 새로운 얼굴들』(르몽드 코리아, 2016), 197쪽.

제3부 민주주의의 위기

해야 할 대상이라는 도덕적이고 윤리적 접근에 대해 – 일종의 저항을 하고 있던 것이다. 그리고 자신들의 저항을 사회가 과민하게 반응하는 것 역시 위선적이라고 느끼고 있었다.

그들은 말한다. "당신들 엘리트들은 앞에서는 온갖 고고하고 우아한 척 다 하더니, 뒤로는 할 것 다 하지 않느냐." 그렇게 그들은 '저항할 권리'를 주장하고 있었다. "우리의 저항권을 사회는 '혐오 현상'이라고 부를 뿐"이라면서.

민주주의 공동체는 감정 합의를 성취하기 위한 법과 제도를 갖추고 있다. 구성원들은 적어도 민주주의 시스템 안에서는 자신의 감정이 심사와 합의의 대상이 될 수 있다는 기대를 갖고 있다. 시스템이 갖춰진 상황에서 부정적인 감정이 수용되지 않는다는 것은 더 큰 좌절감을 갖게 한다. 내 감정을 합의해 줄 제도는 있는데, 그게 반영되지 않는 현실은 소수자들이 주로 경험하는 정서이기 때문이다. 그렇게 그들은 스스로에게 이른바 '소수자성(性)'을 부여하고 있었다!

사실 일베의 화법은 공동체가 수용하기 어려운 표현들이 뒤섞여 있을 뿐 소수자들이 갖고 있는 사고방식을 일부 공유하고 있다. 보통 자신이 소수자임을 자각할 때 위축감을 느끼며 숨어 살거나, 기득권이 만들어 놓은 규범을 공격하는 두 갈림길에 놓이게 된다. 일베는 자신들이 어떤 저항을 한다고 믿었다.

성적 소수자들이 대한민국 권력의 중심부인 광화문이라는 공간에서 '퀴어 퍼레이드'를 통해 자신들의 소수자성을 전시하며 저항했던 것처럼 일베는 온라인 공간에서 '혐오 표현'을 통해 자신들의 소수자성을 분출하고 있다고 믿었던 것 같다. 혐오 표현은 자신들의 소수자성이 문화적으로 인정받기 위한 인정 투쟁과도 같았다. 퀴어 퍼레이드와 일베의 혐오 표현이 '놀이'와 '축제'라는 형식을 따르고 있다는 점도 닮았다. 어쩌면 일베는 스스로에게 소수자라는 정체성을 덧씌우면서, 사회에 '분노'하고 있다고 – 앞서 '분노'와 '혐오'가 다른 감정이라는 점을 설명한 바 있다 – 스스로 믿고 있는지도 모른다.

자기 자신을 소수자로 인식하게 되면, 혐오라는 정동은 도덕적으로 뒤틀린 '혐오'가 아니라 정당한 '분노'가 된다. 소수자들이 자신들의 권리를 위해 연대하고 저항하는 것처럼 그들도 연대하고 저항한다는 착시, "당신들이 '혐오 표현'이라고 부르는 것은 사실 우리의 저항 방식일 뿐"이라는 착시, 결국 소수자들이 해왔던 방식을 '미러링'하고 있을 뿐이라는 착시가 그것이다. 그렇게 자신들의 권리를 침해한다고 '여겨지는' 소수자들의 양보, 나아가 퇴출을 요구하는 것이다.

2010년대 초반, 일베는 혐오 표현을 통해 이미 우리 공동체 내부에서 소수자성이 주요 담론이 되고 있다는 신호를 보낸 것일 수도 있다. 하지만 우리는 그들의 혐오 표현에 담긴 의미보다는 혐오 표현의 패륜성을 먼저 고려했다. 촛불 혁명을 통해 민주주의 에너지가 충만했던 2017년 이후, 우리 공동체는 ─ 민주주의 그 승리의 기억에도 불구하고 ─ 혐오가 누증되는 역설적인 현실도 함께 경험하고 있다.

일베는 촛불과 함께 쇠락했다는 평가가 나왔다. 일베와 관련된 뉴스는 이제 찾아보기 어렵다. 하지만 일베가 쇠락한 것이라고 생각하지 않는다. 일베의 정서는 어느새 보편적 정서가 되었고, 일베라는 배설 공간이 따로 필요하지 않게 된 것일 뿐이다. 일베의 혐오 표현은 더 이상 뉴스가 되지 않는다. 우리는 굳이 일베라는 커뮤니티에 들어가지 않고도, 예전 일베에서 볼 수 있었던 혐오 표현을 포털 사이트에서도 쉽게 목격할 수 있다. 이주민, 성 소수자, 페미니스트와 관련된 뉴스의 댓글에는 원색적인 욕설들이 넘쳐난다. 그들을 증오하는 데 스스럼이 없다. 정상성에 대한 신앙이 침식되며 공동체 주류 구성원들이 스스로를 소수자로 일컫는 시대, 소수자의 기존 경험은 사회의 기본 경험이 되고 있다.[3] 2010년대 초반, 일베는 혐오의 조숙한 징후와도 같았

---

3 이졸데 카림, 『나와 타자들: 우리는 어떻게 타자를 혐오하면서 변화를 거부하는가』, 이승희 옮김(민음사, 2019), 60쪽.

166 제3부 민주주의의 위기

다. 우리 시대 지금의 혐오 현상은 일베를 만만히 본 대가를 치르고 있는 것인지도 모른다.

감정 배제의 딜레마

국경을 넘어오는 멕시코 밀입국자를 막겠다며, 중국의 만리장성 같은 거대한 장벽을 만들겠다는 도널드 트럼프의 공약은 과대망상에 가까운 선거용 구호 정도로 보였다. 미국과 멕시코의 경계선 그대로 건설하겠다는 '멕시코 장벽'은 그 길이가 3000km에 달했다. 비용도 최대 380억 달러, 한화로 40조 원이 훌쩍 넘는 규모였다. 트럼프는 이 돈을 멕시코에서 받아내겠다고 단언했다.

합리적 관점에서 살펴보면 트럼프의 발상은 유아적 수준에 머물러 있다고 말해도 과언은 아닐 것이다. 일단 실현 가능성이 낮았다. 상식적으로, 벽을 세운다고 멕시코인의 밀입국을 막을 수 있을까. 멕시코로부터 그 비용을 받는다는 것이 또 가능한 일일까. 건설 초기 비용은 그렇다 치더라도, 장벽을 계속 유지하는 비용은 또 어떻게 할 것인가. 멕시코 장벽 유지비용이 건설비용을 넘어서는 데는 불과 7년 밖에 걸리지 않는다는 분석도 있었다.

미국의 지식인들은 코웃음을 쳤다. 딱 봐도 허황되어 보였기 때문이다. 미국 주류 언론 역시 이를 기사화할 필요성도 느끼지 못했다. 반응조차 하지 않으려 했다. 하지만 히스패닉 유입이 폭증하는 미국의 상황 속에서 공동체 구성원들은 트럼프의 공약에 기민하게 반응했다. SNS를 중심으로 폭발적인 지지가 이어졌다. 주류 언론들은 이런 기현상에 자못 당황한 듯 보였다. 이미 '현상'이 되어버렸기에 기사를 쓰지 않을 수 없었다. 물론 대부분의 내용은 비판적이었다. 도덕적이고 윤리적이지 못한 트럼프가 어떻게 공동체 구성원들의 지지를 받을 수 있느냐는 개탄이 읽혔다.

그럼에도 상황은 개선되지 않았다. 아니, 오히려 주류 언론과 엘리트들의 주장은 현실을 도외시한, 공동체 구성원들이 체감하는 감정적 두려움과 공포를 과소평가한 메시지로 읽혔다. 그럴수록 트럼프의 지지율은 올라갔다. 그리고 모두가 아는 대로, 트럼프는 미국 대통령으로 선출되었다.

민주주의의 도덕적 가치를 중시하던 사람들, 이른바 가방끈 긴 엘리트들은 공동체 구성원들이 왜 이런 말도 안 되는 공약에 환호했는지 이해할 수 없었다. 하지만 유감스럽게도 트럼프 지지자들 역시 계산기를 두드린 결과였다. 방식이 다른 계산기였을 뿐이다. 세입과 세출, 그 효과를 계산하는 계산기가 아니라 타자의 유입으로 인해 공동체의 정체성이 훼손될 수 있다는 우려, 나아가 경제적 상황이 나빠질 수 있다는 공포와 같이 '공동체 감정'을 중요한 변수로 상정했던 감정 계산기다. 이런 점에서 트럼프가 내세웠던 허무맹랑한 멕시코 장벽 공약은 구석으로 내몰린 공동체 구성원들의 감정 위기를 환각시키는 꽤나 매력적인 대안이었다.

경제적 이유든 문화적 이유든, 여러 이유 때문에 초래된 사회 감정의 위기 속에서 우리의 부정적인 감정은 타자를 향한다. 그간 '정상성'에 익숙했던 공동체 구성원들이 '소수자성'을 체감하며 타자의 양보를 요구한다. 물론 타자들에게는 양보해줄 만한 별다른 자원이 없다. 이런 과정은 민주주의가 지향하는 감정 합의에 지대한 영향을 미치게 된다. 내 감정이 심사와 합의 대상이 되고 수용되는 것보다 그들의 감정이 배제되는 것을 우선순위로 만드는 것이다! 트럼프의 '멕시코 장벽'은 (우리의) 감정 수용보다 (타자의) 감정 배제를 우선하는 욕망이 제도화된 결과물과 같다. 이는 혐오가 민주주의를 어떻게 훼손할 수 있는지 단적으로 보여주는 상징적 사례다.

민주주의 공동체에서 혐오의 해악은 이 지점에 있다. 타자들이 우리 공동체의 부정적인 감정을 더욱 자극하고 있다는 착시, 따라서 그들을 우리 주변에 접근하지 못하게 하는 법과 제도가 '안전한 저지선'이 될 거라는 착시, 그렇게 우리의 부정적인 감정이 해결된다고 여겨지는 착시……. 결과적으로,

타자를 탄압하고 배제하게 되면, 곧 내 감정이 합의될 수 있다고 믿어버리는 착시!

멕시코 장벽을 세울 돈으로 공동체의 복지 혜택을 늘리는 것이 근본적인 해결책이라는 것은 반론이 필요하지 않다. 그런데도 자신이 받는 복지 혜택에 돈을 투자하는 것보다 그들을 일단 격리하고 배제하는 장벽에 돈을 투자하는 욕망이 강하게 작동했다. 복지 혜택을 통해 부정적인 감정을 조금이나마 축소할 수 있는 여지, 그렇게 공동체 구성원의 감정이 합의될 수 있는 가능성은 되레 낮아졌다. 이는 마치 어떤 종교적 신앙심에 의탁해 자신의 감정이 합의된 것처럼 착시를 불러일으키는 과정과 비슷한 것일지도 모른다. 이런 착시의 최댓값은 테러리즘일 것이다. 자신과 자신이 속한 공동체에 위해를 가해서라도 싫어하는 타자를 영구히 제거해 버리고 싶은 강한 욕망이 전제되어 있기 때문이다.

즉, 이는 합의의 대상이 되어야 할 우리의 감정이 합의의 대상이 되지 않아도 된다는 것을 의미하는 것이며, 결과적으로 민주주의의 근간인 '감정 합의'에 결함이 생기는 일이다. 그렇게 감정 합의는 요원해지고, 혐오는 더욱 거세게 누증되며, 다시 감정 합의는 더욱 어려워지는 악순환이 반복된다. 타자에 대한 혐오는 그렇게 민주주의의 가치를 훼손한다.

앞으로 살펴볼 두 번째 위기는 혐오 전염력을 강화시키는 조건과 관련된 것이다. 메시지 유통, 더 정확히는 감정의 유통이 그 어느 시대보다 빨라지면서 초래된 '공론장의 위기'다. 사실 혐오의 증폭에는 기술력이 동원된다. 감정 유통 속도가 빨라지면서 부정적인 감정도 그만큼 유기적으로 기민하게 얽히고 있다. 우리 시대는 발달된 기술력과 함께 '감정 전염'의 혁명을 경험하고 있다. 온라인 공간의 소셜 네트워크 서비스, SNS에 대한 논의다.

제5장

혐오 유통

미디어는 메시지다

"각각의 수송 형태는 무언가를 운반할 뿐만 아니라 보내는 사람, 받는 사람, 메시지 이 모두의 위치와 형태를 바꾼다."[1] 캐나다의 미디어 학자 마셜 맥루한(Marshall McLuhan)의 익숙한 선언으로 시작한다. 그는 미디어가 메시지를 전달하는 통로 그 이상의 의미가 있다고 봤다. 미디어 형태는 말과 이미지를 수동적으로 전달하는 데 그치는 것이 아니라 메시지 형태를 바꿀 수 있게 하는 어떤 힘을 지녔다는 것이다.

그의 철학은 '미디어(Media)는 메시지(Massage)'라는 간결한 문장에 집약된다. 기술 결정론에 가까웠던 그의 선언은 종종 논란의 중심에 서기도 했지만, 미디어가 공동체 구성원들의 상호 관계에 지대한 영향을 미친다는 그의 혜안은 반론의 여지가 없다. 기술의 발전은 미디어의 변화를 수반했고, 메시지의 형태와 전달 속도에 영향을 미쳤다. 긍정적이든 부정적이든 이 과정은

---

1   마셜 맥루한, 『미디어의 이해: 인간의 확장』, 김성기·이한우 옮김(민음사, 2002), 143쪽.

감정 변화를 추동했으며, 자연히 공동체의 감정 지형도 달라질 수 있었다. 미디어에 대한 정밀한 해부 없이 사회 감정의 실체를 파악하는 것은 불가능하다.

가령, 맥루한은 "라디오 없는 히틀러는 존재할 수 없었다"고 했다. 사실 유럽 사회에서 유태인에 대한 증오의 감정은 어제오늘 일이 아니었다. 디아스포라 이후 유태인은 박해에서 자유로울 수 없었다. 땅도 가질 수 없어 농사를 짓지 못했다. 탄압받던 유태인들은 종교가 더럽다고 취급했던 고리대금업에 종사하는 생존 전략을 취했고, 자연히 돈을 밝히는 이기적 존재라는 정체성이 덧씌워졌다. 이교도를 격파하러 떠났던 십자군은 첫 학살의 대상으로 유태인을 택했다. 자유주의 바람이 불던 근대조차 그들은 '게토(ghetto)'에 분리되어 살아야 했다. 유태인에 대한 혐오는 수천 년에 걸쳐 축적된 결과물이었다.

그리고 20세기 중반, 지금으로부터 불과 80년도 되지 않은 시기, 700만 명의 유태인은 세계대전의 한복판에서 학살되었다. 그 중심에는 히틀러와 나치라는 극단적인 혐오 설계자들이 있었다. 우리는 히틀러 개인의 악마성을 넘어, 유대인에 대한 증오가 왜 하필 그때 최고조에 이르렀는지 판독해야 한다. 미디어 학계가 주목했던 것은 라디오라는 미디어의 출현이었다.

『괴벨스, 대중 선동의 심리학(Goebbels)』의 저자 랄프 게오르크 로이트 (Reuth, Ralf Georg)는 라디오가 히틀러와 그의 연설을 듣는 평범한 독일인들에게 말 없는 커뮤니케이션 세계를 제공했다고 표현했다. 라디오는 신문과 같은 인쇄된 텍스트보다 감정을 더욱 자극했다. 라디오에서 들리는 "게르만족이여, 일어서라!"는 히틀러의 선동은 마치 면 대 면 소통처럼 친근했으며, 광장 연설처럼 소름 돋았다. 청취자들은 라디오 앞에서 주먹을 불끈 쥐었다. 이는 마치 극도의 군중 히스테리와 같았다. 대독일 방송은 연설 후에도 20분간 방송을 계속하여 라디오 청취자들 역시 열광적 분위기로 몰아갔다.[2]

나치 정권의 선동을 위해 복무했던 선전장관 괴벨스(Goebbels)는 라디오가 얼마나 강한 파괴력을 가지고 있는지 잘 알고 있었다. '미디어는 메시지'라는 격언이 나오기 수십 년 전의 일이지만, 괴벨스는 미디어의 생리를 영민하게 파악한 뛰어난 미디어 학자였는지도 모른다. 라디오라는 미디어와 홀로코스트라는 혐오의 극한값은 그렇게 맞물려 돌아갔다. 라디오는 히틀러와 나치뿐 아니라 평범한 공동체 구성원들이 갖고 있던 유태인에 대한 반감을 강렬히 자극했던 것이다.

홀로코스트를 경험한 세계는 나치 선동의 뒤안길을 격하게 반성하기 시작했다. 거친 선동의 시대는 이렇게 저무는 듯 보였다. 하지만 그 사이 영상 매체라는 새로운 미디어가 대중의 감정을 결집시키는 새로운 역할을 담당했다. 영상 매체는 라디오와는 달리 꽤나 유연한 구석이 있었다. 라디오의 연설문처럼 "그들을 증오하라"고 소리칠 필요가 없었다. 세련되고 부드럽고 심지어 감미로웠지만, 스멀스멀 우리의 무의식을 자극하며 거센 파급력을 추동했다. 엇나가고 왜곡된 타자의 형상과 행동을 지속적으로 노출하고 전시하는 것만으로도 타자에 대한 증오를 증폭시킬 수 있었다.

즉, 영상 매체는 라디오보다 혐오의 문화적 준거를 적극적으로 소환했고, 문화 그 자체가 되어버렸다. TV 드라마와 개그 프로그램, 스포츠 중계, 음악, 영화, 심지어 방송뉴스는 험상궂은 표정으로 누군가를 나쁘다고 손가락질하지 않았지만, 사람들이 그 누군가를 나쁘다고 손가락질하도록 만드는 데 성공했다. 혐오가 부드럽게 우리 공동체를 침투할 수 있었던 것은 문화를 파고들었기 때문이다.

문화에 드러난 혐오 현상은 학계가 오랫동안 관심을 기울인 주제이기도 하다. 문화가 타자 혐오를 어떤 방식으로 조장하는지에 대한 사례와 이론적 근거는 차고 넘친다. 성 역할을 강요하는 드라마, 여성의 외모를 웃음 코드로 소비하는 개그 프로그램, 흑인을 비하하는 광고, 중국 동포를 희화화하는

---

2   랄프 게오르크 로이트, 『괴벨스, 대중 선동의 심리학』, 김태희 옮김(교양인, 2006), 784쪽.

영화, 동성애자에 대한 적개심을 노골적으로 드러내는 웹툰까지 우리 시대 혐오 표현에 대한 연구는 상당 부분 이런 문화적 준거에 집중되는 듯하다. 이런 연구는 워낙 많아 이 책에 반영할 필요가 없을 것 같다.

우리가 주목해야 할 대목은 – 반감과 증오, 혐오를 비롯해 – 우리의 감정이 미디어를 타고 어떻게 유통되고 어떻게 전염되는가에 대한 기민하고 냉철한 판독이다. 인쇄술에서 라디오로, 라디오에서 영상매체로, 그리고 지금의 인터넷의 시대까지, 미디어는 감정을 증폭하고 심지어 생산해내는 적극적인 행위자로 복무하고 있다. 자연히 혐오를 전염시키는 데 중요한 역할을 담당했다. 혐오라는 감정이 집단 상상력이 되고, 그 강도를 증폭시키는 중심에 미디어 지형의 변화가 존재했다. 미디어가 변하면 사회 감정의 유통과 전염 방식이 변했고 그렇게 집단 상상력도 달리 형성되었다. 메시지의 유형, 메시지의 전달 속도는 단순히 감정 전염의 양적 변화가 아니라 질적 변화를 수반했다.

최근 30년 간 미디어 환경의 변화를 주목해 보면 인터넷 기술에 기반을 둔 웹사이트와 SNS가 인쇄술과 라디오, 영상매체에 이어 메시지를 변화시킨 미디어 혁명 명단에 한 대열을 차지하고 있음은 이론의 여지가 없다. 이는 감정 전염의 혁명이었다.

특히, SNS 시대와 기존 웹사이트의 시대를 구분해야 한다고 생각한다. SNS의 감정 전염력은 웹사이트와 또 달랐다. 메시지 생산자, 메시지 전달자, 메시지 소비자가 복잡하게 얽히고설켜 메시지 흐름을 정확히 이해하는 것은 사실상 불가능에 가깝다. 심지어 편견과 혐오를 자발적으로 생산해낼 수 있고, 자발적으로 유통해낼 수 있으며, 자발적으로 소비할 수 있게 만드는 종합적이고 통합적인 시스템에 가까웠다. 이것은 기존 웹사이트 시대에도 제대로 해내지 못했던 일이었다. SNS시대, 어쩌면 '미디어는 메시지'를 넘어 '메시지가 미디어'란 표현이 더 적합할지도 모른다.

미디어의 역사는 혐오의 역사와 상응했다. 미디어는 혐오의 '배급사'일 뿐만 아니라 혐오의 '제작사'이기도 했다. 그리고 지금, 미디어를 통해 증폭되는 우리 공동체의 부정적인 감정은, 기존 민주주의 시스템으로는 만지작거리기 어려울 만큼 거세지기 시작했고, 감정 합의는 그만큼 어려운 과제가 되고 있다. 우리 시대 민주주의의 위기를 성찰하기 위해서는 미디어의 문제를 성찰하지 않을 수 없다.

SNS 시대의 개막

2012년 6월 사회부에 근무할 때였다. 한 여성 운전자가 현금 수송차를 들이받아 한 명이 사망하는 사고를 취재한 적이 있었다. 운전자는 50대 여성이었다. 당시 저녁 메인 뉴스의 시작은 이랬다.

중년 여성이 차를 몰다가 정지된 차 뒤에 서 있던 사람을 그대로 들이받아 숨지게 했습니다. 네티즌 사이에서 어떻게 저런 황당한 사고를 낼 수 있냐고 논란이 벌어졌습니다.

하지만 다음 날 아침 뉴스는 약간 톤이 바뀌었다.

승용차가 속도를 줄이지 않고 그대로 현금 수송차를 들이받아서 한 명이 숨졌습니다. 운전자는 50대 '여성'이었습니다.

기사 제목도 달라졌다. 방송 당시 제목은 "어처구니없는 추돌사고"였다. 인터넷용 기사 제목은 "현금 수송 중 '쿵'… 인터넷 달군 동영상 시끌"이 달렸다. 하지만 아침 뉴스에 '50대 여성'이 강조되면서 인터넷용 기사 제목은 "현금 수송차 '김 여사'… 가만히 있는 차를 왜?"로 바뀌었다. 기사에는 여성의 운전 실력을 폄하하는 댓글이 달렸다. 불과 하루, 정확히는 밤 8시 뉴스가 방송되고 아침 6시 뉴스가 방송되기까지 불과 10시간 사이, 하나의 기사에 다양한 뉴스 관련자가 관여하면서 기사의 뉘앙스가 달라졌던 것이다.

사실 이 기사는 자동차가 현금 수송차를 들이박는 장면, 이 때문에 돈이 흩날리는 장면이 CCTV에 고스란히 담겼기 때문에 제작했다. 방송 언어로, 이른바 '그림이 좋았기 때문'이었다. 하지만 시간이 흐를수록 점점 사고 가해자의 성별에 무게가 실렸고 종착지는 '김 여사'였다. 뉴스의 메시지는 "김 여사가 또 사고를 내고 말았다." 나아가 "역시 여자는 운전을 못한다"는 사례로 소비되었다.

기사의 초안을 썼던 필자를 비롯해 이들 한 명 한 명이 여성 운전자를 대놓고 싫어하지는 않았다고 생각한다. 여성 운전자에 대해 약간의 편견을 가지고 있었다는 말 정도가 정확할 것 같다. 그런데 뉴스 공급자 한 명 한 명이 제각각 가지고 있던 편견은 각자의 관문을 거칠 때마다 증폭되기 시작했다. 기사를 쓰는 기자, 게이트키퍼인 데스크, 기사의 문을 여는 앵커, 여기에 기사의 제목을 다는 인터넷 뉴스 담당자까지, 다양한 뉴스의 주체들이 가진 감정의 조각들이 유기적으로 연결되어 하나의 텍스트가 완성되었다. 달리 말하면, 노골적인 의도를 가지고 개입했다기보다는 업자들 자신도 모르게 어떤 편견을 만드는 데 기여하고 있었다.

미디어 수용자의 생태계도 비슷한 과정을 거친다. 뉴스 소비자들은 그간 자신의 경험들, 그리고 그 경험에서 시작된 작은 편견들을 끼워 맞추며 뉴스에 나온 사례를 빗대 재확인한다. "맞아, 그때 그 여자 때문에 주차하느라 몇 분을 기다렸었지"의 식이다.

이런 편견의 조각들은 온라인 환경 속 한데 모여 거센 폭포 효과를 일으킨다. 댓글을 달고, 이 댓글을 보고 자신의 편견을 재확인한다. 댓글에 대한 지지는 여성 운전자에 대한 일반화를 만든다. 일반화를 통해 다시 다른 댓글이 달린다. "여자는 운전하면 안 된다", 심지어 "한국 여자는 이래서 안 된다", "김치녀들은 사고를 내도 떳떳하다"는 식이다.

무의식들이 얽히고설켜 생산된 텍스트는 제3자에도 영향을 미친다. 여성 운전자 때문에 전혀 불편함을 겪어보지 않았던 사람들, 따라서 운전자 가운데 '여성'을 따로 떼어내 범주화해 본 적이 없던 사람들조차 이런 범주화에 익숙해질 수도 있다. 앞으로 여성 운전자를 맞닥뜨릴 때 그렇게 학습된 불편함과 편견을 꺼내들 채비가 되어 있는 것이다. 이런 과정을 거치면 '행동의 내용'과 '행동의 주체'가 결합된 것처럼 인식된다. '운전을 못하는 행위'와 '여성'은 그렇게 연결된다. 운전면허 소지자 100명 가운데 교통사고 발생 비율이 남성이 여성의 세 배라는 통계는 무의미해진다.

미디어에서 자주 쓰이는 관용적 문구 역시 이런 차원에서 논의할 주제다. 우리는 범죄자의 정체성을 나타내는 단위로 나이와 성별, 그리고 이름을 제외한 성(姓)을 쓴다. '30대 남성 김 모 씨', '20대 여성 이 모 씨' 등이다. 하지만 최근 들어 범죄자의 정체성을 나타내는 단위는 좀 더 다양해졌다. 외국인, 외국인 노동자, 불법 체류자, 이주민, 중국 동포 등이다. 적어도 뉴스 소비 차원에서 연령과 성(姓)은 집단의 정체성을 일원화하기에는 어려운 형질의 것이지만 국적이나 특수한 직업 등은 하나로 엮기 용이한 소재다.

가령, "서울 ○○경찰서는 술에 취해 이웃 주민에게 흉기를 휘두른 30대 남성 김 모 씨에 대해 구속영장을 신청했다"는 문장을 보고, 우리는 "30대 남성이 문제다"라고 말하지 않는다. 하지만 "서울 ○○경찰서는 술에 취해 이웃 주민에게 흉기를 휘두른 중국 동포 출신 김 모 씨에 대해 구속영장을 신청했다"는 텍스트에서 '중국 동포 출신'이 강조되고, 중국 동포가 범죄와 연관성이 있는 것처럼 느낄 수 있다. 범죄의 내용과 범죄의 주체는 하나로 엮인다. 미디어 생산자와 미디어 소비자의 소통 과정이며, 소비자는 다시 특정한 감정을 만든다.

이렇게 '김 여사'는 불편한 감정, 부정적인 감정의 한 전형이 된다. 면 대면 소통으로 편견을 체계화하는 과정이든, 아니면 분절된 행위자들이 모여 텍스트가 점증하는 과정이든 미디어 업자와 미디어 수용자들의 작은 감정들이 다양한 방식으로 모여 집단 상상력이라는 하나의 강으로 만나는 것이다. 결국, 감정 정치의 관점에서 미디어 업자들의 역할은 중요할 수밖에 없었다. 미디어 업자들은 감정의 조각들을 수집하고 공동체가 중요하게 다뤄야 할 감정을 솎아낸다. 자신들의 망원경을 통해 해석의 과정을 거쳐 감정을 재구성한다. 그 망원경은 보통 '게이트키핑'이라 불렸다. 미디어 업자는 게이트키핑을 통해 감정을 가공해 보급하는 감정 유통업자들이다.

이는 미디어 업자에 의해 공동체 감정이 조형되고, 심지어 조작될 수 있음을 의미한다. 즉, 게이트키핑이 저널리즘의 본연에 부합할 때 공동체 감정에 긍정적인 영향을 미쳤지만, 반대로 권력에 편승할 때 해악을 끼쳤다. 나쁜 권력자들이 미디어를 지배하기 위해 힘썼던 이유도 여기에 있다. 소통 과정을 지배하고 독점한다는 것은 사회 감정을 장악하는 일이기 때문이다. 히틀러가 라디오를 장악하고, 군부 독재자들이 언론을 장악했던 것처럼.

SNS의 등장은 민주주의 공동체의 감정 운영에 중요한 함축을 지닌다. 소통의 양과 속도는 미디어 플랫폼의 유형에 따라 달리 결정된다. SNS는 소통의 물리적 접촉의 횟수, 무의식이 결합되는 물리적 공간의 영역을 무한대로 늘려놓았다. "온라인상에는 전 세계에서 이틀마다 5엑사바이트(EB)의 정보가 생산되고 있다"는 에릭 슈미트(Eric Schmidt) 구글 회장의 말처럼 담론을 누증시키는 에너지는 기존의 웹사이트 시대와는 또 달랐다. 5EB는 지구 탄생부터 2003년까지 인간의 입에서 나오는 모든 말을 저장할 수 있는 양이다.

그리고 이것은 그냥 '웹사이트 시대보다 소통이 더 빨라졌다'는 말 정도로 평가하고 말 게재가 아니었다. 우리가 주목할 것은 SNS가 레거시 미디어 업자들의 게이트키핑으로부터의 소통 해방을 촉진시켰다는 점이다. 이는 기성 언론의 영향력이 그만큼 줄어들고 있음을 의미했다.

그렇게 SNS는 기성 미디어의 한계를 극복하는 대안 미디어로, 나아가 언론 민주화의 상징쯤으로 여겨졌다. 기성 미디어가 구축해 놓았던 자원에 의탁하지 않아도 우리는 SNS를 통해 쉽게 소통할 수 있었다.

2016년을 달궜던 우리 공동체의 촛불 역시 SNS에 부채가 있었다. SNS는 기성 언론이 권력에 유착해 제 기능을 못할 때 대안 공론장의 역할을 해냈다. 권력의 부패에 대항하는 여러 텍스트는 SNS를 통해 발 빠르게 퍼져나갔고 긴밀하게 연결되었다. 그렇게 분노의 감정이 추동되었다. 온라인 연대에 자극받은 이들은 광장에 나오기 시작했고, 정권을 바꾸는 데 성공했다. 온라인 광장이 없었더라면 오프라인의 연대 역시 쉽지 않았을 것이다. SNS는 분명 민주주의의 마중물이었다.

이는 매력적인 일이었다. 정치와 권력에 유착했던 레거시 미디어의 게이트키핑이 약화된다는 것은 민주주의에 더 가까워질 수 있음을 의미했다. 우리 공동체는 SNS를 통해 더 신속하고 기민한 공론장을 갖게 되었음을 환영했다. 달리 말하면, 합의되지 못했던 감정들이 발 빠른 소통과 함께 기민하게 합의될 수 있다는 기대감과 같았다.

하지만 무한대의 소통을 보장했던 SNS는 우리의 기대대로 상서로운 역할을 했을까. 안타깝게도 권력에 유착했던 기성 미디어의 힘을 빼놓으며 소통을 무한대로 증폭시킨 SNS의 뒤안길에는, 그 속도만큼 부정적인 감정을 유통시키는 역설을 내재하고 있었다. 우리 시대 혐오는 SNS를 통해 강력하게 전염되고 증폭되고 있다. 민주주의의 확산 속도만큼이나 극단론자의 목소리도 쉽게 퍼질 수 있었다. 이제 SNS에 대한 논의 없이는 우리 시대 민주주의의 위기를 말할 수 없을 정도에 다다랐다. SNS로 소통이 극대화된 시기, 역설적이게도 '공론장의 위기'를 말하고 있다. 무엇이 문제인가.

SNS와 민주주의

2018년 6월, 역사적인 첫 북미 정상회담 취재를 위해 싱가포르로 출장을 갔다. 하지만 현장에서 취재해 보도한다는 의미는 별로 크지 않았다. "우리 언론사도 현장에서 취재했다"는 생색내기에 지나지 않았던 것 같다. 당시 현장에 있던 기자들에게 가장 중요했던 취재원은 도널드 트럼프 미국 대통령의 SNS였기 때문이었다. 정말 중요한 내용은 트럼프의 트위터로 공표되고 있었다.

그 전부터 그랬다. 북미 정상회담이 연기될 것이란 내용, 김정은 위원장이 김영철 당시 노동당 부위원장을 통해 친서를 건넸다는 내용 등 북미 협상 중간중간 굵직한 내용을 보도했던 것은 CNN도, AP통신도, ≪뉴욕타임스≫도 아닌 트럼프의 트위터였다. 트럼프의 트위터는 미국 정가 제1통신사나 마찬가지였다. 주류 언론은 트럼프의 트위터를 받아쓰기 바빴다. 대부분의 '1보'는 트럼프의 트위터에서 시작되었다. 이는 단순히 트럼프가 SNS를 지나치게 좋아하고 있다는 말로는 부족하다. 도널드 트럼프의 대통령 당선은 이 시대 미디어 환경이 얼마나 달라졌는지, SNS가 얼마나 위력적으로 성장했는지를 보여주는 상징과도 같았다.

주류 언론이 느슨한 과점 형태로 정보 시장을 나눠가졌던 시대, 트럼프는 결코 주목할 만한 정치인이 될 수 없었다. 공동체 소통을 사실상 독점하던 주류 언론 입장에서는 히스패닉을 비롯한 이주민, 나아가 여성에게 직설적이고 거친 발언을 쏟아내는 트럼프를 주목할 이유가 없었기 때문이었다. 도덕적 우월감을 갖고 있는 미국 주류 언론 입장에서는 더더욱 그랬다.

보통 이런 경우, 정치인은 두 가지 갈림길에 놓인다. 언론에 노출되지 않더라도 끝까지 자신의 소신을 굽히지 않을 것인가, 아니면 잠시나마 급진적 성향을 누그러뜨려 주류 언론과 화해를 도모할 것인가. 야망이 있는 정치인이라면, 보통은 후자를 택한다. 주류 언론과 틀어진 정치인이 성공하기란 쉽지 않기 때문이다. 하지만 트럼프는 제3의 길을 택했다. 바로 SNS였다. 주류 언론을 건너뛰고 대중과 SNS로 직거래하며 소통했다. CNN과 ≪뉴욕타임스≫ 같은 주류 언론을 믿지 못할 '가짜 뉴스'라고 거세게 비난하면서.

초반에는 주류 언론과 척을 진 그의 정치적 선택이 기이하게 보일 수밖에 없었다. 하지만 상황은 생각했던 것과는 다르게 돌아갔다. 그의 트위터는 이민자에 대해 불편한 감정을 갖고 있던 공동체 구성원의 무의식과 교묘히 결합하면서 호응을 얻었고, 입소문을 타기 시작했다. 트럼프의 트위터는 기존 주류 언론, 주류 정치인들이 도덕적 우월감에 함부로 말하지 못했던 담론을 공론장 위에 꺼내들며 상승작용을 일으켰다. 생각했던 것보다 트럼프의 체급은 점점 커져가고 있었다. 여기에는 SNS가 기성 미디어를 능가할 정도의 위상을 갖게 되었다는 환경 변화가 전제되어 있었다.

선택의 기로에 직면한 것은 역설적이게도 주류 언론이었다. 주류 언론은 사회적 트렌드가 된 이른바 '트럼프 현상'을 그냥 지나칠 수 없었다. 물론 그 톤은 '비판적'일 때가 많았지만, 주류 언론의 트럼프 비판 기사는 '논란'의 이름으로 트럼프를 공론장에 올려놓는 효과를 낳았다.

가령, 트럼프는 "불법 이민자들이 합법적으로 일할 사람들이 가져야 할 일자리를 빼앗고 있다"고 주장했다. 과거 같았으면, 주류 언론은 이런 그의 주장을 보도하지 않았다. 하지만 SNS를 통해 열광적인 지지를 받자, 트럼프의 발언을 계기로 불법 이민자 문제에 대한 기획기사를 쏟아내는 식이었다. "트럼프가 주장하는 것처럼 불법 이민자들이 일자리를 빼앗고 있지 않다"는 식의 팩트체크, 혹은 "트럼프의 선동에 여론이 들끓는다"는 식의 도덕적·윤리적 접근이었다. 자연스럽게 트럼프는 '논란의 인물'이 되었고, 그렇게 정치적으로 성장했다.

아니, 오히려 미국 공동체 구성원들은 주류 언론의 비판을 '비판했다'. 트럼프는 그간 주류 엘리트가 말하길 꺼려왔던 언어를 매우 적나라하고 직설적으로 구사했던 유일무이한 정치인이라 여겨졌다. 달리 말하면, 불법 이민자들에 의해, 히스패닉에 의해, 난민에 의해 자신들의 정체성이 훼손된다는 불편함, 여기서 오는 두려움과 박탈감, 좌절감, 공포 등의 감정의 문제를 정치 공간에서 거론했던 정치인이 그만큼 많지 않았다는 것, 트럼프가 거칠고 교양은 조금 없더라도 그나마 이런 말을 하는 솔직한 정치인으로 여겨졌던 것이다.

그렇게 트럼프는 대통령이 되었다. 트럼프는 임기 내내 자신의 SNS로 대중과 직거래했고, 여전히 주류 언론과 거친 말을 주고받으며 싸웠다. 동시에 주류 언론은 트럼프 트위터에 제1의 통신사 자리를 내줄 수밖에 없었고, 또 여전히 트럼프의 SNS가 생산해내는 텍스트를 그대로 받아쓰기 하고 있다.

사실 이런 모습은 기존 웹사이트가 제공하지 못했던 풍속도였다. 1990년대 인터넷의 등장이 정보 지형을 바꿔놓았다는 것을 부인할 수 없다. 누구나 웹사이트에 접속해 원하는 정보를 얻을 수 있게 되었다. 하지만 주류 언론의 게이트키핑은 그래도 강력한 힘을 가지고 있었다.

가령, 『위험한 민주주의』의 저자 야스차 뭉크는 웹사이트의 경우 누구나 접속할 수 있지만, 한편으로는 몇몇 자산을 구식 플랫폼과 공유했다고 설명한다. 개인 홈페이지나 주류 언론의 홈페이지는 모두 쉽게 접근할 수 있지만, 개인이 자신의 홈페이지를 사람들에게 알리는 일은 쉽지 않았기 때문이다. SNS는 그 마지막 제약 조건을 약화시켰다.[1] 페이스북과 트위터에서는 자신과 연결된 개인들에게 신속하게 자신의 텍스트, 사진, 동영상을 알릴 수 있다. 연결된 개인들도 손쉽게 또 다른 개인들에게 리포스트(re-post)할 수 있다. 유명한 웹사이트에 의탁할 필요도 없이 불과 몇 분이면 수천, 수백, 수만 명에게 다다를 수 있는 것이다.

SNS는 개개인의 '연결'을 혁명적으로 재구성한 미디어였고, 그렇게 정보 배급의 역학을 뒤바꿔놓으며 기성 언론 게이트키핑을 약화시키고 있었다. 한국 사회 주류 언론 역시 처지는 비슷하다.

서울의 한 미술대학의 누드 크로키 수업 몰카 사건은 2018년 봄을 뜨겁게 달궜다. 인체 크로키 수업 도중, 동료 여성 누드모델이 다른 남성 누드모델

---

[1]   야스차 뭉크, 『위험한 민주주의: 새로운 위기, 무엇이 민주주의를 파괴하는가』, 함규진 옮김 (와이즈베리, 2018), 182~183쪽.

의 나체를 몰래 촬영해 인터넷에 유출한 사건이었다. 이 동료 모델은 남성의 모습을 남성 혐오 사이트로 분류되던 '워마드'에 올렸고, 모델에 대한 노골적인 성적 비하가 시작되었다. 당초 이 사건은 작은 인터넷 언론 보도로 시작되었다.

기사는 SNS를 타고 발 빠르게 퍼져나갔다. 워마드에 대한 비판적인 접근이 주를 이뤘고, 이는 페미니즘 진영 전체에 대한 공격으로 이어졌다. 워마드가 페미니즘을 대표하는 집단처럼 여겨졌기 때문이기도 했다. 불과 며칠 뒤, 주류 언론은 이를 그대로 받아쓰기 시작했다.

사실 이 사건은 다양한 층위가 있었다. 현상의 다양한 지점 가운데 무엇을 강조하느냐에 따라 언론 기사의 구술 방식은 달라질 수 있다. 다음은 방송기사의 앵커멘트 형식을 통한 다양한 경우이다.

경우의 수 ①

한 미술대학 회화 수업 시간 중, 몰래 촬영된 누드모델 사진이 유포돼 논란이 되고 있습니다. 사진은 SNS를 통해 급속도로 퍼져나갔습니다. ○○○ 기자가 보도합니다.

경우의 수 ②

대학생들의 낮은 윤리의식 도를 넘고 있습니다. 이번에는 한 미술대학 회화 수업 시간 중, 몰래 촬영된 누드모델의 나체 사진이 유포됐습니다. ○○○ 기사가 보도합니다.

경우의 수 ③

만연한 몰카 범죄, 이젠 대학 강의실까지 파고들었습니다. 한 미술대학 회화 수업 시간 중, 몰래 촬영된 남성의 나체 사진이 유포돼 논란이 되고 있습니다. ○○○ 기자가 보도합니다.

경우의 수 ④

한 미술대학 회화 수업 시간 중, 몰래 촬영된 남성 누드모델 사진이 유포돼 논란이 되고 있습니다. 이제는 남성들도 몰카에서 자유롭지 못한 지경에 다다랐습니다. ○○○ 기자가 보도합니다.

경우의 수 ⑤

한 미술대학 회화 수업 시간 중, 몰래 촬영된 남성 누드모델 사진이 남성 혐오 사이트에 유포됐습니다. 여성에 이어 남성 혐오 범죄까지, 수단과 방법을 가리지 않는 혐오의 덫을 ○○○ 기자가 보도합니다.

경우의 수 ⑥

남성의 누드모델 사진이 남성 혐오 사이트인 워마드에 유포됐습니다. 한 미술대학 회화 수업 시간 중에 몰래 촬영된 걸로 보입니다. 해당 남성을 성적으로 비하까지 해 비판의 목소리가 커지고 있습니다. ○○○ 기자가 보도합니다.

①은 나체 사진이 SNS에 때문에 빨리 유포되고 있다는 뉘앙스를 품긴다. 특정 범죄에 대해 미디어 기술에 무게를 두는 고전적인 형태의 기사다. 인터넷 등장 초기 이런 식의 접근이 많았다. ②는 수업시간 누드모델을 몰래 촬영하는 대학생들의 윤리의식을, ③은 우리 공동체에 만연하는 몰카 범죄를 비판하고 있다. ④부터는 성(性)담론과 연결 짓는 접근 방식이다. ④는 남성도 몰카에서 자유롭지 못하다며 건조하게 풀어내고 있고, ⑤는 여성 혐오와 남성 혐오를 한데 묶어 '혐오현상'의 관점에서 좀 더 구조적인 관점의 기획기사 뉘앙스를 풍긴다. ⑥은 우리 사회가 이 사건을 소비한 관점과 매우 가깝다. 남성 혐오 커뮤니티가 근본적인 원인이며, 해당 커뮤니티에 대한 비판이 커지고 있다는 점을 주목한다.

전통적으로 사안에 대한 해석 방식을 결정했던 것은 주로 주류 언론의 게이트키퍼였다. 기성 언론이 게이트키핑을 통해 사건을 어떻게 접근하느냐에 따라 기사도 바뀌고, 소비 방식도 달라질 수 있었다. 주류 언론의 게이트키퍼는 사안을 어떤 방식으로 접근할지 고민해야 한다. 수많은 팩트 가운데 어떤 지점을 강조할지, 그래서 공동체가 가장 심각하게 받아들여야 할 문제가 무엇인지 걸러내는 임무를 맡았다. 제도적으로 '약한 고리'를 파헤쳐 공익에도 기여해야 한다. 동시에 어떤 부분을 강조해야 기사의 흡입력이 있을지도 함께 계산한다.

하지만 기사의 방향은 SNS 유통망을 통해 급속도로 퍼져나가며 사실상 결정되어 버렸다. 남성 모델 나체 유출 사건의 주된 맥락은 미디어의 빠른 전파력도, 대학가 낮은 윤리의식도, 만연한 몰카 범죄도, 남성 역시 몰카 범죄에서 자유로울 수 없다는 경고도 아닌, 혐오 범죄마저 수단과 방법을 가리지 않고 미러링하는 무책임한 어떤 남성 혐오 커뮤니티의 폐해가 가장 큰 비중을 차지했다 — 부연하자면, 이 사건이 워마드 논란으로 흘러간 것이 잘못되었다고 주장하는 것이 아니라, SNS의 유통 에너지와 주류 언론의 게이트키핑과의 상관관계를 이야기하려는 것이다. 뒤에 자세히 설명하겠지만, 워마드라는 커뮤니티는 한계가 크다고 생각한다. 이미 SNS에서는 주류 언론이 어떻게 보도해야 할지, 사실상의 게이트키핑 방향을 결정해 버렸다.

이 과정에는 주류 언론의 게이트키핑이 개입할 여지가 별로 없었다. SNS가 유통하는 바이럴은 객관적인 '정량 평가'가 가능했기 때문에 기성 언론조차도 이를 따르지 않을 이유가 없었다. '좋아요'와 '트윗'의 양이 가치를 대변할 수 있기 때문이었다. 양이 많으면 그 자체로 현상이 될 수 있었다. 게이트키핑의 꽤 손쉬운 기준이 생겨났음을 의미했다.

동시에 '가치'를 동원하는 '정성 평가'는 군이 동원할 필요가 없었다. 기성 주류 언론의 지형 변화는 SNS으로 인한 현상의 평가 방식의 변화에 기인하고 있다. SNS는 '트윗'과 '좋아요'를 통해 게이트키핑을 거치지 않은 현상을 발 빠르게 전달하는 사실상의 통신사 역할을 하고 있는 것이다.

공동체 구성원들은 SNS에서 흘러나오는 정보와 주류 언론에서 게이트키핑을 통해 노출시키는 정보를 손쉽게 비교할 수 있게 되었으며, 나름의 시각을 가지고 기성 언론의 게이트키핑 방식을 평가할 수도 있다. 주류 언론의 게이트키핑 과정이 상세히 공개되고 있는 것이나 마찬가지이기 때문이다. 주류 언론의 해석 방식과 대중의 감정이 다를 때 대중은 이를 언론 엘리트의 '여론 조작'으로 이해하기도 했다. 웹사이트 시대 주류 언론은 그나마 게이트키핑을 통해 스탠스를 정할 수 있었지만 SNS시대 들어와 그런 자신감은 위축되기 시작했다.

그간의 주류 언론의 게이트키핑에 문제가 있다는 비판은 받아들일 수밖에 없다. 2016년 촛불은 기성 주류 언론이 권력과 자본에 얼마나 유착했는지 적나라하게 알 수 있는 계기가 되었다. 언론 스스로 자초한 일이라는 비판도 무겁게 받아들인다. 다만 이런 식의 비판과는 별개로 게이트키핑 자체가 약화된다는 것은, 우리가 굳이 꺼내들지 않아도 될 무의식과 부정적인 감정들, 가령 지금껏 말한 타자 혐오가 날것 그대로 드러나고 증폭될 수 있다는 것을 의미하기도 했다. 미디어 업자들은 자신들이 해왔던 '감정의 문지기' 역할을 SNS에 내줄 수밖에 없었다.

결국, 주류 언론도 SNS의 노골적이고 거친 혐오 감정을 보도하지 않으면 안 되는 단계가 되었다. 2018년 예멘 출신 난민 500여 명이 제주도에 입국해 정부에 난민 지위 인정을 요구한다는 사실이 알려지자, 공동체 구성원들은 SNS를 통해 그 공포심과 거부감을 여과 없이 드러냈다. 공포심은 SNS의 텍스트를 통해 유기적으로 연결되었고 예멘 난민에 대한 부정적 집단 상상력이 만들어졌다.

결과적으로 핵심 담론의 중심은 SNS가 잡고 있었고 주류 언론은 이에 대한 반응을 수동적으로 접근하는 방식으로 역할이 변했다. "히스패닉 이민자를 위대한 미국에서 추방해야 한다"는 트럼프의 트윗을 그대로 받아쓰거나, 비판하거나, 양자택일의 기로에 섰던 미국 주류 언론처럼.

역사에 가정이 없다지만, SNS가 없던 시기 유사한 일이 벌어졌다면 상황은 달랐을 것이라고 생각한다. 예전의 게이트키퍼였다면 명백한 허위 사실이기 때문에 보도 가치가 없었다고 단정해 뉴스를 내보내지 않거나, 아니면 '괴담 확산' 쪽으로 방향을 틀었을 것 같다. 이런 식의 접근 방식이 없었던 것은 아니었지만 '소수 의견'에 불과했다. 대부분의 언론은 SNS라는 거대 '군상(群像) 통신사'가 제공한 뉴스 소스, 여기에 '좋아요'를 누르고 '트윗'을 한 뉴스 소비자들의 감정에 의탁해야 했다.

당시 뉴스의 방향을 결정하는 뉴스 편집부에 있었는데 대부분의 언론사 게이트키퍼들은 예멘 난민 문제를 언급하는 것에 대한 두려움이 강했던 것 같다. '정치적으로 올바른' 기사에 대한 반감이 워낙 거셌기 때문이다. 기자에 대한 공격도 수위를 넘었다. 언론사 용어로 '드라이하게', 즉 최대한 가치를 빼고 사실만 전달하길 바랐다. SNS의 거대한 흐름 속에 주류 언론이 할 수 있는 건, 그저 이런 의견이 있고 저런 의견이 있다는 식의 나열 혹은 기계적 균형이 최선이라고 생각했다. 감정 해석 권한을 사실상 포기한 것과 다르지 않았다.

달리 말하면, 주류 언론들도 혐오 발언이나 혐오 표현을 'SNS 현상'이란 이름으로 얼마든지 기사화할 수 있는 환경이 마련된 셈이다. 가치의 판단이 배제되고 거친 무의식이 그대로 드러나는 뉴스 텍스트들은 다시금 공동체 구성원들의 부정적인 감정을 더욱 견고하게 만들 수 있었다.

SNS의 유통 에너지는 민주주의의 가능성을 담보했지만 부정적인 감정을 그대로 실어 나르며 빠르게 전염시키는 '양날의 칼'이었던 것이다. 기존 주류 언론의 게이트키핑이 옳았다는 것이 아니다. 적어도 혐오 정치 관점에서 최소한의 검열 작용을 했던 것과는 달리, 이제는 그 어떤 통제를 받지 않는 강한 감정권력의 행위자가 되었다는 의미이기도 하다. 주류 언론 역시 이런 부정적인 감정에 편승하고 받아쓰지 않으면 안 될 정도로.

연설 공간, 토론 공간

"민주노총 내가 반드시 때려잡겠습니다. 우리나라 청년들의 일자리 빼앗고 고용 세습하고 자기 자식들의 일자리 물려주고, 임금 평균 1억 원 받아도 매년 스트라 이크만 일삼는 강성귀족 노조 때문에 대한민국 기업이 해외로 나갔어요"(2017년 4월, 정치인 A의 대중 연설).

"제가 이야기하는 건 노조를 부정하는 게 아니라, 노조가 부당한 행동을 하지 말 라는 겁니다. 사용주의 경영권도 인정해 주라는 이거예요. …… 노동조합이 경영 권까지 이제는 장악하는 시대가 돼버렸어요. 경영자들이 노동단체 눈치 보면서 경영해야 하니까, 나라가 투자를 하고 싶겠어요?"(2019년 6월, 정치인 A가 참여한 유튜브 토론)

두 발언 모두 내용은 비슷하다. 민주노총이 우리 경제에 해를 끼친다는 한 정치인의 발언이다. 그런데 자세히 읽어보면 결이 좀 다르다. 2017년에는 '민주노총을 때려잡겠다'는 과격한 언어로 이목을 끈 뒤 문제점을 지적하고 있다면, 2019년에는 '노조를 부정하지 않는다'고 전제하고 논거를 풀어내고 있다.

그런데 2017년에 비해, 2019년의 발언은 덜 과격해 보인다. 생각이 바뀐 것은 아니었을 것이다. 필자는 발언이 있었던 '공간'을 주목한다. 대중 연설 은 불특정 다수를 향해 자신의 의견을 일방적으로 드러내는 공간이다. 논리 적인 반박을 의식하지 않아도 된다. 반면 후자는 토론을 하는 공간이다. 자 신의 논거를 논리적으로 세워 전략을 짜야 한다. 그래야 토론에서 우위를 점 할 수 있다.

3년 동안 국회를 출입하면서 느낀 점이지만, 국회는 늘 일방적인 말이 차 고 넘친다. 우스갯소리로 "국회에는 300명의 대변인이 있다"는 말이 있다.

기자들은 의원 300명의 정치인이 쏟아내는 말들을 받아치고 솎아내기 바쁘다. 국회의 언론 창구인 소통관은 의원 자신의 의견을 설명하고 주장하는 공간이다. 정당의 수뇌부들은 아침 회의 때마다 기자들 앞에서 현안에 대한 입장을 설명한다. 정책을 논의하는 상임위원회는 각 정당이 서로 마주하고 있지만, 자신의 생각을 표현하는 공간에 지나지 않는다. 각 의원별로 발언 시간을 부여하고 의원들은 이 자리에 출석한 국무위원에게 되묻는 식으로 자신의 생각을 드러낸다. 상임위에 출석한 국무위원들은 사실상 '을'의 입장이기 때문에 의원들의 발언을 직접 반박하기 어렵다. 예의 바른 태도로 "자신의 생각은 다르다"며 뭉뚱그리며 응대한다. 정당한 토론 공간이라고 볼 수 없다.

의원끼리의 토론은 가운데 위치한 국무위원들을 통해 '우회적으로' 진행된다. A의원이 국무위원에게 말한 것을 B의원이 동의하지 않으면, B의원은 자신의 발언 시간 때 국무위원에게 자신의 생각을 말하는 식으로 반박한다. 상임위에서 의원끼리 면 대 면으로 말을 주고받을 때도 있지만, 보통 이런 경우는 거친 말싸움이 붙었을 때다. 주로 막말이 오가기 때문에 토론이라고 표현하기도 멋쩍다.

그래서 국회의 화법은 꽤나 거칠다. 상대가 어떤 말을 하는지 괘념치 않아도 되기 때문이다. 설령, 상임위 공간에서 토론을 해도 제3자를 끌어들여 우회적 토론을 벌이는 것이 대부분이다. 화자 입장에서는 반박을 걱정하지 않아도 되기 때문에 상대적으로 부담이 덜하다.

하지만 이랬던 의원들이 TV 토론 프로그램에 출연해 이야기하는 것을 보면 종종 놀랄 때가 있다. 막상 토론 프로그램에서는 그 톤이 꽤 누그러지기 때문이다. 토론을 할 때는 자신과 생각이 다른 사람들의 말을 들어야 한다. 상대의 의견을 듣고 차분히 재반박해야 논리적인 우위를 점할 수 있다. 과격하고 선동적인 표현은 상대방에게 논리적으로 밀릴 수밖에 없다. 우리의 상식과 반하는 논리를 동원하면 이내 공격 대상이 되기 때문이다.

즉, 화자가 해당 공간에서 상대의 반박을 염두에 두고 말하느냐 아니냐에 따라, 즉 화자가 어떤 공간에서 말하느냐에 따라 화법 역시 지대한 영향을 받는다. 화법이 달라지면 화자의 감정도 달리 전달된다. 이런 관점에서 필자는 화법 형태를 변화시키는 두 공간을 크게 '연설 공간'과 '토론 공간'으로 달리 구분한다.

연설 공간은 불특정 다수를 향해 자신의 의견을 나타내는 공간이다. 텍스트는 한 방향으로 일방적으로 흐른다. 물론 연설 공간에서도 양방향 소통이 없지는 않다. 박수나 환호성, 구호, 야유와 같은 반응들이다. 하지만 논리적인 지지나 반박은 제한된다. 연설 공간에서 화자는 군이 논리적일 필요가 없기 때문에 표현의 제약은 상대적으로 덜하다. 거침없이 말해도 괜찮다. 아니, 거침없이 말하는 것이 훨씬 효과적일 수도 있다. 이 때문에 연설화법은 극단적으로 흐를 여지가 있다. 선동은 늘 연설 공간에서 시작되었다.

사실 권위주의 사회에서는 이 연설 공간조차도 매우 제한적이었다. 연설 공간 자체가 없거나, 있더라도 권력의 허가를 받은 사람만 허락될 수 있었다. 미디어의 발전은 이 연설의 자격 요건을 낮추기 시작했다. 민주주의는 연설 공간이 넓어지면서 발전할 수 있었다.

하지만 연설 공간의 확대는 형식적 민주주의에 크게 기여했지만 질적 민주주의까지는 담보하지는 않았다. 특정 공간에서 자신의 생각을 공동체 구성원에게 노출시키는 것과, 노출된 생각을 조정하는 것은 별개 문제이기 때문이다. 표현의 자유는 민주주의의 필요조건이지 충분조건은 아니다. 민주주의는 표현의 자유와 더불어, 표현의 조정에서 동력을 얻는다. 히틀러의 연설 역시 민주적으로 지지받았다. 결국, 민주주의는 수많은 표현을 조정하는 공간을 필요로 한다. 이런 과정은 토론 공간에서 이뤄진다.

토론 공간은 연설 공간과는 달리 텍스트가 다양한 방향으로 흐른다. 토론 텍스트에 대한 청자의 반응은 논리적 지지나 반박이다. 그리고 그 청자가 다시 화자가 되고, 화자는 다시 청자가 된다. 이것을 지켜보는 불특정 다수는 화자들의 논리적 깜냥을 평가한다. 이렇게 다양한 구성원의 이해관계, 신념, 철학 따위의 조정이 이뤄지며 운이 좋으면 절충점이 생길 수도 있다. '선동적 연설'은 있어도 '선동적 토론'은 존재하지 않는다.

같은 정치인의 발언이었지만, '연설 공간'과 '토론 공간'은 그렇게 달랐다. 이 정치인은 연설 공간에서 "노조를 때려잡겠다"고 으름장을 놨지만, 토론 공간에서는 "노조를 부정하지는 않는다"고 좀 더 유연하게 전제한 뒤 노조에 대한 비판을 이어갔다. 정치 공간의 모양새는 정치인의 화법을 달리할 만큼 중요한 변수였다. 연설 공간과 토론 공간을 이야기하는 이유는 SNS가 이런 구술 공간의 구분을 명확히 보여주고 있기 때문이다.

소통이 공통적인 상호 이해를 발전시키기 위해서는 토론과 연계되어야 한다는 위르겐 하버마스(Jurgen Habermas)의 생각을 지지한다. 하버마스는 그의 명저 『의사소통행위이론(Theorie des kommunikativen Handelns)』에서 소통의 적절성을 위해서는 세 가지 조건이 필요하다고 주장했다. 진술은 사실에 기초해야 한다는 '진리성', 승인된 규범적 맥락 속에 정당해야 한다는 행위의 '정당성', 그리고 주관적 경험의 표현이 솔직해야 한다는 표현의 '진실성'이다. 이런 규범을 바탕으로 절충점을 모색하려는 의욕을 보여야 한다. 하버마스가 말하는 민주주의 공론장의 조건이기도 하다.[2] 즉, 하버마스의 조건은 토론 공간의 전제와 맞물린다.

SNS 공간은 연설 공간과 상당한 유사점을 보인다. 대중은 SNS를 통해 불특정 다수를 향해 자신의 입장을 간단명료한 텍스트로 남긴다. 이 짧막하고 명료한 연설문에 대해 사람들이 박수나 환호성, 구호를 외치는 방식은 '좋아요'와 '리트윗'이다. SNS는 박수를 친 만큼, 환호성을 지른 만큼 또다시 퍼져나가는 식으로 확장한다.

발 빠른 기동력에도 불구하고, SNS는 다양한 구성원의 이해관계나 신념,

---

2   위르겐 하버마스, 『의사소통행위이론』, 장춘익 옮김(나남, 2006).

〈표 5-1〉 웹사이트 게시판 담화 구조

구술	화자
↳ 반박	화자
↳ 재반박	화자
구술	화자
구술	화자
↳ 지지	화자
↳ 반박	화자
↳ 반박	화자
↳ 재반박	화자
↳ 지지	화자

철학을 조정해 주지는 않았다. 화법의 변화까지는 이끌어내지 못했기 때문이다. 시중에 유통되는 SNS의 텍스트들은 상당 부분 그 진위를 의심받고 있다. 하버마스가 말하는 진리성, 진실성, 정당성과 SNS의 화법은 거리를 두고 있다.

이는 웹사이트 시대와도 구분된다. 인터넷이 활성화되었던 2000년대 초반에는 커뮤니티를 중심으로 소통 구조가 만들어졌다. '커뮤니티'나 '카페'라고 이름 붙여진 공간에 다양한 사람이 모였고, 여기서 토론 문화가 형성되었다. '온라인 민주주의'라는 말이 이때 나왔다. 점점 그 의미가 퇴색된 측면이 있지만 설득력 없는 글이 환영받지 못한 시대도 있었다. 자신의 주장에 대해 비교적 정확한 근거를 적어야 지지를 이끌어 낼 수 있었다. 그래서 상대적으로 텍스트의 길이도 꽤 길었고, 여기에 다양한 피드백이 달리며 소통했다. 2000년대 초반 많이 통용되던 온라인 게시판 담화 구조는 〈표 5-1〉과 같다.

웹사이트 게시판에서는 화자의 구술이 있고, 다른 화자의 지지 혹은 반박이 있다. 그 반박에 대한 재반박 혹은 지지까지 담긴다. 화자의 구술은 동등한 관계로, 토론 공간의 특성을 차용하고 있다. ― 물론, 시간이 흐르면서 토론 공간의 의미가 제대로 구현되지 않은 경우도 많았지만, 최소한 토론이 이뤄지 위해서는 이런 공간적 구조가 전제되어야 한다. 당시 이런 커뮤니티는 민주주의 공론장의 상징처럼 여겨졌다. 반면, 페이스북은 〈표 5-2〉와 같은 담화 구조를 가진다.

특정 화자의 특정 구술이 있고, 여기에 대한 반응은 '실적' 위주로 재편된다. 구술은 SNS 담화 구조에 매우 큰 공간을 차지한다. 구술에 대한 반박 혹은 지지는 화자의 구술과 동등한 입장이 아닌 부수적인 요소로 전락한다. SNS는 웹사이트 게시판에 비해 상대의 반박에서 비교적 자유로운 담화 구조를 가진다. 연설 공간으로서의 특성은 강화되고, 토론 공간으로서의 특성은 약화된다.

또 하나 중요한 특성은 구술의 확산 성적을 공시한다는 점이다. '좋아요' 혹은 '싫어요', '공유 횟수'는 이 구술이 얼마나 퍼

〈표 5-2〉 페이스북의 담화 구조

화자		
구술		
환호 혹은 야유 실적		전파 실적
환호 혹은 야유	반박 혹은 지지	전파

져 나갔는가에 대한 성적표다. SNS는 그 자체로 확산을 목표로 하고 있음을 뜻한다. SNS는 이용자들로 하여금 자신의 의견을 어떻게 하면 짧고 명료하게 인상적으로 표현할 수 있는지 관심을 두게 만든다. SNS에서는 긴 글은 환영받지 못한다. 짧고 임팩트가 있어야 한다는 것은 SNS 불문율에 가깝다.

물론 이 자체가 부정적이라고 말할 수는 없을 것이다. SNS 언어는 팩트를 압축적으로 표현함으로써 여운을 남기고 소통하며 다른 주체에게 상상력을 맡기는 시적 구술에 가깝다. 그 이면에는 텍스트의 맥락이 배제된다는 양가성이 있다.

메시지가 광범위하게 유포되어야 관심을 끌 수 있다는 것은 분명하지만, 중요한 것은 의사 소통의 '질'이다. 그리고 그 질을 담보하는 것은 토론이다. 토론은 날 것 그대로의 정보들을 우리 공동체의 규범에 맞게 재가공하는 작업이다. 위르겐 하버마스의 말처럼 합리적인 가공이 이뤄져야 담론의 수준이 결정된다.[3] 구술의 '확산'은 소통의 '질'을 담보할 수 없다. 소셜 미디어 이용자들이 실제와는 다르게 정치적으로 강력한 세력이라는 환상까지 만들 수

---

3   위르겐 하버마스, 『사실성과 타당성: 담론적 법이론과 민주주의적 법치국가 이론』, 한상진·박영도 옮김(나남, 2000), 435쪽.

있다. SNS는 대다수 사람들에게 버튼을 누르는 행위에 지나지 않을 지도 모르기 때문이다.[4]

그나마 토론 공간을 제공해 주었던 웹사이트 시대와는 달리, SNS 시대가 지향하는 구술 공간은 적어도 웹사이트 시대의 토론 공간과는 분명 거리가 멀다고 볼 수 있다.

SNS는 연설 공간의 확대에는 분명 기여했지만 토론 공간에 대한 기여는 상대적으로 덜했다. 특정 표현에 대한 반박 텍스트를 찾기 어려운 상황 속에서 별개의 텍스트가 전부인 것 같은 착시를 불러일으키기도 한다.

흔히 인용되는 개념이 반향실(反響室) 효과다. 특정 공간에 모인 사람들이 비슷한 생각을 계속 반복해 말하면 그것이 공동체의 주된 담론 흐름이라고 생각하는 착시다.

유사한 메시지를 공유하는 공동체가 만들어지면 다른 메시지를 공유하는 이들과의 괴리감이 커진다. 자기편 집단의 결속력이 강하면 이른바 '집단 애착(in-group love)'이 생겨난다. 이런 경우 집단이 구성원들끼리 상호작용이 활발해지는 반향실 역할을 하고, 자기들이 가진 우려와 신념을 키워 결국 다른 사람들에 대한 증오심으로 발전하기도 한다.[5] SNS는 그 자체로 — 인류사 어느 미디어에도 비견될 수 없는 — 엄청난 규모의 반향실을 제공해 주었는지도 모른다.

SNS는 연설의 공명이 반복적으로 울린다. 특정 집단에 대한 미움의 감정이 주류에 가까운 사회 감정이라고 믿는 착각, 그 혐오가 우리 주변에 계속 맴돌고 있다는 확증 편향은 거세지고, 이는 그렇게 생각하지 않는 제3자에도 영향을 미칠 수 있다.

반향실의 위험성은 생각이 균질화 된다는 것 이상으로, 특정한 감정이 증

---

4   모이제스 나임, 『권력의 종말: 다른 세상의 시작』, 김병순 옮김(책읽는수요일, 2015), 444쪽.
5   캐스 선스타인, 『우리는 왜 극단에 끌리는가』, 이정인 옮김(프리뷰, 2009), 79쪽.

폭된다는 데 있다. 우리는 무의식적으로 갈등과 모순된 정보가 없는 환경을 조성하려고 한다. 그렇게 보고 싶은 것만 보고, 듣고 싶은 것만 듣게 되고 생각은 더욱 편향적으로 바뀔 여지가 커진다. 개인의 신념과 철학은 극단화되고 담론은 양극화된다. 균형을 표방하는 것은 어떤 면에서 양극단 중 하나를 선택하는 것보다 더 큰 용기를 필요로 한다.

공론장의 위기

제4장 '혐오 정체성'에서는 '누구의' 감정을 합의할 것인가에 대한 질문, 이른바 감정 합의 '주체'에 대한 문제 제기를 통해 민주주의 '정체성의 위기'를 논했다. 제5장 '혐오 유통'에서는 '어디서' 감정을 합의할 것인가에 대한 질문, 이른바 감정 합의 '공간'에 대한 문제 제기를 통해 민주주의 '공론장의 위기'를 말하고자 했다. 그 어떤 미디어보다 메시지를 빨리 실어 날랐던 SNS를 통해 우리 시대 반향실의 문제, 나아가 토론 공간이 약화되고 연설 공간이 강화되는 맥락을 짚고자 했다.

부정적인 감정이 거세질 때 민주주의 공동체는 상호 소통을 통해 해결해 왔다. 소통은 상호 신뢰의 감정 없이는 구축되기 어렵다. 반향실이 강화되는 소통 공간의 변화는, 결국 상호 신뢰의 감정적 기반을 퇴색시키며 토론 공간을 위축시킨다. 토론 공간이 약화된다는 것은 공론장이 위축된다는 것이며 감정 합의에 장애가 발생한다는 것을 의미한다. 이는 공론장의 위기, 결국 민주주의의 위기와 직결되는 문제다.

새로운 미디어 기술의 등장이 소통의 형식뿐만 아니라 소통의 내용에도 영향을 미친다는 것은 미디어 학계의 오랜 주제이기도 하다. 새로운 기술은 지식의 보급에 영향을 미치면서 새로운 권력 지형을 만들어냈고, 공동체 감정 변화에 큰 변화를 야기했다.

미디어의 첫 혁명이라 부를 수 있는 인쇄술도 마찬가지였다. 15세기 중반 구텐베르크가 발명한 금속활자는 정보의 폭발을 유도했다. 책이 보급되면서 텍스트는 구술(口述)을 능가하는 막대한 영향력을 행사할 수 있었다. 중세 교회의 배타적 권위를 의심하기 시작했고, 개개인 사유의 가치를 더 적극적으로 소환했다. 르네상스와 인본주의는 이 지점에서 시작되었다. 인쇄술이 없는 르네상스는 상상할 수 없었다. 하지만 정보의 폭발이 그 질을 담보하지는 못했다.

SNS에 온전히 그 책임을 물으려는 것이 아니다. 미디어 자체를 두고 선하다, 악하다 말할 수는 없다. 기술은 죄가 없다. 다만, 우리 공동체 감정은 복잡하게 얽히고설켜 공동체의 다양한 층위에서 영향을 받고, 미디어 기술은 그 층위 가운데 생각보다 강한 영향력을 발휘하고 있다.

그렇다면 이런 생각도 가능할 법하다. SNS의 텍스트가 반향실을 부추기고, 부정적인 감정이 넘치는 구조가 되어버렸다면, SNS의 빠른 속도를 역이용해 '대항'하면 안 되는가. 어떤 부정적인 표현에 대해 긍정적인 표현으로 대항하면, 긍정적인 표현도 발 빠르게 확산될 수 있지 않는가. 즉, SNS의 한계를 SNS의 가능성으로 상쇄시킨다면, 긍정적인 효과를 낼 수 있는 것 아닌가.

대항 표현

미러링

미러링을 논의하기에 앞서 분명히 밝혀둘 것이 있다. 미러링으로 대표되는 대항 표현(counter speech)을 적극적으로 활용하고 있는 - 사실상 미러링의 대표 공간이 된 - 온라인 커뮤니티 메갈리아와 워마드의 위상에 대한 논의다. 필자는 메갈리아와 워마드가 우리 시대 대한민국 공동체의 페미니즘을 대표한다고는 생각하지 않는다. 나아가 페미니스트라 불리는 이들에게 두 커뮤니티에 대한 입장과 평가를 강요할 필요도 없다고 믿는다.

사실 페미니즘의 층위는 우리가 생각하는 것보다 다양하고 복잡하다. 어떤 페미니스트는 메갈리와와 워마드가 페미니즘에 기여했다고 믿고 있고, 또 누군가는 진정한 페미니즘이 아니라고 비판하기도 한다. 메갈리아와 워마드에서 활동하는 사람들 역시 다양하다. 누구는 자신이 페미니즘에 기여하기 위해 왕성히 활동한다고 스스로 생각할 수도 있고, 또 누군가는 페미니즘에 대한 고민보다는 인터넷 특유의 놀이문화에 관심을 가지고 있을 수도 있다. 하위문화를 향유하기 위해 일종의 배설 공간 정도로 치부하는 이들도 - 본인이 의도했든 의도하지 않았든 - 존재할 것이다.

분명한 것은 메갈리아와 워마드는 페미니즘 현상의 극히 일부분일 뿐이며, '대항 표현' 전략의 한 유형인 미러링을 적극적으로 차용하고 있는 일개 온라인 커뮤니티에 지나지 않는다는 점이다. 우리 공동체는 메갈리와와 워마드를 과대 소비한 측면이 있고, 이 때문에 두 커뮤니티가 페미니즘의 대표 공간이라는 착시가 생긴 것도 사실이다.

그럼에도 불구하고 혐오 표현에 대한 반작용으로서의 대항 표현, 그 대푯값인 '미러링'을 고민할 때 메갈리아와 워마드를 소환하지 않을 수 없다고 생각한다. 메갈리아와 워마드의 의도가 어떻던, 미러링은 그들의 전략을 대표하는 대항 표현으로 인식되고 있다. 실제 미러링은 대한민국 페미니즘의 주요 전략이기도 하다. 자연히 이를 적극적으로 활용하는 메갈리아와 워마드를 연상할 수밖에 없다.

미러링은 말 그대로 거울로 비춘다는 말이다. 혐오 수신자가 맞닥뜨리는 혐오 표현이 혐오 발신자에게 적용될 수 있음을 그대로 보여주고, 이를 통해 혐오 표현이 얼마나 상처가 되는 것인지 자각을 유도하는 전략이다. 이런 점에서 미러링은 혐오 현상에 대해 되받아쳐서 말하는 '대항 표현'의 한 유형이다. 미러링은 대항 표현이 지향하는 것처럼 기존의 혐오 표현을 무력화시키는 데 기여해야 한다는 목표 의식을 갖고 있다.

김선희는 『혐오 미러링』에서 페미니즘에서 자주 활용하는 미러링 전략을 세 개의 층위로 나눠 설명한다. 첫째, 남녀의 기본 설정을 뒤바꾸는 방식이다. '남녀'를 '여남'으로, '부모'를 '모부'로, '하느님 아버지'를 '창조주 어머니'로 바꾸는 식이다. 여성을 부차적 존재로 간주하는 언어 질서를 전복한다는 의미가 있다. 둘째, 여성을 타자화하거나 성적 대상으로 비하하는 표현을 남성들에게 직접 되돌려주는 방식이다. 남성들이 부정적인 여성상을 상징하는 '김치녀'에 대해, '한남(충)' 혹은 '김치남' 등의 표현을 통해 맞대응 하는 전략이다. 셋째, 여성 혐오 표현을 오히려 긍정하고 새로운 표현으로 재탄생시키는 방식이다. '김치녀'에 담긴 속물적 존재의 의미를 신격화된 존재인 '갓(God)치녀'로 바꾼 것이 대표적인 사례일 것이다.[1]

즉, 미러링은 그 자체로도 세련된 혐오 대응 전략일 수 있다. 소수자들이

---

1   김선희, 『혐오 미러링: 여성주의 전략으로 가능한가?』(연암서가, 2018), 64~69쪽.

차별받고 있다는 것을 효과적으로 알릴 수 있고 있고, 차별받는 이들의 각성과 연대에도 긍정적인 효과를 낼 수 있다. 특히, 시민사회가 자발적으로 혐오를 극복하기 위해 마련한 일종의 자정 작용으로, 공적 영역의 사법 체계에 의탁하는 것이 아니기 때문에 사회적 비용도 최소화할 수 있다. 특히, 미러링의 가장 능률적인 지점은 그 '해설적 효과'에 있다고 평가한다. 법과 제도적 차별을 사례로 기술하는 것은 어렵지 않다. 하지만 법과 제도적 불평등이 어느 정도 해소된 시점에서 일상적으로 행해지는 차별과 배제에 대한 구술은 언어로 전달하는 데 한계가 있다.

공무원 시험에서 여성의 높은 합격률, 여성 급여가 현저히 올라가고 있다는 실질적 통계는 페미니즘을 싫어하는 사람들이 자주 쓰는 자료들이다. 사실상 여성들이 차별받고 있지 않다는 합리적 논거이기도 하다. 하지만 여성들은 ─ 제도상·법규상·명목상 차별받고 있지 않다손 치더라도 ─ 실질적으로 여전히 차별을 당할 때가 많다고 생각한다. 가령, 일상에서 겪는 범죄에 대한 공포, 성 역할에 대한 암묵적 강요 등이다. 여성들이 느끼는 감정적 좌절과 합리적 통계 간의 간극이 벌어질 때 이를 설명할 새로운 화법이 필요하다. 미러링은 이런 간극 속, 소수자가 일상적 단위에서 맞닥뜨리는 불평등의 구체적 지점을 적확하게 해설할 수 있다.

가령, 2010년 제작된 프랑스 단편영화 〈억압당하는 다수(Majorité Opprimée)〉는 '가모장제'라는 사유실험을 통해 차별받는 남성의 모습을 미러링한다. 여성이 일상 안에서 차별받는 모습을 대상만 바꿔 그대로 보여주는 식이다. 직장에서 능력을 쉽게 인정받고, 운동할 때도 브래지어를 착용하지 않는 여성의 모습과, 성폭력을 당해도 옷차림을 지적받는 남성의 모습을 대비시킨다.

남성이 길거리를 지나다 불특정 여성을 향해 휘파람 소리를 내거나 성희롱을 하는 행동, 이른바 '캣콜링'은 이 영화의 주요 소재다. 캣콜링은 여성이 일상에서 겪는 차별의 상징처럼 여겨지지만 많은 남성은 "마음에 드는 여성에 대해 관심을 표현하는 행동"일 뿐이라며 반박하곤 한다. 영화는 캣콜링의 수신자를 남성으로 바꾸는 미러링을 통해 그 별것 아닌 것 같은 유혹의 행동이 여성의 일상에서 공포감을 만들어낼 수 있음을 보여준다.

미러링은 거시 권력의 문제와 달리 논증이 어려운 미시 권력의 문제를 명료하게 풀어내는 수단이 될 수 있는 것이다. 미러링을 포함한 대항 표현이 법과 제도적 권리를 넘어 일상의 권리, 제도적 민주화를 넘어 일상의 민주화를 연상하게 만드는 강점이 있다고 생각한다. 하지만 지금 우리 공동체에서 미러링을 바라보는 시각은 꽤나 부정적이다. 일간 베스트의 반사회적 표현 방식을 그대로 차용하는 모방 범죄에 가깝다는 반박이 나오고 있다. 남성 성소수자와 남성 이주민, 남성 장애인, 심지어 남성 어린이에 대한 거칠고 과격한 발언이 도마에 올랐기 때문이다. 미러링이 사실상의 '남성 혐오'로 소비되고 있다는 주장도 있다.

혐오를 청소해야 할 미러링이 되레 혐오를 생산하고 있다는 뜻으로 읽힌다. 이는 '여성 혐오'를 '남성 혐오'로 맞대응하는 것이 맞느냐는 윤리적 비난으로 확장되었다. 메갈리아와 워마드의 미러링은 혐오의 대상만 바꿔놓았을 뿐 혐오라는 정동은 그대로 유지하고 있다는 비판이었다.

물론 이에 대한 반박도 있었다. 남성과 여성의 거대한 권력 격차를 상정했을 때 미러링을 통한 남성 혐오는 존재할 수 없다는 주장이었다. 많은 페미니스트와 혐오 연구자가 지지를 보냈다. 가령, '김치녀'라는 말이 대중 언어가 되었을 때 여성들은 자신도 모르게 위축을 경험하고 스스로를 통제하는 치안 효과를 불러일으키지만, 이에 대한 미러링인 '한남충'은 남성의 행동을 자제하는 치안 효과는 크지 않을 수 있다.

『말이 칼이 될 때』의 저자 홍성수는 여성 혐오 발언이 여성 차별을 확대 재생산하는 것과 마찬가지로, 미러링 차원에서 발화되는 남성 혐오 발언이 남성 차별을 확대 재생산한다고 볼 수는 없다고 말한다.[2]

---

2   홍성수, 『말이 칼이 될 때: 혐오표현은 무엇이고 왜 문제인가?』(어크로스, 2018), 211쪽.

SNS 시대, 혐오를 실어 나르는 에너지는 과거와 비교하기 어려울 만큼 커졌다. 미러링 역시 SNS 연결망에 의탁해 유통되었다. 제5장 '혐오 유통'에서 미러링을 논의하고자 하는 것은 이런 문제의식에서 시작되었다. SNS 시대의 특수성과 미러링이라는 대항 표현이 맞물릴 때 혐오 유통에 어떤 영향을 미칠 수 있는가에 대한 사유가 필요하다.

대항의 조건

미러링을 포함한 대항 표현의 조건으로 세 가지를 제시한다. 전복(顚覆)과 자각(自刻), 그리고 연대(連帶)다. 기존의 혐오 표현을 전복해 타자의 자각을 유도해야 하며 차별당하는 이들의 연대에도 기여해야 한다.

성소수자를 지칭하는 '퀴어(queer)'는 대항 표현 역사에 기념비적인 사례다. 퀴어라는 말은 원래 '기괴한' 혹은 '이상한'을 뜻하는, 성소수자를 경멸하는 욕설이었다. 하지만 성소수자들은 자신들을 나타내는 정체성으로 '퀴어'라는 표현을 쓰기 시작했다. "당신들은 기괴하다"라는 손가락질에, "그렇다, 우리들은 기괴하다"라고 맞받아쳤던 것이다. 자신들을 모욕했던 언어를 자신들의 언어로 가져오게 되면, "당신들은 기괴하다"는 기존의 욕설적인 의미가 전복(顚覆)될 수 있다는 함축이 있었다.

혐오 표현은 타자를 모욕하기 위한 의도에서 만들어진다. 모욕적인 표현에 모욕적인 의미가 사라지게 되면, 그것은 더 이상 모욕이 아니다. 성소수자들이 '기괴함'을 자신의 정체성을 상징하는 표현으로 과감히 바꿔버리면서 기괴함에 대한 모욕적 의미를 전복해냈던 것이다.

성소수자들은 표현의 전복 과정을 통해 자신이 기괴한 존재가 아니라고 자각(自刻)했다. '기괴함'이 허상에 불과할 수 있다는 '자각', 그럼에도 자신에게 '기괴함'이라는 정체성이 강제적으로 덧씌워졌다는 '자각', 결국 자신들의 감정도 충분히 존중받아야 한다는 '자각'이었다. 혐오 표현 피해 당사자들이 자신을 변호할 권리, 나아가 부당함을 말할 권리를 인식하는 기회가 마련되는 것이다.

그렇게 자각한 사람들이 한데 모이면 연대(連帶)로 이어진다. 자신들을 기괴하다고 부르는 사람들을 향해 단체 행동이 시작된다. '퀴어 축제'는 그 상징적 장면이었다. 자신들을 향한 혐오 표현을 전복해 그 부당함을 자각한 이들의 연대 행위였다. 대한민국 공동체에서도 메갈리아나 워마드가 탄생하기 이전부터 대항 표현과 관련한 의미 있는 궤적들이 여럿 있었다. "성폭력의 피해자가 되지 않기 위해서는 여성은 헤픈 옷차림을 피해야 한다"는 말에 대항해 야한 옷을 입고 거리를 행진하는, 이른바 '잡년 행진'도 유사한 사례였다.

2011년 시작된 이 대항 표현은 원래 캐나다의 '슬럿 워크(slut walk)'에 기원을 두고 있다. 우리말로 '헤픈 옷차림으로 걷기' 운동은 '헤픈'이란 표현에 담긴 기존의 의미를 전복시켜 해방의 의미로 변화시키려는 연대 행동이었다. '헤픈 여성'이란 표현을 통해 '헤픈 여성'은 없다는 역설적 메시지였다. 여성을 향해 '헤프다'라고 말하는 것은 그 실체가 없으며, '헤프다'라고 말하는 발화자의 편견에 뿌리를 두고 있다는 것을 에둘러 표현하는 방식이었다.

대항 표현의 메커니즘은 표현들 속에 사실상 확정된 의미가 없다는 것, 따라서 얼마든지 변할 수 있다는 언어 철학적 함축을 전제하고 있다. (성소수자를 향한) '기괴함', (짧은 치마를 입은 여성을 향한) '헤픔'이라는 손가락질은 특정 시기나 특정 공간에서 모욕적으로 읽힐 수 있지만, 이것이 사회적으로 달리 해석될 수 있다는 것이다.

주디스 버틀러(Judith Butler)가 『혐오 발언(Excitable speech: a politics of the performative)』에서 "표현에는 고정된 의미가 없다"고 말한 것도 이런 맥락이 담겼다. 표현에 담긴 의미는 가변적이기 때문에 표현으로써 혐오에 '맞대응'하는 것은 생각보다 어려운 일이 아니다. 심지어 버틀러는 어떤 표현이 상처가 되는지, 혹은 상처가 되지 않는지 기준이 모호하다고 해석한다.[3] 핵심을 꿰뚫는 대항 표현으로 맞받아치는 과정은 곧 전복과 자각, 연대의 주춧돌이 될 수 있다.

버틀러는 혐오 표현이 어떤 의도로 발화되었든 발화의 주인은 존재하지 않는다고 말한다. 발화되는 순간 그 의미는 화자의 통제를 벗어나 과거, 현재, 미래의 맥락에 놓이게 되면서 끊임없이 그 의미를 다시 부여받게 된다. 설사 소수자를 차별하려는 의도로 발화된 혐오 표현이라 할지라도 발화자와 청자가 서로 대화를 주고받으며 반박을 하는 가운데 그 의미가 재창조되고 새로운 의미가 부여되면서, 발화자의 의도에 담긴 최초의 해악은 차후에 스스로 치유될 수도 있다.[4]

결국, 대항 표현은 혐오 표현이 얼마나 공허한 것에 지나지 않는지, 나아가 타자를 향한 혐오라는 감정이 허상에 머무를 뿐이라는 것을 입증해내는 과정과 같다. 혐오는 표현에 의해 설계되고, 표현을 통해 강화되었으며, 그렇게 고착화되었다는 전제가 깔렸다. 그렇게 혐오 '표현'을 전복해 새로운 의미를 재창조하며, 혐오의 지반을 흔들자는 각성이 시작된다. 상처를 주는 말은 그것이 작동했던 과거의 영토를 파괴하는 재배치 속에 저항의 도구가 된다.[5]

이런 과정은 우리 공동체의 자각으로 연결될 수 있다. 대항 표현은 사실상 피해를 받고 있다고 믿는 이들이 고통을 호소하는 과정이다. 일상적 차별에 대한 서술의 어려움을 대항 표현을 통해 극복하게 함으로써 공동체는 이를 경청할 여건을 갖춘다. 그리고 누군가는 무의식적인 관행을 반성하기도 한다. 표현에 대한 전복, 그리고 이어지는 의미의 재창조를 통해 혐오의 위험성은 자연스럽게 공론장 위로 올라가는 것이 가능해진다. 하지만 메갈리아

---

3   주디스 버틀러, 『혐오 발언: 너와 나를 격분시키는 말 그리고 수행성의 정치학』, 유민석 옮김 (알렙, 2016), 38쪽.

4   홍성수, 『말이 칼이 될 때: 혐오표현은 무엇이고 왜 문제인가?』, 222쪽.

5   같은 책, 302쪽.

와 워마드의 미러링은, 대항 표현의 조건을 제대로 충족시키지 못하고 판단한다. 첫 번째 조건인 '전복'에 실패했기 때문이다.

전복(顚覆)의 실패

2015년 여름 메르스가 한창 유행했을 당시, 온라인상에는 홍콩에서 메르스 증상을 보인 한국인 여성 두 명이 격리 조치를 거부했다는 소문이 돌기 시작했다. 온라인 커뮤니티인 메르스 갤러리에서는 이들 여성을 '김치녀'라고 일컬으며, 한국 여성 전체를 싸잡아 비난하는 혐오성 글이 계속 올라왔다. 자신들의 여행을 위해 방역을 방해하는 이기적인 모습을 보였고 이는 곧 한국 여성의 전형적 모습이라는 것이었다. 정체성에 대한 일반화 과정과 같았다.

이들 여성은 격리를 거부한 적이 없는 것으로 확인되었다. 메르스 갤러리 여성 회원들은 저항의 의미로 '김치남'이란 표현을 쓰기 시작했다. 갈등이 커지자 갤러리 운영자는 '김치남'이라는 표현의 사용을 금지했다. 이에 반발한 여성들은 온라인 독립을 선언하며 '메르스'와 페미니즘 소설 『이갈리아의 딸들』을 합성해 '메갈리아'라는 커뮤니티를 만들었다. 메갈리아의 시작이었다.

반론도 있다. 메갈리아는 여성 혐오에 대항하기 위해 탄생한 집단이 아니며, 이미 이전부터 혐오 발언과 일베 문화를 공유하고 있었던 여초 커뮤니티 '남자연예인 갤러리'가 메갈리아에 동참했다는 것이다. 그 과정에서 자신들의 정당성을 포장하기 위해 나중에 미러링이란 명분을 사후적으로 부여했다는 의미였다.[6]

---

6   박가분, 『혐오의 미러링: 혐오의 시대와 메갈리아 신드롬 바로보기』(바다출판사, 2016), 62쪽.

이런 상이한 탄생 논란에도 불구하고 메갈리아가 만들어진 초기 단계에는 꽤 많은 페미니즘 진영이 지지를 보낸 것도 사실이었다. 우리의 기대와는 달리 커뮤니티의 정통성이 많이 오염된 곳에서 시작되었다 할지라도, 그 이후에 진보적인 문화가 어느 정도 형성되었다면 평가받을 가치가 있다고 생각한다. 실제로 많은 여성주의자는 서구 페미니즘에서 유행하던 '대항 표현'이 '미러링'을 통해 구현되었다며 흥분을 나타내기도 했다.

하지만 거센 논란이 이어졌다. 미러링을 지렛대 삼아 여성 문제를 공론장에 올림으로써 여성들의 자각과 연대에 기여했다는 평가와 함께, 그 전략적 효용성을 의심하는 목소리가 동시에 쏟아졌다. 여성학계 내부에서도 의견이 갈렸다. 메갈리아는 일베에 대항한 유일한 '당사자 집단'이라는 평가와,[7] 미러링은 남성들이 남발하는 반동적인 전략에 똑같이 휩쓸릴 수 있다는 우려가[8] 교차했다.

2015년 말, 메갈리아 내부에서는 성소수자를 비하하는 언어들이 자주 게시되기 시작했다. 특히, 생물학적 성(性)을 기준으로 모든 남성에 대해 적대적 언어를 쏟아냈던 일부 회원들은, 같은 이유로 남성 성소수자에 대해 격한 반감을 표현했다. 남성 성소수자에 대한 아웃팅 사례도 여럿 있었다. 메갈리아 운영진은 우려를 나타냈고 이에 반발한 회원들은 워마드로 떨어져 나왔다. 회원이 계속 빠져나가던 메갈리아는 2017년 문을 닫았다. 두 사이트의 결별은 중요한 의미가 있다. 대항 표현을 다루는 방식에 큰 변화가 있었다는 것을 함축하고 있기 때문이다.

워마드는 자신들이 적대했던 일베에서 성소수자를 비하하는 데 쓰였던 '똥꼬충'이란 혐오 표현을 그대로 차용했다. 남성 성소수자 역시 '남성'이기 때문

---

7 정희진, "메갈리아는 일베에 조직적으로 대응한 유일한 당사자", ≪동아일보≫, 2016년 7월 30일 자.

8 "『여성 혐오를 혐오한다』 저자 '남성 혐오'는 성립하지 않는다," ≪허핑턴포스트코리아≫, 우에노 미츠코 한국 토크 콘서트 발언 인용, 2016년 6월 7일 자.

이었다. 심지어 트랜스젠더에 대해서도 격한 반감을 드러냈다. 남성 성소수자를 배척했던 워마드의 태생 근거는, 페미니즘이 동성애 운동의 지지 학문으로 기능했던 역사가 부정된 것이나 마찬가지였다. 이는 워마드 스스로 대항 표현이라 여겼던 미러링이 – 대항 표현에서 가장 중요한 의미를 갖고 있는 – 전복에 실패했다는 것을 증명한 것이다.

생물학적 남성에 대한 적대적 감정은 다양한 형태로 드러났다. 2018년 7월, 워마드에는 '낙태 인증'이라는 제목으로 남성 태아를 낙태한 뒤 가위로 난도질한 잔인한 사진이 게재되었다. 워마드에서는 나이 어린 한국 남성을 '한남유충'이라고 표현했다. 자신들이 적대시하는 '한남'으로 성장할 존재, 이른바 한남 '유충'을 미리 제거했다는 의미였다. 당시 만났던 한 인권단체 활동가는 이를 뉴스로만 봤는데도 큰 충격을 받았다고 했다.

> 워마드가 페미니스트인지, 아닌지는 중요한 게 아닙니다. 다만 이런 행동이 과연 임신중절을 경험했거나, 혹은 이를 고민하고 있는 사람들을 조력할 수 있는 것인지 잘 모르겠습니다. 저 역시 임신중절을 했던 과거의 기억이 소환됐고, 괴로웠습니다. 낙태죄를 엄벌해야 한다며 유산된 태아의 사진을 도심에 전시했던 사람들과 다르지 않다고 느꼈습니다.

이 인권단체 활동가의 말대로, 낙태된 태아를 전시하는 행위는 낙태를 반대하는 단체에서 자주 사용하는 전략이었다. 특히 종교 집단에서 이 같은 방식을 자주 활용했다. 잔인한 시각적 이미지를 통해 낙태가 살인과 동일하다는 것을 효과적으로 전달할 수 있었다. 하지만 종교 집단의 태아 전시 행위는 생명의 존엄성을 주장하던 자신들의 교리에 대한 자기 부정이기도 했다. 생명의 가치를 강조하기 위해 생명을 선동의 수단으로 삼았기 때문이다.

사실 이 글을 올린 여성이 정말 낙태를 하고 그 사진을 올렸는지, 아니면 인터넷에 돌아다니는 사진을 퍼온 것인지 여부는 중요하지 않다고 생각한다. 해당 게시글에 대한 다른 워마드 회원들의 반응은 '한남 유충'에 대한 공격적 언어로 수렴되어 있었다. 극도로 과장된 SNS 놀이문화, 혹은 어느 사회에서나 있었던 하위문화에 불과하다는 해석도 있지만, 워마드 회원들은 남아 사체 전시 행위를 통해 대항 표현의 화법을 그대로 따르고 있다고 믿고 있는지 모른다.

낙태죄 폐지는 여성 단체들의 숙원이었고, 여권의 상징처럼 여겨졌다 — 2019년 4월 헌법재판소는 낙태죄에 대해 불합치 판결을 내렸다. 하지만 해당 게시자는 낙태를 반대하는 사람들이 자주 사용했던 전략을 그대로 차용함으로써 오히려 반대의 효과를 냈다. 이 야박한 전시 행위가 불가피하게 낙태 경험이 있던 인권단체 활동가의 아픈 기억을 소환했듯이 말이다. 이는 자신들이 배척하는 남성을 물화(物化)시키는 선동과도 같았다. 인간을 물화시키는 방식은 이내 여성도 물화됨을 의미할 수 있었다.

> 미러링이 성공적인 대항 표현으로써 효력을 발휘하기 위해서는 미러링에서 사용하는 '동일시'가 '잠정적'인 것임을, 그것이 혐오를 모방하면서 그 논리를 벗어나고 있는 '이중적'인 것임을 보여줘야 한다.[9]

대항 표현의 목적이 혐오의 전복이라면, '김치녀'가 태초부터 존재한 것이 아니라는 깃을 입증해야 한다. 그렇게 김치녀는 허구적 정체성임을 설득해내야 한다. 하지만 위와 같은 대항 표현은 '김치녀'를 전복하기 위해 만들어진 언어라기보다는 자신들의 모욕에 대한 보복 조치로 활용되고 있음을 보여준다. 한남충 혹은 갓치녀라는 대항 표현을 통해 "김치녀는 없다"는 선언은 사실상 달성되지 못했다.

가령, 누군가 나에게 '미친놈'이라고 욕했을 때 '너도 미친놈'이라고 응수한

---

9   이현재, 『여성혐오 그 후: 우리가 만난 비체들』(들녘, 2016), 71쪽.

다고 해서 '미친놈'에 담긴 욕설의 의미가 전복되는 것은 아니다. 오히려 '미친놈'이란 말에 담긴 모욕의 의미는 강화된다. 대항 표현은 '미친놈'이라는 말 자체가 허구임을 통해 욕설의 수신자뿐만 아니라 욕설의 최초 발화자 역시 '미친놈'이 아니라는 것을 증명해야 하지만, 보복 그 이상의 의미를 발견하는 것은 어렵다. 보복 조치는 되레 그 의미를 고착화한다는 함정이 있다.

쾌 많은 여성주의자가 메갈리아나 워마드에 드러난 여러 문제를 인정하면서도 여성 스스로 자신의 위치를 자각하고 함께 연대하는 기틀을 마련했다고 평가한다. 전복을 하지 못해도 자각과 연대를 어느 정도 구현해냈다면, 대항 표현으로서의 의미를 둬야 한다는 접근 방식이었다.

하지만 전복을 제대로 성취하지 못하면 자각과 연대 역시 기형적인 형태가 된다. 전복에 실패했더라도 자기 위로와 사회적 공포를 치유하는 의학적 효과를 상정한다는 것은 심지어 혐오를 지지하는 논거와 맞닿아 있다고 생각한다. 이주민을 향한 공포와 여기서 파생되는 혐오, 동성애자에 대한 불편함에서 나오는 혐오 역시도 자기 불안감의 위안 효과에 근거할 수 있다.

이런 자기 위안은 혐오를 강화시키고, 타자에 대한 반감을 강화시키는 자각, 그렇게 모두 힘을 합해 이들을 몰아내야 한다는 연대로 기능하기도 한다. 그런 자각과 그런 연대를 지지하는 것은 혐오를 지지하는 것과 마찬가지 아닐까. 결국 전복에 실패한 대항 표현이 치유 효과가 있다는 식의 접근은 혐오 표현을 지지하는 것과 다르지 않다.

역(逆)대항 표현

메갈리아와 워마드의 미러링을 대항 표현의 대푯값으로 설정하고 이런 미러링 방식이 ─ 대항 표현의 핵심 요건인 ─ '전복'에 실패했다고 진단했다. 누군가는 필자가 메갈리아와 워마드를 공격하는 반(反)여성주의자라고 생각할 수도 있을 것 같다. 메갈리아와 워마드의 한계를 말하려는 것은 아니다. 오히려 우리 시대 '대항 표현'이 영악한 취지에도 불구하고 그 취지가 제대로 구현되기 어려운 미디어 환경의 변화를 고민하고 있다.

공동체의 혐오 자정 능력의 척도 가운데 하나는 '대항 표현'이 사회적으로 얼마나 수용되느냐에 달려 있다고 생각한다. 공동체가 혐오에 대항하는 표현에 대해 관용적이라면, 따라서 대항 표현의 위세도 혐오 표현 만만치 않게 거세질 여지가 있다면, 그 사회는 혐오 감정을 어느 정도 자정할 요건을 갖췄다고 판단한다. 하지만 최근 상황을 보면 역설적이게도 대항 표현이 늘어날수록 혐오는 증폭되고 있다. 미러링을 포함한 대항 표현의 전략적 의미가 우리 시대에 퇴색되고 있다고 진단한다.

물론 혐오 표현 자체가 미성숙한 형태이고, 이런 미성숙한 표현에 저항하는 대항 표현 역시 성숙하지 못한 형태로 나타날 수밖에 없다는 반론도 존재한다. 하지만 대항 표현은 늘 미성숙한 혐오 표현과 싸운다. 대항 표현 생산자에게 좀 더 엄격한 의무를 부여할 필요가 있다고 생각한다. 혐오를 연구하는 사람들은 그 '진위'조차 왜곡될 수 있는 메커니즘을 알고 있어야 한다. 도덕과 윤리에 대한 아쉬움 혹은 한탄에 안주해서도 안 된다. 합리적인 대항 표현조차도 왜곡되어 소비될 수 있는 것까지 예측하고 고민해 전략을 적확하게 세울 의무가 있다.

언론에 의해 미러링 전략이 과잉 대표화 되었다는 반론도 가능할 것이다. 그러나 언론이 메갈리아와 워마드의 일부 사례를 들어 왜곡된 페미니즘 현상으로 바이럴을 유통시켰던 것은 언론 스스로 만든 프레임이라기보다는 이미 SNS 현상이 되었기 때문이라고 생각한다. 언론의 '받아쓰기'에 대한 저널리즘적 비판과 별개로, 이미 대중의 감정선이 메갈리아와 워마드에 대한 반감으로 충만해 있었기 때문이다. 언론 기사는 트리거(trigger)에 지나지 않았다. 사실상 페미니스트라 불리는 이들이 패륜적 행위를 하길 바라는 일탈 기대 심리가 있었고, SNS는 이런 심리를 거칠게 유통했으며, 언론은 이를 정리해 주었다. 지금의 혐오 감정은 이런 식의 유통 구조의 층위에서 보급되고 있다.

다시 SNS로 돌아오자. 혐오 표현이 있고, 이에 대한 대항 표현이 만들어졌을 때 이 과정에서 유의미하든 무의미하든 일련의 토론 과정을 수반한다. 공론장의 주제는 '혐오 표현은 정당한가'가 될 것이다. 하지만 SNS의 가속성(加速性)은 대항 표현을 발 빠르게 유통시키는 동시에, 대항 표현에 대한 '역(逆)대항 표현' 역시 빠른 속도로 퍼뜨린다. SNS를 통해 역시 빠르게 유통된 역대항 표현이 나오고, 토론이 진행되기 전에 이미 역대항 표현은 기존의 대항 표현과 함께 공론장에 함께 올라간다.

가령, '김치녀'에 대한 대항 표현으로 '한남'이 만들어졌지만 이내 '뷔페미니즘'이란 역대항 표현이 만들어졌다. 뷔페미니즘은 페미니스트들이 권리에 따르는 책임은 거부하고 권리만 선택적으로 추구하는 것을 조롱하는 속어다. '한남'과 '뷔페미니즘'은 이렇게 함께 유통되며 동일한 공론장에서 함께 대결하고 갈등하는 모습을 취한다. 이렇게 '대결'이 되고 이내 '논란'이 된다. 그러는 사이 역대항 표현에 대한 또 다른 역역(逆逆)대항 표현이 나온다. 그런 과정이 계속 반복된다. 결국, 공론장의 주제는 '혐오 표현은 정당한가'가 아니라 '둘은 왜 싸우는가'가 되어버린다. 이런 상황에는 '혐오'가 아니라 '갈등'이라는 키워드가 붙여진다. 미러링으로 촉발된 사회적 긴장에 대해 꽤 많은 지식인은 '남녀 갈등'이라는 해석을 내놨다.

이러는 사이 소수자에 대한 차별과 배제의 부당함은 중요한 문제가 아닌 게 된다. 우리 공동체는 갈등과 대결이 생기면, 한쪽을 지지하거나 혹은 둘 다 싫어하거나, 주로 둘 중 하나의 형태로 소비한다. 자연히 우리의 시선은 '차별과 배제'가 아니라 '상호 폭력'에 쏠린다.

페미니스트들은 워마드의 여러 패륜으로 소비되는 여러 행위에 대한 입장을 강요받고, 심지어 검증 당한다. 상호 폭력으로 인식되는 사안에 대해 정치인이 취할 수 있는 가장 편한 방식은 양비론이다. 혐오 표현과 대항 표현,

역대항 표현과 역역대항 표현의 반복을 통해 혐오가 갈등으로 취급될 때 우리는 혐오를 고민할 소중한 기회를 놓칠 수 있다.

연세대학교 강욱건 등은 통계청 우수 논문 공모작 「국내 페미니즘운동의 여론 변화조사 및 특징적 요소분석」에서 SNS 분석을 통해 페미니즘에 대한 인식이 얼마나 극적으로 변했는가를 실증적으로 입증한다. 2016년 1월 1일부터 2018년 6월 11일까지 2년 6개월 동안 뉴스, 블로그, 소셜 네트워크 등의 인터넷 자료를 수집하고 워드클라우드, CONCOR, 트위터 데이터 분석을 통해 페미니즘 여론을 분석한 결과물이다.

연구진은 2016년 강남역 살인 사건을 시작으로 여성 혐오 키워드가 적극적으로 소비되기 시작했고 이 때문에 페미니즘이 자주 언급되기 시작했다고 분석한다. 이런 경향은 2017년에도 이어지는데 할리우드 배우인 엠마 왓슨(Emma Watson)을 비롯한 국내외 유명인들의 페미니즘 관련 발언이 주목을 받으면서 여론이 확장되었으며, 2018년에는 미투 운동의 영향으로 페미니즘 이슈가 더욱 확장된 형태로 소비되었다고 말한다.

하지만 연구는 이에 대한 반작용을 주목한다. 여성 혐오라는 키워드에서 시작된 페미니즘 운동이 '남성 혐오'와 '미러링'이라는 키워드에 복속되면서 페미니즘 운동이 성 대결, 상대에 대한 혐오의 특징을 보이기 시작했다는 것이다. 결국 페미니즘에 대한 인식은 부정적인 방향으로 흘렀고 거부감도 커진 것으로 결론 내렸다.[10]

앞서 SNS 공간이 집단 상상력을 유도하는 환경을 분석한 바 있다. 인터넷에 기반을 둔 익명의 공간은 민주주의의 공론장 역할을 했지만, SNS 시대에 이르러서는 혐오 표현의 과잉 공급에도 기여했다. 강남역 살인 사건을 계기로 페미니즘 담론 역시 SNS를 통해 급속도로 퍼져나갔지만 불과 1~2년 사이

---

10   강욱건·이학래·민경은, 「국내 페미니즘운동의 여론 변화조사 및 특징적 요소분석: 빅데이터 분석방법을 활용하여」, 2018년 통계청 논문 공모 우수 논문 수상작(2018), 15쪽.

이에 대한 반작용도 커졌다. 미러링이란 대항 표현이 반감 누증에 중요한 역할을 했다는 것은 우리 시대 대항 표현이 얼마나 효과를 볼 수 있을지에 대한 고민을 낳는다.

이는 페미니즘을 표방하는 온라인 커뮤니티 생태계에도 영향을 미쳤다. '역대항 표현'이 비슷한 속도로 증가한다는 것은 미러링을 사용하는 이들의 감정을 자극한다. '토론 공간'이 아닌 '연설 공간'에 가까운 SNS의 공간적 특성과 맞물리면서 반향실은 자극된다. 미러링 역시 반향실에 갇혀버릴 위험이 있다.

이는 토론에 의탁하고 있는 대항 표현의 목적성이 상실된다는 것을 의미한다. 미러링은 토론 공간에서 자연스럽게 잉태된 전략이 아니라 연설 공간에서 분재된 보복 조치에 가깝게 조형된다. 그 강도는 더욱 거세진다. 자연히 '역대항 표현'에 대항해 더 극렬하고 원색적이며 자극적인 방식이 주도권을 쥘 수 있음을 의미한다. 그렇게 워마드가 메갈리아에서 독립했고, 칼로 난도질당한 남성 태아의 사진이 실렸다. SNS 시대, 대항 표현의 취지가 제대로 구현되는 것은 어려운 일이 되었다 ─ 그렇다고 대항 표현의 취지 자체를 부정하는 것은 아니다. 그 효력이 떨어지고 있을 뿐이지, 혐오를 극복하는 대안으로서 대항 표현의 의미는 여전히 크다고 생각한다.

주디스 버틀러는 대항 표현이 나오면 사회가 충분히 건강한 토론을 할 수 있다는 자신감을 전제하고 있다. 여전히 그의 믿음을 존중하고 싶지만, 그의 책 『혐오 발언』은 1997년에 쓰였다. 국내에는 2016년 번역되었을 뿐이다. 20년 사이 미디어의 환경은 격동했다. 혐오 감정이 증폭되는 양식은 그때와는 비교할 수 없을 만큼 달라졌다. 일베로 촉발된 혐오 표현 논쟁이 시작된 것이 불과 2012년이었다. 주디 버틀러가 강조해 왔던 '맞받아치기', 모욕적인 발언에 대한 저항적 전유, 그리고 재수행, 상대의 언어를 전복하고 해체하는 정치적 실천은, 빛을 발하기도 전에 역대항 표현의 무게를 버텨내기 어려워하는 것은 아닐까.

혐오받는 이들의 저항 운동만으로는 지금의 혐오 문제를 해결하기 어렵다고 생각한다. 이런 이유 때문에 혐오 표현에 대한 규제에 찬성하는 편이다 ─ 버틀러는 국가가 나서 혐오 여부를 판단하는 것을 경계하며 대항 표현과 같은 자정 작용으로 혐오를 극복해야 한다고 믿었다. 대항 표현과 같은 민간 영역의 자정 작용이 제한될 수 있다면, 자연스럽게 공적 영역의 역할을 생각하지 않을 수 없다.

하지만 유감스럽게도 문제는 지금부터다. 오히려 혐오를 부추기는 정치 세력들이 나타나기 시작했다. 민간 영역의 혐오의 자정 작용이 그 어느 때보다 어려운 시기, 공적 영역까지 나서서 혐오를 부추기고 있다. 지금껏 우리가 경험하지 못한 민주주의의 뒤안길, 포퓰리즘의 등장이었다!

제6장

혐오 정치

포퓰리즘

독일의 정치학자 얀 베르너 뮐러(Jan-Werner Müller)는 "포퓰리즘은 민주주의 최고의 이상(국민이 직접 통치하게 하자!)을 실현해 주겠다고 약속하는 '타락한' 형태의 '민주주의'다"[1]라고 했다. 우리는 여기서 혼란스러움을 느낀다. 부정적 의미로 쓰이는 '타락'과 긍정적 의미의 '민주주의'라는 정치제도, 결코 중첩되기 어려울 것 같은 두 말이 교묘히 결합되었다는 것은 포퓰리즘을 명확하게 규정하는 것이 쉽지 않다는 것을 의미한다.

이런 이유 때문에 포퓰리즘은 방만하게 쓰이는 표현 가운데 하나다. 가령, 우리 사회는 포퓰리즘을 '인기에 영합하는 정치'로 정의하곤 한다. 2010년 학교 무상급식 정책으로 촉발된 포퓰리즘 논란이 영향을 미쳤을 것이다. 권력자들은 무상급식에 대해 '망국적 포퓰리즘'이라고 지칭했다. 포퓰리즘은 '인

---

1   얀 베르너 뮐러, 『누가 포퓰리스트인가: 그가 말하는 국민 안에 내가 들어갈까』, 노시내 옮김 (마티, 2017), 16쪽.

기(Popular)'가 아니라 대중 또는 민중을 뜻하는 라틴어 '포풀루스(populus)'에서 유래되었다. 정확히는 '대중주의'가 맞는 표현일 것이다.

이런 기억 때문에 포퓰리즘은 지키지도 못할 선심성 정책을 펴고, 복지에 경도되어 시장주의와 자본주의 정신을 퇴색시키는 좌파 이데올로기 그 어디쯤으로 소비되고 있다. 언론 역시 이런 접근을 선호해 왔다. 보수 성향 언론들은 수혜성 복지의 대명사로 알려진 남미 정치 지도자의 사례를 포퓰리즘의 대푯값으로 거론했다. 주로 우파 진영에서 좌파 진영을 공격할 때 쓰이는 정치적 프레임에 가까웠다. 하지만 선심성 복지는 포퓰리즘이 드러내 보일 수 있는 여러 층위 가운데 극히 일부분에 지나지 않는다.

카스 무데(Cas Mudde)와 크리스토발 로비라 칼트바서(Cristóbal Rovira Kaltwasser)는 저서 『포퓰리즘(Populism: a very short introduction)』에서 포퓰리즘을 설득력 있게 정의한다. 포퓰리즘은 공동체 구성원을 순수한 민중과 부패한 엘리트로 나눈 뒤, 민중에 의한 정치를 방해하는 부패한 기득권을 심판해야 한다는 것을 핵심적 구호로 삼는다. 포퓰리즘의 중요한 자원은 힘 있는 자들에 대한 적대심이다. 무데와 칼트바서가 포퓰리즘을 일컬어 '중심이 얇은 이데올로기'라고 일컬었던 이유이다.[2]

자연히 포퓰리스트들의 시선은 공동체 기득권을 쥐고 있는 엘리트를 향한다. 그들은 엘리트의 부패, 나아가 무능함을 적나라하게 드러낼 수 있는 어떤 지점들을 찾고, 이를 구체화하는 작업에 집착한다. 우리 공동체가 마주한 정체성 위기, 정상성 위기의 국면에서 포퓰리스트들은 기득권이 강조하는 기성(旣成) 도덕과 윤리를 부패함 혹은 무능과 등치시켰다 ─ 기성 도덕과 부패가 어떻게 등치될 수 있는가는 중요한 것이 아니다. 그들이 말하는 부패한 엘리트는 공동체 구성원들의 삶을 갉아먹고 있는 타자들에게 관용을 베풀고, 경직된 인권이라는 가치에 집착해 정작 평범한 구성원의 삶을 제대로 보듬지 못한

---

2   무데·칼트바서, 『포퓰리즘』, 이재만 옮김(고유서가, 2019), 15쪽.

다고 여겨지는 권력자들이었다. 그렇게 엘리트와 더불어 '타자'를 몰아내자는 구호를 내걸었다. 그들을 키운 것은 8할이 타자 혐오였다. '아메리칸 퍼스트'를 주창한 미국의 트럼프, 이주민에 대한 적개심을 적나라하게 드러내는 독일의 '독일을 위한 대안', 프랑스의 장 마리 르펜(Jean-Marie Le Pen), 그의 딸 마리 르펜(Marine Le Pen), 그리스의 '황금새벽당', 네덜란드의 '자유당', 영국의 '독립당'의 거칠고 공격적인 연설문이 그것이다.

이 같은 형태의 포퓰리즘은 역설적이게도 좌파가 우파를 공격하는 명분을 제공했다. 좌파 엘리트들은 포퓰리즘을 나치즘이나 파시즘, 전체주의가 발흥할 징후로 해석하곤 했다. 진영 논리에 의한 기준선을 만들어 포퓰리스트를 파시즘의 원류인 극우와 다를 것이 없다고 몰아붙였다. 그들은 포퓰리스트의 목표가 민주주의를 무너뜨리고 독재를 성취하려는 극우적 이데올로기와 다를 것이 없다고 말한다. 심지어 그들은 포퓰리스트의 성장을 목격하며 홀로코스트의 '재래'를 우려했다.

포퓰리즘은 누군가에겐 '좌파' 철학이며, 또 누군가에겐 '우파'의 철학이 된다. 포퓰리즘의 아이러니다. 앞서 무데와 칼트바서의 말처럼, 포퓰리즘은 우리에게 익숙한 '사상(思想)' 혹은 '주의(主義)'와는 거리를 둔다. 엘리트의 부패와 무능을 부각할 수 있다면 온갖 이데올로기를 불러들이며 변태(變態)를 거듭한다. 좌파의 철학이든, 우파의 철학이든, 일정 부분 진영 철학을 표절할 뿐이다. 그들에게 이데올로기는 목적이 아니라 도구에 그친다. 포퓰리스트가 좌파 혹은 극우에 가깝다는 여러 수사는 소모적인 논쟁일 뿐이다. 커뮤니케이션 관점에서 본다면, 포퓰리즘은 특정한 주의나 주장을 의미하는 것이 아니라, 시민의 참여를 이끌어내는 설득 과정, 즉 '정치 커뮤니케이션 레토릭'에 가깝다.[3] 그 레토릭은 기득권 세력에게 탄압받는 민중, 그리고 탄압 당사

---

3   백영민, 「커뮤니케이션 관점으로 본 포퓰리즘의 등장과 대의 민주주의 위기」, ≪커뮤니케이션 이론≫, 12권 4호(2016, 겨울), 19쪽.

자인 엘리트에 대한 적대적 비판이다.

사상도, 철학도 아니라면, 포퓰리즘을 구성하는 핵심은 무엇인가. 다시 이 책의 중심 표제어로 돌아가려고 한다. 감정이다. 포퓰리즘은 적대적 감정 한복판에 위치한다. 그들은 상대를 증오하기 위해 사상과 철학을 불러와 요긴하게 쓰지만 증오에 방해가 된다고 판단되면 과감히 내쳐버린다. 심지어 자신의 말과 행동에 배척하는 철학을 재소환하는 경솔함까지 지녔다. 트럼프는 2009년까지 충실한 민주당원이었다. 의료보험 개혁을 찬성했고, 유색 인종에게 호의적이었으며, 낙태가 처벌받아선 안 된다고 주장하기도 했다.

정체성 위기 국면에 발흥한 포퓰리즘을 감정 정치 관점에서 재해석하면 이렇다. 포퓰리스트들은 공동체 구성원이 느끼는 부정적인 감정들을 해결할 새로운 해법을 제시하며 등장한다. 하지만 그 방식은 자극적이다. 부정적인 감정을 추동한다고 여겨지는 이들을 배제하고 심지어 처벌해야 한다고 연설한다. 그래야 우리의 부정적인 감정을 손볼 수 있다고 말한다. 그들의 사유에는 선과 악, 둘 뿐이며 악을 혐오함으로써 정치를 실천할 수 있다는 믿음으로 가득 차 있다.

달리 말하면, 우리 시대 구체화된 포퓰리즘은 타자를 혐오할 자유와 권리가 있다는 정체성 운동과 맞물려 있다 ─ 물론 이 역시도 포퓰리즘이 구체화될 수 있는 여러 얼굴 가운데 하나일 뿐이다. 분명한 것은 정체성 위기, 정상성 위기는 포퓰리스트가 힘을 키우는 지렛대가 될 만큼 심각한 사안이라는 것이며, 타자 혐오가 포퓰리스트의 정치적 세를 불릴 자산이 될 정도로 구성원의 지지를 이끌어내고 있다는 점이다.

포퓰리즘의 해악성은 이 지점에 있다. 앞서 소수자성이 거세진 공동체에서 혐오가 되레 민주주의가 지향하는 감정 합의를 더 어렵게 만든다고 설명한 바 있다. 타자의 감정을 배제하는 것이 곧 자신의 감정이 합의되는 것 같은 착시를 만들어낼 수 있기 때문이다. 그들은 공동체 구성원의 감정을 존중하는 것 같지만, 실제로는 공동체 구성원의 감정 합의를 요원하게 만든다는 점에서 민주주의의 대안가가 될 수 없다. 존 주디스의 말처럼 포퓰리즘은 "지배적인 정치 이념이 제대로 작동하지 않아 수리가 필요하다는 신호이자, 표준적인 세계관이 고장 났다는 징후"다.[4]

즉, 주류 엘리트들이 감정 합의에 실패하면서 어설프고 사악하기까지 한 사이비 의사들이 인기를 얻고 있는 것이다. 비유하자면, 피부가 세균에 감염되어 극심한 가려움증이 생겼을 때 주류 엘리트들은 긁지 말라고 훈계만 하고 있을 뿐이며, 포퓰리스트들은 계속 긁으면 시원하다고 말할 뿐이다. 우리 공동체 세균을 없앨 치료법을 알려주는 의사는 찾기 어렵다. 주류 엘리트는 빈틈을 열어놨고 포퓰리스트는 그 빈 공간을 기막히게 알아차리고 혐오라는 환각제로 투자를 시작했다.

민주주의를 병들게 하는 포퓰리즘은 진영 철학이나 사상보다는 감정의 문제로 접근해야 한다. 포퓰리즘이 민주주의를 훼손하는 방식을 고민하기 위해서는 혐오라는 감정의 문제를 경유해야 한다. 이데올로기는 포퓰리즘을 해석하는 적확한 틀이 될 수 없다.

한국 사회 역시 자유롭지 못하다. 포퓰리즘은 미국이나 유럽에서 있을 법한 일들이라고 믿었지만 이제 우리 공동체도 자유로울 수 없음을 깨닫는다. 우리 사회 역시 포퓰리즘이 꿈틀거리는 환경이 만들어지고 있다!

---

4 존 주디스, 『포퓰리즘의 세계화: 왜 전 세계적으로 엘리트에 대한 공격이 확산되고 있는가』, 오공훈 옮김(메디치미디어, 2017), 27쪽.

감정 기획

정험 유착

대통령 탄핵 이후 열린 태극기 집회 참석자들이 − 주로 노인들로 이뤄진 − 기자들을 향해 '빨갱이'라고 불렀던 일화를 다시 소환한다. 집회 참석자들은 "너희 기자들도 종북 좌파 빨갱이다! 빨갱이는 죽어도 된다!"고 말했다. 그들은 지금의 정부를 북한의 공산주의 사상을 따르고 있는 '종북 좌파'로 규정하는 데 스스럼이 없었다. 심지어 촛불 시민들이 북한의 배후 조종을 받고 있다고 믿었으며, 나아가 언론 역시 이에 동조하고 조력했다고 주장했다. 그 거칠고 원색적인 생각을 한줄기로 엮어낸 혐오 표현이 '빨갱이'였다.

빨갱이가 얼마나 구태의연한 표현인지 별다른 설명이 필요하지는 않을 것 같다. 필자 역시 그랬지만, 당시 태극기 집회를 바라봤던 기자들의 시선은 그들의 '시대착오'에 대한 안타까움, 혹은 여전히 색깔론에 집착하는 어리석음에 대한 지탄에 가까웠다.

빨갱이의 사전적 의미는 '공산주의자를 속되게 부르는 말'이다. 그 어원에 대해서는 다양한 연구가 있지만, − 러시아어로 무장부대를 뜻하는 '파르티잔(partisan)'이 변형되었다는 설, 공산주의 국가들이 선호하는 '빨간색'에서 왔다는 설 등 − '공산주의자'를 속되게 칭하는 표현임은 반론의 여지가 없다. 우리는 빨갱이가 공산주의를 의미하는 '이념 언어'라는 틀에 익숙하다. 분명한 것은 빨갱이가 대한민국 현대사를 규정하는 주류 담론으로 기능했으며, 태극기 집회에서 알 수 있듯 지금도 여전히 강한 영향을 미치고 있다는 점이다.

하지만 빨갱이는 '이념 언어' 그 이상의 의미가 담겨 있다고 분석한다. 태극기 집회에 나선 이들조차 현장을 취재하는 기자들이 정말로 공산주의자이거나 공산주의를 지지하는 이들이라고 강하게 믿지는 않았던 것 같다. 자신들이 증오하는 기자 집단을 향해 모욕을 주고 싶었고 이런 욕망을 담은 말이 '빨갱이'였다고 생각한다. 태극기 집회 참가자들이 말한 빨갱이는 기자를 모욕하기 위해 쓰는 '기레기' 혹은 '기더기'와 별 차이가 없다고 느꼈다.

빨갱이 담론의 역사적 궤적을 추적하다보면 빨갱이는 이념 언어를 넘어 타자화의 언어와 비슷한 기능을 해왔다. 이념을 경유했을 뿐 우리 공동체의 ─ 정확히는 남쪽 공동체의 ─ 순수성을 해치는 이들이나 공동체 회원의 자격이 없다고 치부되는 대상에 대해 전방위적으로 쓰였던 일종의 욕설에 가까웠다. 모호하고 추상적이었으며, 심지어 두서없고 방만했다.

1947년 ≪독립신보≫는 "중간파나 자유주의자까지도 극우가 아니면 빨갱이라고 규정짓는 자들이 빨갱이"라고 꽤 격한 어조로 당시의 세태를 비판했다. 빨갱이가 상대를 비판하고 모욕주기 위해 자유자재로 활용되고 심지어 남용되고 있다는 의미였다.

> 요사이 유행하는 말 중에 '빨갱이'라는 말이 퍽 유행된다. 이것은 공산당을 말하는 것인데 수박같이 거죽은 퍼렇고 속이 빨간 놈이 있고 수밀도 모양으로 거죽도 희고 속도 흰데 씨만 빨간 놈이 있고 토마토나 고추 모양으로 안팎 속이 다 빨간 놈도 있다. 어느 것이 진짜 빨간 놈인 것은 몰라도 토마토나 고추 같은 빨갱이는 소아병자일 것이요. 수박같이 거죽은 퍼렇고 속이 붉은 것은 기회주의자일 것이요. 진짜 빨갱이는 수밀도같이 겉과 속이 다 희어도 속 알맹이가 빨간 자일 것이다. 중간파나 자유주의자까지도 극우가 아니면 '빨갱이'라고 규정짓는 그 자들이 빨갱이 아닌 빨갱이인 것이다.[1]

---

1   ≪독립신보≫, 1947년 9월 12일 자.

당시로서는 신조에 가깝던, 모호하고 두서없던 빨갱이의 의미를 구체화시켰던 것은 국가 권력자들이었다. 여기에는 해방 공간 일련의 사건들이 존재한다. 역사 연구가 김득중은 1948년 10월 여순 학살 사건을 빨갱이의 의미를 바꾼 계기로 평가한다.

여순 사건은 이승만 정부가 제주 4·3 항쟁을 진압하기 위해 제14연대를 현지에 파견하기로 결정하면서 시작되었다. 제14연대 소속 군인들은 이에 저항해 반란을 일으켰고 시민들도 호응했다. 이승만 정부는 여수와 순천 일대에 계엄령을 선포하고 "남녀아동을 불문하고 '불순분자'를 다 제거하라"는 명령을 내렸다. 민간인에 대한 대대적인 학살로 이어졌다.

이 과정에서 정부와 지식인들이 동원한 표현이 '빨갱이'였다. 단순히 공산주의 이념을 가진 사람이 아니라 '여수와 순천에서 반란을 일으킨 사람들', 나아가 '체제에 저항하는 사람들'로 구체화되었다. 모호하고 두서없었던 빨갱이라는 추상적 타자가 국가의 기획에 의해 구체적 타자로 특정된 것이다. 즉, 빨갱이는 단지 공산주의자를 넘어, 도덕적으로 파탄 난 비인간적 존재, 짐승만도 못한 존재, 국민과 민족을 배신한 존재를 천하게 지칭하는 용어와 같았다.[2]

혐오 표현의 해악성은 표현 당사자에 대한 '모욕'을 넘어, 표현 사용자들의 혐오를 더욱 증폭시키는 데 있다. 여순 학살 사건을 제대로 목격하지 못한 다른 공동체 구성원들도 빨갱이의 비인간성을 자각하기 시작했다.

구체화된 혐오는 제도화된 혐오로 이어질 수 있었다. 여순 사건을 계기로 국가보안법이 제정되고 군대와 경찰, 교육계와 언론계가 재편되었다. 달리 말하면, 타자에게 '빨갱이'라는 레테르를 붙이면 얼마든지 폭력이 허용될 수 있음을 의미했다. 그렇게 타자는 빨갱이, 빨갱이는 죽어도 된다는 공식이 보급되었다.

---

2   김득중, 『빨갱이의 탄생: 여순사건과 반공 국가의 형성』(선인, 2009), 25쪽.

공동체 구성원이 가지고 있던 보편적인 타자화의 정서가 공적 권력에 의해 사실상 기획된 '빨갱이'란 표현을 통해 강하게 자극받았고, 빨갱이 혐오는 그렇게 국가에 의해 '인증'된 감정이 되면서 구성원의 자발적 폭력까지 생산해냈던 것이다. 같은 국가의 기획이라도 타자성(性)이 두드러지는 존재는 더욱 큰 탄압을 받는다. 그만큼 타자화의 정서는 이데올로기만큼이나 중요한 변수가 될 수 있었다.

여순 학살 사건의 출발점이 되었던 제주 4.3 항쟁은 타자성이 두드러지는 존재가 얼마나 극렬히 탄압받을 수 있는지 보여주는 상징적 사례다. 대한민국 현대사에서 '빨갱이'로 규정된 이들을 탄압하고 학살한 사례는 많지만, 학살이 최고조에 이르렀던 것은 육지에서 멀리 떨어진 제주도 공간이라는 점에 주목할 필요가 있다. 제주도민을 향한 뭍사람들의 시선은 불편했고 가혹했다. 지리적 거리는 상상을 동반한다. 제주에 대한 이질감은 뭍에서 섬까지의 거리만큼 멀었다. 제주도가 대한민국 그 어떤 공간보다 '빨갱이'의 정체성이 쉽게 덧씌워질 질 수 있었던 것은 타자화가 잘 먹혀들던 환경 때문이었다. 제주도민은 우리와 다른 존재이기 때문에 ─ 사실상 타자화의 언어였던 ─ '빨갱이'의 정체성도 좀 더 쉽게 덧씌워질 수 있었다.

가령, 제주 방언은 제주 사람들을 이민족, 정확히는 '타자'로 만드는 데 기여했다. 4.3 당시 뭍에서 온 토벌대는 제주 방언 때문에 의사소통이 어려웠다. 일본어로 소통했을 정도였고 심지어 통역관도 있었다. 베네딕트 앤더슨은 자신의 책 『상상의 공동체(Imagined communities: reflections on the origin and spread of nationalism)』에서 유럽 근대의 민족 형성 과정에서 가장 중요한 매개로 '일상어'를 꼽았다. 사람들 사이에 숙명과 같은 유대를 만들어낸 것은 일상 언어의 공유였고, 이를 통해 민족이라는 추상적 공동체가 형성되었다는 것이다. 뭍사람들 입장에서는 제주 사람들은 다른 언어를 쓰는 타자였으며, 우리 민족이 아니라는 인식을 만들 수 있었다. 이런 배경에 제주 사람들은 '빨갱이'라는 레테르와 결합되었다. 이는 제주 사람을 비인간화하는 기제로 작용했고, 대량학살 촉발의 원인이 되었다는 분석도 있다.[3] 4·3이 이념 학살 그 이상의, 타자에 대한 대량 학살을 뜻하는 제노사이드(genocide)에 가깝다는 것이다.

실제, 4·3 이후 제주도 방언은 빠른 속도로 소멸되었다. 제주 사람들은 자신들의 언어를 빨리 버릴 수밖에 없었다. 제주 방언을 쓰는 사람들에 대한 빨갱이 낙인과 차별, 상처가 그만큼 컸다는 방증이었다.

그 누구보다 타자다웠던 제주도민에 대해 국가가 공식적으로 '빨갱이'의 정체성을 덧씌우는 순간, 타자 혐오는 더욱 쉽게 증폭되었고 학살은 그 어떤 공간보다 손쉽게 수행될 수 있었다. '타자화의 감정'은 '타자화의 기획'과 맞물리며 거친 상승작용을 이끌어냈다. 총 7년간의 4·3 항쟁 희생자 수는 정확히 알 수 없지만 3만 명에서 8만 명이 학살되거나 행방불명된 것으로 추정된다. 제주도민 인구의 최대 8분의 1에 달하는 수치였다.

타자 혐오가 국가에 의해 구체화될 때 달리 말하면 권력자들이 감정 기획에 적극적으로 나설 때 그 위력은 증폭될 수 있다. 정치 권력자들의 감정 기획은 공동체 구성원 각각이 태초에 갖고 있던 타자화의 기본 정서를 폭발시키는 힘을 가졌다.

이는 공적 영역에 많은 자원이 집중된다는 점에 기인할 것이다. 국가는 자원을 대거 동원할 수 있도록 위임받았다. 정치 엘리트뿐만 아니라 관료와 같은 다른 권력 집단, 정치 권력자를 필두로 언론, 관료, 지식인도 동참하게 만들 수 있다. 공적 자원이 한곳에 집중된 공동체일수록 이런 감정 기획이 훨씬 수월하게 작동할 것이다.

해방 공간에서 이어진 전쟁 공간은 빨갱이에 대한 수용자 감정을 강력하게 자극했다. 전쟁은 공동체 구성원들에게 극도의 공포를 안긴다. 생사를 넘나드는 공간에서 구성원들이 극한의 감정을 체험한다는 것은 어떤 논리적인

---

3   "4·3 토벌대에 비친 제주인 모습…", 《제주의 소리》, 2012년 3월 19일 자.

설명도 필요하지 않다. 전쟁 공간 이후에도 빨갱이는 전쟁에 대한 공포를 계속 상기시킬 수밖에 없었다. 다시 전쟁이 재발할 수 있다는 공포는 사회적 안정이 유지될 수 없을 거라는 불확실성과 맞물리며 더욱 강한 자극이 되었다. 빨갱이는 공동체 구성원들의 공포심과 혐오를 적나라하게 드러냈던 언어적 기호가 되었다.

전쟁 공간에서 이어진 군부 공간에서 권력자들은 이 언어적 기호를 다시 기민하게 재활용하기 시작했다. 구성원 누군가가 전쟁과 같은 특정한 상황을 극도로 두려워하고 있다는 것은 그 상황을 피하기 위한 명분이라면 수단과 방법을 동원해도 괜찮다는 것을 의미한다.

그렇게 군부 공간의 권력자들은 빨갱이를 통한 타자화 전략을 매우 효율적인 통치 수단으로 삼았다. 그들은 전쟁 공간을 지속적으로 상기시키며, 체제에 동의하지 않는 이들은 공동체 질서를 훼손하는 타자, 즉 빨갱이로 쉽게 규정할 수 있었다. 타자를 맞닥뜨릴 기회가 별로 없었던 시대에 혐오는 그렇게 한곳에 모였다. 빨갱이는 군부 공간 수많은 타자의 경유지였다.

민주화 공간에서 이념이 조금씩 희석되는 시기에도 빨갱이 담론은 지속적으로 영향력을 발휘했다. 좌파 진영에서는 '빨갱이'란 말의 이념적 엄정함에 집중해 '레드 콤플렉스'라는 분석 틀을 내놨지만 이것이 전부는 아니라고 생각한다. 진영 철학 단위의 '레드 콤플렉스'의 강력함보다는 타자화에 기반을 둔 감정 정치의 위력이 여전하다는 것이 중심에 있다. 빨갱이가 품고 있는 감정 정치적 맥락, 타자화의 맥락이 민주화 공간 이후에도 연장되고 있는 것이다. 공동체의 질서를 훼손하는 이들에 대한 욕설적 의미는 계속 유지되며 재생산되었다.

가령, 특정 정치인이나 호남 지역, 노동자 집단을 '빨갱이'로 규정하고 공격하는 상황이 계속되고 있다. 철학적·사상적·이념적 단위를 넘어 상대를 적대적 대상으로 만들 때 재활용되고 있는 셈이다. 이는 민주화 이후에도 빨갱이에 대한 인지 구조가 해소되지 못했음을 의미한다.[4]

최근 누군가는 동성애자를 '빨갱이'로 일컫고 제주 난민 사태를 빨갱이의 기획물이라고 말한다. 동성애자, 동성애를 지지하는 사람들, 이주민, 이주민 인권을 걱정하는 사람들, 난민, 난민을 보호하려는 사람들, 페미니스트, 페미니즘을 지지하는 사람들은 '빨갱이'라는 레테르에 익숙하다. 공산주의자를 혐오하는 것과 동성애자를 혐오하는 것, 제주 난민을 혐오하는 것과 페미니스트를 혐오하는 것, 그리고 이주민을 혐오하는 것, 각기 논리적으로 한데 묶기 어려운 형질의 혐오의 대상은 이렇게 '빨갱이'로 한데 묶였다. 2019년 11월 이자스민 전 새누리당 의원이 정의당에 입당한다는 기사에 가장 많은 추천을 받은 댓글은 '빨갱이'였다.

소수자를 보호하려는 정치적 기반이 주로 좌파 진영의 책무로 인식되기 때문에 좌우 진영 논리로 설명하려는 시도는 가능할 법도 하다. 다만, 이들에 대한 혐오가 빨갱이라는 진영 논리의 그릇에 담겼을 뿐 그 내용은 타자에 대한 적대적 감정에 있다고 생각한다.

정치권력과 경제권력의 유착, 이른바 정경 유착, 정치권력과 언론권력의 유착, 이른바 정언 유착이란 말처럼 정치권력은 공동체 다른 권력들과 결탁해 민주주의 정치 지형을 왜곡해 왔다. 하지만 정치권력이 공동체 구성원의 주된 정서와 유착해, 특히 부정적인 감정과 결탁해 권력을 공고히 해왔던 흐름을 주목할 필요가 있다. 정치와 혐오의 유착, 즉 '정혐 유착'이라는 표제어를 제시하고자 하는 이유다.

물론 이 같은 흐름이 단순히 힘센 자들의 음모 때문만은 아닐 것이다. 공동체 구성원들의 감정은 어느 공동체든 중요하게 다뤄져 왔으며, '감정 합의'라는 이상을 가진 민주주의 공동체는 더욱 그렇다. 정치와 감정은 그렇게 얽히고설킨다. 하지만 부정적인 감정이 누중할 때, 이를 조절하고 통제해야 할

---

4   이혜연, 「한국사회에서 '빨갱이 담론'의 형성과 의미 변화」(한양대학교 정치외교학과 석사학위 논문, 2018), 49쪽.

정치권력이 그 역할을 제대로 수행하지 못할 때, 나아가 되레 그 감정에 의탁할 때 공동체는 위기를 맞았다.

포퓰리스트는 갑자기 밖에서 유입되는 것이 아니다. 혐오가 거세지는 공동체 감정을 기민하게 알아차리고, 이를 정치적으로 악용하려는 정치인은 늘 존재했다. 문제는 이들이 공동체의 특정한 상황과 맞물리며 구성원들의 높은 지지를 받는, 영향력 있는 정치인이 되는 것이다. 그렇게 혐오 기획자들이 공권력을 얻게 되면, 그들은 공동체의 여러 자원을 활용해 공동체의 혐오를 거세게 자극한다. 혐오가 정치와 강하게 유착되는 순간, 공적으로 타당한 감정이 되며 규범으로서의 혐오는 사회적으로 합의된 결과물이 되는 상황까지 다다를 수 있다. 다만, 과거 독재와 군부 세력이 더 폭력적인 방식으로 혐오를 구현해냈다면, 포퓰리스트는 민주주의 이론으로 우회해 혐오를 민주주의 감정으로 정당화시킨다는 차이가 있을 뿐이다.

공적 인증

19대 대선을 2주일 정도 앞둔 2017년 4월 25일, 네 번째 대선후보 TV 토론회가 열렸다. 갑자기 때 아닌 동성애 문제가 도마에 올랐다. 당시 자유한국당 홍준표 후보가 말문을 열었다. 홍 후보는 군대 내 동성애 문제를 지적하며 "동성애가 군 전력을 약화시키는데, (문재인 당시 후보는) 어떻게 생각하느냐"고 물었다. 문재인 당시 후보는 "그렇게 생각한다"고 답했다. 이어 홍준표 당시 후보는 "동성애에 반대하는 것이냐"고 재차 묻자, 문 당시 후보는 "그렇다, 반대한다"고 말했다.

그렇게 깊이 있는 토론은 아니었다. 한 후보자는 다른 후보자를 동성애를 찬성하는지 반대하는지 명확히 대답하기를 요구했고, 다른 후보자는 반대한다고 밝혔다. 당시 정의당 심상정 후보는 "동성애는 찬성과 반대의 문제가 아니다"라고 반박했다.

이 짧은 대화는 우리 공동체 동성애 문제를 언급할 때 여전히 회자될 정도로 강한 인상을 남겼다. 대한민국 공동체 혐오의 역사, 구체적으로 동성애 담론에서 중요한 의미를 지니기 때문이다. 단순히 대선 토론회에서 이례적으로 동성애 문제를 두고 토론을 벌였기 때문만은 아니다 – 사실 토론이라고 말하기도 멋쩍다. 정치권이 앞장서 동성애 혐오를 공적인 감정으로 인정하고, 이를 정치 논쟁의 공간으로 불러들일 때 공동체 구성원들에게 미치는 영향이 작지 않기 때문이다.

당시의 토론회는 동성애 혐오를 공적으로 '인증'한 사례와 마찬가지였다. 물론 여기에는 정치적 이해관계도 얽혀 있었을 것이다. 당시 동성애 문제는 특정 진영을 결집하려는 정치적 의도에 의해 쟁점이 된 측면도 있다. 위 사례는 혐오를 정치적으로 도구화한 사례에 지나지 않았지만, 그 파급력은 거셌다.

사실 당시 토론회 전까지만 해도 정치권에서는 동성애 문제를 다루는 것을 꺼려했다. 동성애 문제에 대한 공동체 구성원들의 거부감이 큰 문화적 배경도 있을 것이다. 국회의 공식 회의록에 '동성애'라는 키워드가 처음 등장한 것은 1995년 10월 문화체육공보위원회의 방송위원회(지금의 방송통신위원회) 국정 감사였다. 당시 방송위는 방송에서 방영하는 외화의 선정성에 대해 "방송에 부적절한 소재(근친상간, 동성애)나 지나친 폭력, 국민 정서상 허용되지 않는 일본색 과다 영화 등 그동안 우리 위원회로부터 방송 불가 된 사례와 유사한 심의 사례를 토대로 방송에 적합한 영화를 선정한다면 방송 불가 사례가 줄어들 것으로 판단된다"[5]고 보고했다.

그 이후 2020년 12월 현재까지, 국회 국정감사에서 '동성애'가 거론된 적은 111건에 불과했다. 그런데 이 111건 가운데 2017년 4월 대선 토론 이후

---

5   문화체육공보위원회 방송위원회 국정 감사 회의록, 1995년 10월 11일 자.

거론된 수치가 42번이었다. 38%가 2017년 대선 토론 이후에 몰려 있다. 그리고 그 내용은 대부분 동성애에 대한 부정적인 시각이 담겼다. 군대 내 동성애 문제의 심각성, 청소년 동성애 문제 등이 거론되었다.

사회적 영향력이 있는 기관이 특정 감정을 공적인 감정으로 인정하는 것은 공동체에 지대한 영향을 끼친다. 정치인과 같이 사회적 영향력이 있는 사람들 역시 마찬가지다. 영국의 인권단체 '아티클19'은 증오 선동 여부를 가리는 중요한 기준으로 발화자의 공식적인 지위와 권위와 영향력을 제시한다.[6]

일단 언론이 부응한다. '동성애는 사회적 다양성의 마지막 전선'이라는 말이 있듯 동성애는 주류 언론이 정색하고 다루기 어려운 소재였다. 불편해하는 사람이 매우 많기 때문에 정치권은 물론 언론 역시 동성애 문제를 거론하기 쉽지 않았다. 하지만 공적 영역에서 텍스트가 생산되면 언론사 입장에서도 콘텐츠를 만들어내는 데 부담이 없어진다. 위의 대선 토론회의 경우 '대선 후보 동정 보도'라는 명분이 생긴다. 그렇게 동성애 혐오 관련 기사는 많이 유통되고, 소비도 발 빠르게 이뤄진다.

주요 언론사 54개의 뉴스 빅데이터 분석시스템인 한국언론진흥재단의 빅카인즈를 통해 분석해 보니, 최근 10년간 '동성애' 관련 기사는 대선 토론회 전까지 한 달 평균 173건에 불과했지만 대선 토론회가 있었던 2017년 4월 이후에는 한 달 평균 266건이 검색되었다. 특히 2017년 4월 한 달에만 728건으로 평소 서너 배 수준의 기사가 생산되었다. 여기에는 덩달아 수많은 댓글이 새끼를 치고 텍스트는 SNS를 통해 발 빠르게 퍼져나간다. 혐오의 '폭포 효과'다.

이러한 폭포 효과에 국회는 다시 부응하기 시작했다. 대선 토론회 이후 국회에서 총 4건의 성소수자 관련 법안이 발의되었는데, 3건은 성소수자에 대한 차별을 사실상 방조하자는 취지의 법안이었다. 가령, 2019년 발의된 국가

---

6   홍성수, 『말이 칼이 될 때: 혐오표현은 무엇이고 왜 문제인가?』(어크로스, 2018), 196쪽.

인권위법 개정안은 차별의 개념에서 '성적 지향'이라는 말을 빼자는 식이었다. 심지어 국회 청문회 자리에서는 노골적이고 적나라한 혐오 표현이 나왔다. 한 국회의원은 대법원장 청문회에서 이런 말을 꺼냈다.

> 성소수자를 인정하게 되면 동성애뿐만 아니라 이제 근친상간 문제라든지 소아성애 문제라든지 시체성애라든지 수간(동물과의 성관계)까지도 비화가 될 것입니다. 그래서 우리 인간의 파괴·파탄은 정말 불 보듯 뻔할 것이다, 이렇게 저는 생각합니다.[7]

역시 언론은 이를 발 빠르게 받아쓰기 시작한다. '성소수자 인정은 수간 허용'이라는 제목이 뽑혔다. 성소수자의 성애 문제를 변태적 성욕과 일치시키는 것이 온당하냐는 반박과 동시에, 동성애를 혐오하는 반응이 같이 나왔다. 이 역시 대선 때 이뤄졌던 동성애 담론의 연장선에 있었다. 이미 대선 당시 '공적 인증'된 동성애 혐오가 국회 청문회라는 정치 공간으로 이어져 '재인증'되며 혐오 표현을 증폭시킨 것으로 보인다. 단순히 "동성애를 반대하는가"라는 질문이 "소아성애와 시체성애, 수간으로 비화될 것"이라는 표현으로 도달되기까지 채 반년이 걸리지 않았다.

사실 유럽이라면 이런 직설적인 표현은 바로 처벌 대상이 될 수 있다. 2013년 영국의 한 목사가 "동성애는 우상숭배, 신성모독, 간음 등과 같이 성경에 분명하게 나오는 죄악"이라고 말했다는 이유로 경찰에 체포되었다. 타인을 학대해 고통을 유발했다는 혐의였다. 이 목사는 7시간을 유치장에서 보내고 보석금을 지불한 뒤 풀려날 수 있었다. 영국의 다른 목사도 설교 중에 "동성애는 하느님이 미워하는 죄"라고 말해 벌금형을 선고받았다. 호모포비아를 부추겨 사회 균형을 깨뜨렸다는 혐의였다.

---

[7]   대법원장(김명수) 임명 동의에 관한 인사 청문 특별위원회 국회 속기록, 2017년 9월 13일 자.

혐오의 공적 인증의 힘은 강력할 수 있다. 자신이 평소 가지고 있던 동성애에 대한 불편함, 못마땅함, 증오, 나아가 혐오 등이 제도적으로 지지받고, 공적 영역에서 보증되었다는 것은 큰 안정감을 부여하기 때문이다. 시민사회 평범한 구성원들 역시 그 감정에 의탁해도 괜찮다는 메시지를 주기 때문이다. 포퓰리스트는 이러한 안정감을 자신들의 지지 기반으로 삼는다.

도덕적 우월감

극우 책임론

예멘 난민 논란이 한창이던 2018년, 꽤 많은 진보 계열 인사와 언론인들은 당시 공동체 구성원들이 예멘 난민에 대해 가졌던 반감을 이해하지 못했다. 2017년 촛불과 평화적 정권 교체로 대한민국 민주주의가 정점을 찍었다는 자부심은 거세진 난민 혐오 앞에서 초라해질 수밖에 없었을 것이다. 당시 혐오는 '난민 사태'로 일컬어질 정도로 거셌다. 필자 역시 마찬가지였다. 왜 사람들은 제대로 알지도 못하는 난민을 혐오할까. 왜 그들을 증오하고 저주하는 걸까. 불과 500여 명의 난민 때문에 우리 공동체가 흔들릴 수 있다는 가정을 쉽게 납득하기 어려웠다.

당시 스스로 의식 있다고 믿었던 언론사들은 이와 관련된 기사를 쏟아내기 시작했다. 가령, 한 언론사는 당시 난민과 관련된 허위 정보들의 근원을 찾는 탐사 보도를 통해 그 중심에 극우 단체가 있다고 특정하는 분석 결과를 내놓기도 했다. '대중은 예멘 난민에 대해 제대로 알지 못한다. 그런데 예멘 난민이 국내 수용된다는 소식에 갑자기 공동체 구성원들이 극렬히 반발했다. 알고 보니 극우 세력이 허위 정보를 생산해내고 있었고 여기에 자극받은 구성원들이 휘둘리면서 난민 혐오가 거세졌다'는 분석 틀이었다. 이런 분석은 우리 공동체에 암약하는 극우 세력이 준동한 결과 유언비어는 증폭되었고 결과적으로 그들의 '작전'이 효율적으로 작동했다는 논리였다. 극우 세력이 판을 짰고, 공동체 구성원들이 그 판에 '선동되어' 휘말려 들어갔다는 일종의 음모론이었다.

난민 관련 유언비어를 역으로 추적해 그 뿌리를 파헤치는 보도들은 탐사 저널리즘의 관점에서 분명 의미가 있다. 유언비어는 분명 혐오를 조장하는 데 일조했고, 이를 적극적으로 생산하고 유통한 이들이 존재했다는 것은 난민 혐오를 분석하는 중요한 틀임은 분명하다. 그럼에도 이런 접근에 전적으로 동의하기는 어렵다. 정치 수용자의 중요한 감정적 맥락을 놓칠 수 있기 때문이다.

진보 계열 인사들은 당시 상황을 음모론에 입각한 '극우 책임론'에 의탁하려 했다. 그렇지 않고서는 당시 상황을 도저히 논리적으로는 풀어낼 수 없다고 믿었던 것 같다. 명확한 선과 악, 옳음과 그름의 경계를 설정해, 같은 공간에 '혐오'라는 감정과 '극우 세력'을 한데 몰아넣으면 복잡하게 생각할 필요가 없었다. 사악한 집단이 사악한 감정에 의탁했다는 건 너무나 당연하기 때문이다. 이런 방식은 손쉬웠고 편의적이었다. 심지어 당시 상황을 무척이나 안타까워했던 그들은 독일 공동체의 사회 경제적 모순의 원인을 유태인의 탓으로 돌렸던 히틀러를 연상하기도 했다. 타자 혐오가 홀로코스트라는 살육극으로 이어질 수 있다는 극단적인 역사적 선례를 통해 "우리 공동체라고 살육극이 일어나지 말란 법이 없다"고 말하는 기사도 있었다. 그나마 "살기 각박해지다 보니 힘없는 사람을 표적 삼아 공격한다"는 식의 '희생양 이론' 정도가 나은 접근이었다. 물론 이 역시도 극우 책임론에서 자유롭지 못했다.

역사적으로 혐오와 극우의 밀월 관계를 부인할 수 없다. 타자를 배척하고 차별하며 심지어 학살했던 나치즘이나 파시즘은 극우의 대푯값이기도 하다. 우리 공동체도 혐오 사이트를 '극우 커뮤니티'라고 불렀다. 혐오가 극우와 유착될 수 있다는 심리학적 연구도 있다. 미국 코넬대학교 심리학과의 데이비드 피사로(David Pizarro) 교수는 하버드대학교와 예일대학교 정치학과 교수들과 함께 성인 181명과 학생 91명을 대상으로 이들의 정치적 성향과 혐오스러운 물질에 대한 반응도를 측정했다. 정치적 성향 지표로 사람을 분류한 뒤,

질문지를 만들었다. 동성 결혼, 낙태, 감세, 총기 소유, 노조에 대한 입장을 물었다. 이와 별개로 벌레와 시체에 대해 어떻게 반응하는지 파악했다. 혐오 민감도 (Disgust Sensitivity Scale)로 수치화하는 방식이다.

연구 결과, 역겨움에 대한 반응은 정치적 성향과 유의미한 상관관계가 있었다. 혐오스러운 물질에 대한 반응이 강할수록 정치적으로 오른쪽에 있을 가능성이 높았다.[1] 우파 성향의 사람들이 혐오에 훨씬 예민하게 반응한다는 결론이었다. 혐오스러운 대상 그 자체를 죄악시하는 경향이 있다는 것이다. 반면, 좌파 성향의 사람들은 혐오스러운 대상이 있어도 자신에게 피해를 줄 수 있는지 여부를 따졌다. 적어도 자신에게 별 영향을 주지 않는다면 혐오할 이유가 없다고 생각했다.

우파와 극우가 같은 것은 아니지만 우파의 극한값이 극우임을 고려하면 눈여겨볼 만한 연구다. 정확히 혐오하는 사람들은 극우로 읽혔다. 여기서 정치 철학 좌표를 소환하면 좌파의 맞은편에 있는 우파, 가장 오른쪽 가장자리에 극우가 위치한다. 우파가 극화된 형태가 극우라면, 혐오에 대한 우파의 철학적 책임을 연상하는 것은 자연스러운 일일지도 모른다. 특히 진영 갈등이 거세질 때면 이런 접근은 더욱 강력하게 소비되었다.

타자 혐오를 바라보는 엘리트의 시선에는 늘 극우가 있었다. 엘리트들은 혐오하는 사람들을 극우의 망원경으로 바라보는 데 익숙하다. 심지어 일베의 혐오 표현이 문제가 되었을 때 좌파 성향의 정치인, 지식인, 언론인은 우리 사회에 극우의 망령이 부활하고 있다며 우려를 나타냈다. 보수 정부 책임론을 꺼내들기도 했다. 정부의 우경화가 공동체의 우경화로 이어지고 이것이 극우성을 자극해 혐오가 증폭한다는 논리로 연결된 것이다.

하지만 이 책은 혐오가 곧 극우라는 기계적 정의는 점점 쓸모가 없어지고

---

1   David Pizarro and Paul Bloom "Conservatives are more easily disgusted than liberals," *COGNITION AND EMOTION*, Vol. 23, Iss. 4(2008).

있다는 점을 강조해 왔다. 자신이 극우임을 부인하는 사람들, 아니 스스로를 좌파라고 자처하는 사람들도 나름의 이유를 대며 '혐오하는 사람들'과 손잡고 때로는 적극적으로 동참하고 있다. 정치적으로 같은 입장을 취한 사람들일지라도 젠더나 환경, 난민 문제 등에서 그 입장이 갈리기도 하고 반대로 정치적으로 다른 입장을 취했었던 이들이 혐오 관련 이슈에 대해 비슷한 목소리를 내고 있다.

2018년 7월 4일 리얼미터의 국민 인식 현안 여론조사를 보면 제주도 예멘 난민 수용에 대한 반대 의견은 53.4%, 찬성은 37.4%였다.[2] 계층별로 따져 봐도 난민 수용 찬성이 절반을 넘는 곳은 거의 없다. 대부분 반대가 절반 이상으로 압도적이었다.

계층별 분석은 혐오의 층위가 얼마나 복잡한지를 보여준다. 난민 수용 반대가 유독 강한 계층과 60% 이상을 기록한 집단은 여성과 보수 성향, 학생, 그리고 20대다. 다시 말하면, 보수 성향과 여성, 청년 계층이다. 일반적으로 진보 성향일 것이고 알려진 계층들이지만 역설적이게도 이들의 반감이 유독 거셌다.

여성은 찬성 27%, 반대 60.1%로 찬성 48%, 반대 46.6%였던 남성에 비해 반감이 거셌다. 먼저 왜 여성들이 난민 혐오에 예민하게 반응했는지 그 맥락을 살펴볼 필요가 있다고 생각한다. 예멘 난민 사태 당시, 진보 정당을 지지하는 여성 취재원과 대화를 나눴는데, 이런 말을 했다. "국내 들어오는 예멘 난민의 숫자가 많지도 않은데 지레 겁먹을 필요도 없고, 그들이 범죄를 일으킬 것이라고 단정할 근거도 없다. 그들이 잘못한 것이 없다는 것도 알고 있다. 하지만 솔직히 그들이 내 옆집에 산다면 좀 무서울 것 같다. 저녁 퇴근길 복도 현관문 앞에서 마주치면 깜짝 놀랄 것 같다. 머리로는 그들을 싫어할

---

2   리얼미터, '제2차 제주 예멘난민 수용에 대한 국민여론 조사'(2018.7.4), 표본오차 95%신뢰수준 ±4.4%p.

이유가 없다고 생각하지만 가슴으로는 이유 모를 거부감을 느낀다."

이 대화는 좀 부드러운 경우에 속했다. 예멘 난민 사태 당시, 페미니스트라 자처하는 사람들도 예멘 난민 수용에 극렬히 반대하기도 했다. 일부 온라인 커뮤니티에는 이슬람 경전인 코란을 불태우는 사진이나, 이슬람 문화권에서 금기시하는 돼지고기를 한국에 있는 이슬람 사원에서 구워먹자며 모욕적 행동을 선동하는 게시물이 올라왔다.

'여성 할례'나 '조혼', '일부다처제'와 같은 이슬람 문화는 난민 혐오의 근거로 동원되었다. 무슬림 문화권의 예멘 난민들도 자연히 왜곡된 성(性) 인식을 갖고 있는 존재로 규정되었다. 달리 말하면, 이들 사례는 무슬림 문화에 미개하고 열등한 정체성을 덧씌우는 명분이었다. 이런 과정 속에서 무슬림이었던 예멘 난민을 잠재적 성범죄자로 일반화하는 데는 오랜 시간이 걸리지 않았다. 결론은 "이들이 많이 들어오면 대한민국 공동체 성범죄도 늘어날 수 있다"는 연상 작용이었다.

엘리트들은 예멘 난민에 대한 여성들의 혐오가 강하다는 데 자못 당황했다. 여성들은 여성 혐오의 피해자로서 타자에 대해 더 관대하고 친화적이며 동료애를 느낄 것이라고 생각했는데, 역설적이게도 결과는 반대였던 것이다. 합리적 관점에서 이해하기 어려운 일이었다.

하지만 엘리트의 시선은 다시 극우 책임론으로 되돌아오고 말았다. 가령, 여성들이 예멘 난민을 상대적으로 더 혐오하는 이유는 '페미니즘에 극우가 침투해서' 혹은 '페미니즘에 인종주의가 파고들어서' 그렇다는 식의 해석이었다. (우파 진영의 일부인) 극우가 힘을 얻으면서 혐오가 거세졌다는 틀이 그대로 표절되었다. 혐오라는 복잡한 공동체 감정의 문제가 극우의 사악함과 접합하며 단순화되고 만 것이다. 이런 식의 접근 방식은 혐오를 '악한 감정'으로, 혐오하는 사람을 '악한 사람'으로 규정하는 식으로 연결된다. 여성들이 느꼈던 감정적 지점은 고려될 필요가 없어지며 자신이 '사악한 극우'가 되는 경험을 하게 되는 것이다.

사회적 소수자로서 여성이 다른 소수자인 난민을 향해 공격적 입장을 취했다는 것은 ─ 페미니즘에 침투한 극우 인종주의라는 수사를 넘어 ─ 같은 혐오 현상의 피해자로서의 지지를 연상할 수 없게 만드는 '무언가'가 존재한다는 것을 의미한다. 마치 미국 백인 여성이 성차별적인 발언을 습관처럼 내뱉었던 트럼프를 그래도 지지했던 것과 같다. 적어도 극우적 동기만으로는 설명할 수 없는 그 '무언가'를 고민해야 한다.

　　그 무언가는 무엇인가. 여성은 남성에 비해 범죄에 대한 불안과 공포를 상대적으로 강하게 안고 살아간다. 특히 최근 여성들의 성범죄 공포는 어느 때보다 거세다. 혼인율이 떨어지고 1인 가구가 급증하는 사회적 환경과 맞물려 있을 것이다. 하지만 우리 공동체는 여러 사건이 얽히고설키며 불과 4~5년 새 페미니즘에 대한 반감 역시 거세졌다. 여성은 자신들이 느끼는 공포와 두려움에도 불구하고 되레 혐오의 대상이 되고 있음을 인지하기 시작했는데 이는 스스로 '소수자성'을 느낄 기회가 많아지고 있음을 뜻한다. 여성들은 자신들의 감정이 제대로 존중받지 못한다고 생각한다.

　　여성들의 예멘 난민 혐오는 사실상 ─ 대한민국 공동체 페미니즘의 기념비적인 사건인 ─ 2016년 발생한 강남역 살인 사건과 닮아 있다고 생각한다. 강남역 살인 사건, 그리고 범죄 피해자 추모 열기는 여성들이 일상에서 느끼는 공포, 두려움과 맞닿아 있었다. 화장실에 들어갔다가 아무 이유 없이 살해된 한 여성의 사례는 평범한 여성들의 분노를 결집시켰다. 매일 수백 명의 사람들이 강남역에 모여 추모했다. '나 역시 피해자가 될 수 있다는' 여성들이 집단 상상력이 하나로 모여 광장에서 표출되었고, "##나는_운 좋게_살아남았다"는 해시태그 운동으로 나타났다. 여성 혐오 현상에 대한 분노, 일상의 불안과 공포가 투사된 자기 언어였다.

　　부유하는 공포가 집단행동으로 구현된 모습이 강남역 살인 사건 추모 열기였다면, 예멘 난민을 통해 거칠게 투사된 형식이 예멘 난민 혐오였을지도 모른다. 감정을 표현하는 형식이 다를 뿐 동기는 같았다. 우리는 도덕적·윤리적 관점에서 강남역 추모 열기를 높게 평가할 수 있고 난민 혐오를 비판할 수 있지만 그 누구도 이를 '극우의 준동'으로 해석할 수 없다.

즉, 정치적 성향을 뛰어넘어 예멘 난민을 불편해할 수 있는 현실은 그들이 '극우화'되었기 때문이 아니라 어쩌면 '감정 규범'에 충실했기 때문이다. 진보적 생각을 가진 사람들, 혹은 진보적이어야 한다고 의무감이 부여되는 이들조차 혐오에 동조하고 조력하는 것이 민주주의 정신에 크게 위배된다고 생각하지 않고 있다.

이는 이 책에서 말하는 민주주의의 위기의 출발점이기도 하다. 극우 독재자의 출현 없이도 민주주의가 위기를 맞는 새로운 지점. 시민들이 결코 정치적으로 철학적으로 극우화되지 않음에도 불구하고, 심지어 민주주의를 위대한 정치제도라고 인정하고 있음에도 불구하고 민주주의가 흔들리는 이례적 현상. 민주주의와 혐오의 부정교합. 그렇게 민주주의 절차 시스템이 훼손되지 않으면서 혐오가 누증되는 기현상이다. 이런 상황을 어떻게 바라봐야 할까.

우월감

혐오가 극우성이라는 '악'과 등치된다는 것은, 달리 말하면 그 '악'에 대한 엘리트의 통찰이 '선'이 된다는 것을 의미한다. 선과 악의 경계는 옳고 그름, 도덕과 패륜, 인권과 몰상식의 경계와 같아진다. 공동체의 감정적 맥락을 건너뛴 분석 틀로 인해 ─ 공동체 평범한 구성원들의 합의되지 못한 부정적인 감정들, 그 종국적 형태로서의 ─ 혐오는 사악한 공간에 머문다.

구성원들의 감정이 '악'과 '패륜', '몰상식'으로 내몰리는 경험을 하게 될 때, 엘리트의 선함과 공동체 구성원의 악함의 대비가 강렬해질 때 구성원들이 느끼는 엘리트의 도덕적 우월감은 더욱 선명하게 다가온다. 언론 역시 다르지 않았다. 스스로 의식이 있다고 믿었던 주류 언론은 팩트체크라는 방식을 동원하며 공동체 구성원들을 설득하려고 애썼다. 극우 세력 혹은 극우적 생각을 가진 사람들이 짜놓은 판에 결코 놀아나지 않기 위해서는 '알아야 한다'는, 4차 산업혁명 시대의 브나로드 운동과 같았다. 이는 일종의 '계몽'과 '훈계'로 소비되며 반작용을 낳았다.

물론 우리가 잘못 알고 있는 정보를 바로잡는 것은 언론의 책무다. 팩트체크 저널리즘을 부정하지 않는다. 필자 역시 최근까지 팩트체크 담당 기자이기도 했다. 유언비어가 그 어느 때보다 쏟아지는 상황 속에서 팩트체크 저널리즘은 중심을 잡을 수 있다. 다만 적어도 혐오 현상과 관련한 주류 언론의 팩트체크 화법을 자세히 뜯어보면 혐오하는 사람들의 오해를 풀어주는 데 실패했음은 물론, 되레 언론에 대한 불신을 키웠다고 생각한다.

당시 팩트체크 보도들을 살펴보자. 예멘 난민이 IS 테러리스트라는 허위 정보에 대해서는 "IS 테러가 국내에서 일어나지 않았음에도 유럽과 같은 외국의 사례를 견주어 과도하게 우려하고 있다"고 반박한다. 일자리를 위해 왔다든가 혹은 일자리를 빼앗을 것이라는 오해에 대해서는 "예멘은 전쟁 상황이라 살기 위해 한국을 찾은 것", "난민도 최소한의 밥벌이는 해야 한다"고 맞받아치는 식이다. 나아가 "한국 역시 원조를 통해 성장한 만큼, 우리도 국제사회의 일원으로서 수혜를 베풀어야 한다", "선진국 반열에 오른 만큼 어려운 이웃들을 보듬어야 한다"고 선진국의 자격을 말하기도 한다.

팩트체크의 결론은 이른바 '착하게 살아야 한다는' 도덕적 당위에 가까웠다. "혐오하는 사람들이 인권의 가치를 잘 모르고 있다. 도덕과 윤리를 망각하는 거다. 그래도 인권은 중요하다! 우리는 그래도 잘사는 나라 아닌가! 이걸 되새겨야 한다!"는 식의 훈계에 가깝다.

그런데 위와 같은 기사에서 추천을 많이 받은 댓글을 살펴보면, 팩트체크가 기사의 의도와는 달리 제대로 소비되지 않았음을 알게 된다. "난민이 불쌍하면 기자가 직접 데리고 살아라"는 식의 비아냥, "난민 옹호만 하는 대한

민국 언론"이라는 불신, "일부다처제 국가이니 조만간 이슬람 인구가 급증할 것"이라는 식의 막연한 추측 등이었다. 기성 언론은 텍스트 차원의 허위 정보를 교정하는 '정보 방역'에는 성공했는지 모르지만, '감정 방역'에는 사실상 실패했다고 진단한다. 감정 정치 차원에서 혐오는 사실상 방치되고, 심지어 자극되었다.

이들 댓글에는 우리 공동체의 감정적 함축이 있다고 생각한다. 공동체 구성원들은 감정의 위기를 말하고 있는데 엘리트는 도덕과 윤리 같은 이성의 위기로 대응하고 있다는 불쾌감 같은 것이다. '주류'의 가치로 여겨지는 인권과 도덕, 윤리에 대해 훈계만 할 뿐, 자신들이 느끼는 감정에 전혀 공감하지 못한다는 주류 언론에 대한 반감이 뒤엉킨다. 감정의 위기를 겪고 있는 이들에게 '인내하고 참으라, 그러면 너희들이 받을 상이 있으리라'는 성경 구절은 결코 위로가 되지 못한다. 이 기사를 쓴 기자와 대중이 공론장에서 토론을 한다면, 팩트체크한 기자가 논리적으로는 우위에 있지도 모르지만 정작 난민을 불편해했던 이들은 논리적 우열을 따지기 어려운 감정적 지점을 말하고 있었다. '옳음'과 '공감'은 꼭 일치하는 것이 아니기 때문이다. 민주주의 공동체 구성원들이 옳다고 해서 공감한다고 믿는 것은 엘리트들의 착시에 가깝다. 특히 공동체의 감정 위기가 가속화된다는 것은 '옳음'과 '공감'의 간극이 더욱 벌어지고 있음을 의미한다.

앞서 예멘 난민과 관련한 여론조사 데이터를 통해 우리 공동체 여성들이 느끼는 불안과 두려움, 공포의 감정적 맥락을 논의한 바 있다. 당시 조사를 보면, 여성 계층 외에도 청년 계층의 반감이 컸다는 것을 알 수 있다. 20대의 경우(19세 포함) 난민 수용 찬성은 21.8%, 반대는 66.0%였다. 청년 계층은 이런 엘리트들의 도덕적 우월감에 매우 예민하게 반응했다. 2019년 초, SBS 뉴스 인터넷용 기사로 "98년생 김철수"라는 글을 쓴 적이 있었다.

98년생 김철수 씨는 실업계 고등학교를 나와 바로 산업 현장에 취직했다. 하루 종일 생산라인에서 부품을 조립하며 쉴 틈 없이 일한다. 대학 졸업장이 있는 정규직들은 하루 종일 사무실에 앉아 있다가, 가끔 현장에 나와 '납품 기일 맞춰야 한다'며 싫은 소리 몇 마디 툭 내뱉고 다시 사무실로 들어가 버린다. 꼴 보기 싫다.

현장에는 외국인 노동자들을 쉽게 마주칠 수 있다. 불법 체류자도 더러 있다. 이들의 월급은 자신들의 절반밖에 안 된다. 고향 떠나와 일하는 게 안쓰럽기도 하지만, 외국인 노동자가 많아지면 내 처지가 어려워질 수 있다는 생각도 든다. 하긴, 내가 사장이라도 월급 덜 줘도 되는 외국인을 고용할 것 같다. 얼마 전 식당에서 일하는 친구도 비슷한 이야기를 했다. 종업원 상당수가 중국 동포라며, 이제 식당에서 일하는 사람 중에 한국인을 보기 어려울 지경이라고 한다. 이렇게 빗장이 풀리면 안 될 것 같다.

잔업까지 하고 퇴근하면 몸은 지칠 대로 지쳐 있다. 침대에 누워 스마트폰을 들여다본다. 세상 밖 소식을 접하는 창구는 포털 사이트에 떠 있는 뉴스를 간간히 읽는 거다. 예멘에서 난민들이 제주도에 들어왔다는 소식이 눈에 띈다. 나는 이렇게 뼈 빠지게 일하고 있는데, 한가롭게 이들을 받아주니 마니하고 있다니 갑자기 화가 난다. 댓글을 단다. 왜 내가 낸 세금을 이 사람들 먹여 살리느냐고 정부와 국회의원들을 향해 욕설을 쏟아낸다. 인터넷을 보니 유럽은 이미 난민 때문에 난리가 났다고 한다. 당장 우리가 죽게 생겼는데 누구는 인권 타령하고 앉아 있으니 어처구니가 없다.

벌써 12시가 넘었다. 내일 또 새벽에 일어나야 한다. 그렇게 눈을 붙인다.[3]

98년생 김철수 씨 일일은 힘겹게 살아가는 젊은 블루칼라들의 '가상' 사례다. 위험한 기계에 몸을 맡기며 목숨을 걸고 쉴 틈 없이 일하지만 미래가 확실하지 않은 불안한 삶을 살고 있다. 팍팍한 대한민국에서 누군들 미래가 막

---

3 이경원, "98년생 김철수: 블루칼라의 반란", SBS 취재파일, 2019년 2월 7일 자.

240 제3부 민주주의의 위기

막하지 않겠냐마는, 98년생 김철수 씨가 적어도 '이방인을 향한 공포'에 꽤 노출된 계층이라는 것은 분명해 보인다. 당장 이방인들이 경제적으로 쓸모 있다는 것을 몸으로 부대끼며 느꼈기 때문이다. 예멘 난민이 들어왔다는 소식에 김철수 씨가 불쾌했던 것은 자신의 처지에 빗대 볼 때 불가피한 감정일 수 있었다.

김철수로 대변되는 우리 공동체 평범한 사람들은 예멘 난민에 대한 정보를 제대로 아는 경우가 많지 않을 것이다. 사실 우리는 막연히 알고 있을 뿐이다. 이슬람 지역은 테러가 자주 발생하는 곳이고, 부인을 여럿 거느리는 남성 우월주의 문화가 있으며 이 때문에 성폭력이 빈번하다는 부정적 인식에 가깝다. 따라서 이슬람 국가인 예멘도 그럴 수 있다고 생각한다. 예멘 난민도 잠재적 테러리스트, 잠재적 성범죄자일 수 있다는 추론으로 이어졌다.

공포는 불확실성과 맞닿아 있기 때문이다. 난민 혐오는 어떤 현실적 경험이 아닌 미래의 막연함에서 시작되었다. 미국 대선 사례처럼 빈곤 계층이라고 해서, 경제적 재난을 겪었다고 해서 공포심이 더 강한 것은 아니었다. 당장의 생활수준이 낮지 않아도 오히려 자신이 직면한 미래가 가혹해질까 봐 두려운 사람들, 예측을 할 수 없는 사람들이 그 공포를 절실히 느낄 수 있다. 아니, 더 위력적으로 체감할 수 있다.

가상 사례를 성급히 일반화하고 싶지는 않다. 이방인을 향한 무차별적인 공격과 유언비어는 분명 문제가 있다. 심한 경우 법적 처벌도 필요할 것이다. 하지만 공포와 두려움, 불안의 방정식을 어떻게 풀 것이냐에 초점을 맞춰야 한다. 우리 시대는 타자에 대한 공포가 공동체 미래에 대한 상상력을 변형시킬 만한 가공할 위력이 있다는 것을 열공하고 있다.

그럼에도 엘리트들은 98년생 김철수의 삶을 제대로 이해하려 하지 않았던 것 같다. 스스로 의식 있다고 믿는 지식인들은 어쩌다 우리 사회가 이렇게 야박해졌느냐는 한탄과 함께, 자기 살기 힘들어 센 사람보다 약한 사람 탓하는 거라며 거창한 '스케이프 고트(scapegoat)' 이론을 들먹이기도 하고, 팩트체크란 이름으로 98년생 김철수 씨가 단 댓글을 하나하나 반박하는 기사를 쓴다. 정상적인 민주주의 시민이라면 예멘 난민의 유입을 반대할 이유가 없다고 생각했을 것이다 – 사실 기자인 필자 역시 그렇게 생각했다.

위와 같은 접근의 전제는 이런 식이다. "고작 몇 백 명에 불과한 이들, 이들이 우리 정체성을 훼손하는 것이 이성적으로, 상식적으로 가능한 일인가. 그들에게 쓸 예산도 고작 몇 억 원, 소수점 이하의 비중일 정도로 극미한데 걱정할 필요가 있는가. 이런 불필요한 오해를 이성적으로 잘 가다듬으면 혐오할 이유가 없지 않은가."

그렇게 엘리트들이 내놓은 손쉬운 분석 틀은 '청년 계층의 보수화'였다. 결국 "아, 대중의 무지함이 생각보다 심각하구나. 혹은, 도덕과 윤리, 인권 감수성이 둔감해졌구나. 참 보수화됐구나. 그냥 놔둬서는 안 되겠다. 대중의 무지함을 일깨워야겠다. 그래, 계몽이다! 교육시켜야 한다! 그 왜곡된 '감정'에서 해방시켜야 한다!"는 식의 접근들.

사무실에서 노트북 들고 일하는 엘리트들은 난민 수백 명 들어온다고 우리 사회가 달라지지 않을 것이라고 굳게 믿었을 것이다. 그들이 화이트칼라의 일자리까지 탐할 능력이 되지 않는다는 것을 알고 있다. 하지만 고용의 살얼음판을 걷고 있는 98년생 김철수 씨는 다르다. 작은 변화도 그를 넘어뜨릴 수 있다. 심지어 당장 월급을 많이 받고 있는 정규직 노동자들도 비슷한 생각을 갖고 있는지 모른다.

이 지점이 우리 주류 사회가 난민 문제에서 지금껏 제대로 보지 못했던, 아니 정확히는 보지 않으려 했던 부분이라고 생각한다. 미국 2016년 대선은 다른 나라 이야기가 아니라 공동체의 공포와 두려움이 얼마나 강력하게 작동하는지 보여주는 상징적 사례였다. 백인 블루칼라들이 트럼프에 열광했던 것은 단순히 그들의 도덕과 윤리가 메말라서가 아니었다.

엘리트들의 계몽주의는 혐오하는 사람들을 더욱 구석으로 내몰고 있다. 엘리트들은 도덕적 우위의 관점에서 혐오 현상을 '내려다보고' 있다. 구성원

들은 불쾌하다. 이런 불쾌감은 포퓰리즘을 추동하는 중요한 감정적 연료가
되었다.

포퓰리즘의 부상

힐러리 클린턴의 수석 보좌관들은 자신들이 백인 국수주의자들의 비위를 맞추었
던 도널드 트럼프의 팀보다 도덕적으로 우월하다는 걸 온 세상이 알길 원한다.
클린턴 측이 옳았다. 그리고 그건 아무 의미도 없었다.[4]

미국 공동체의 주류 엘리트들은 편견에 가득 차 있던 도널드 트럼프를 좋
게 봐줄 수가 없었다. "불법 이민자가 우리 일자리를 빼앗고 있다", "멕시코
인은 강간범"이라는 그의 주장은 도덕적·윤리적 관점에서 미국 공동체의 수
용 수위를 넘었다고 판단했다. 주류 정치인들은 그를 불편해했고 ― 같은 공화
당 출신 정치인들마저 ― 주류 언론은 그의 인권의식과 도덕관을 앞다퉈 비난했
다. 이들은 미국 공동체 구성원들이 그의 혐오 섞인 발언을 가만히 보고만
있지 않을 것이며 선거에서 그를 떨어뜨리는 선택을 할 것이라고 믿었다.

자연히 엘리트들에게 힐러리 클린턴의 승리는 도덕적 당위가 되었다. 당
위는 예측에도 영향을 미쳤다. 대부분 클린턴이 우세하다고 전망했다. 트
럼프 승리를 예측한 전문가는 거의 없었다. 트럼프 승리를 점친 전문가들이
― 미국 통계학자 네이트 실버(Nate Silver)와 같은 ― 대선 이후 높은 명성을 얻었을
정도로.

미국 언론이 분석한 클린턴의 패배 요인은 '전략적 실패'에 그친다. 백인
노동 계층 공략에 실패했다는 것이었다. 하지만 신문은 "백인 노동 계층이

---

4 Zachary D. Carter, "Why Hillary Clinton Lost," *Huffington Post*, December 4, 2016.

도덕적으로 우위에 있다고 믿을 필요는 없다"고 말한다. 여기서 신문이 쓴 '도덕적 우위'라는 표현은 감정 정치 관점에서 의미 있는 함축을 가진다.

엘리트 집단의 '도덕적 우월감'이 공동체 구성원들에게 얼마나 강한 반작용을 추동하는지 증명하고 있었기 때문이다. 그렇게 세계 최대 민주주의 국가에서 포퓰리즘 행정부가 들어섰다.

그런데 공동체 구성원들은 엘리트의 도덕적 우월감에 왜 이렇게 예민하게 반응하는가. 사실 우리는 잘난 척하는 사람을 보면 그냥 재수 없다, 꼴 같지 않다고 여기고 마는 경우가 대부분 아닌가. 그 반작용의 힘은 정치 시스템에 영향을 줄 만큼 거센 것인가.

민주주의는 자본가들의 자본 독점에 대한 반작용에서 힘을 얻었다. 자본을 독점한 이와 자본에서 배제된 이의 감정적 간극은 벌어졌다. 자본에서 배제된 이들이 느꼈던 박탈감과 좌절감은 개인의 부정적인 감정을 넘어 공동체 감정으로 결집되었다. 이들은 연대하기 시작했다. 기성 시스템에 저항하며 집단행동의 형태로 나타났다. 우리는 이를 '혁명'이라고 불렀다.

포퓰리즘은 엘리트들의 도덕 독점에 대한 반작용에서 힘을 얻었다. 도덕을 독점한 이와 도덕에서 배제된 이의 감정적 간극은 벌어졌다. 도덕에서 배제된 이들이 느꼈던 반감과 증오감은 개인의 부정적인 감정을 넘어 공동체 감정으로 결집되었다. 이들은 연대하기 시작했다. 기성 도덕에 저항하며 타자를 배척하는 폭력의 형태로 나타났다. 우리는 이를 '혐오'라고 불렀다.

엘리트가 도덕을 독점하는 현상은 그들의 도덕적 우월감으로 상징된다. 도덕적 우월감에 대한 반작용은 자본을 독점한 자본가에 대한 반작용만큼이나 감정 정치 관점에서 거대한 폭발력을 지닌다. 우리는 혁명을 추앙하고 혐오를 배척하지만 민주주의든 포퓰리즘이든, 둘 다 부정적인 감정이 공동체 감정으로 표집되면서 출발했으며 공동체 감정을 무엇보다 중요하게 여긴다는 공통분모가 있었다.

거세지는 혐오, 이에 편승하는 포퓰리즘이 조금씩 지지를 받기 시작했다는 것은 엘리트에 대한 도덕적 우월감에 대한 경고와도 같다. 이미 혐오는 규범으로 기능하고 있는데 '악'이라고 말하며 감정 교정이 필요하다는 계몽주의적 언어로는 대안을 구성하지 못한다는 뜻이다.

결국 엘리트의 도덕적 우월감에 대한 단순한 불쾌감을 넘어 어떤 규범이 우리 공동체에서 실효적인가에 대한 규범 논쟁을 펼치고 있는 것이다! 그럼에도 엘리트들이 혐오를 기성 도덕과 윤리로 대응했다는 것은 혐오의 규범적 의미를 이해하지 못했다는 것이며, 우리 공동체에 부정적인 감정이 왜 부유하고 있는지 그 맥락을 제대로 파악하지 못했다는 의미이기도 하다. 규범 '논쟁' 속에서 엘리트들은 혐오하는 사람들을 악마화하는 데 여념이 없었다. 악마화의 논리를 완성했던 것은 혐오하는 사람들을 극우의 공간에 내모는 방법이었다. 그렇게 그들은 자신이 사회적으로 지탄받는 극우가 되는 경험을 하는 것이다. 이는 소수자의 경험과 별반 다르지 않았다. 공동체 감정은 엘리트의 도덕적 의무감과 유리되기 시작했다.

민주주의 공동체가 구성원들의 감정 합의를 통해 감정 균형을 지향한다는 것은 이 책의 전제다. 그 살얼음 같은 과정 속에서 감정 합의를 주도적으로 이끌어갈 주체는 엘리트들이었다. 정치인과 관료, 나아가 학자나 언론인 등이다. 이들은 공동체 구성원들로부터 감정 합의를 위해 복무하도록 '위임'받았다. 부정적인 감정을 손볼 의무가 주어졌다. 따라서 엘리트들은 민주주의 공동체의 감정 불균형을 기민하게 알아채야 하고 어떻게 하면 균형 상태로 돌릴 수 있을지 고민해야 한다. 그들이 우리 공동체에서 비교적 나은 대접을 받았던 이유이기도 하다. 즉, 엘리트들은 당장 사회 감정의 불균형을 초래할 수 있는 감정인지 기민하게 알아차리고 판단해야 한다. 해결이 시급한 감정이라면, 그 감정을 반영해 법을 만들든, 정치적 선언을 하든 적절한 결론을 내야 한다.

현대적 의미의 민주주의 공동체는 위기에 직면해 있다. 그간 민주주의 역사에서 공동체 구성원들이 제대로 경험하지 못한 감정의 위기였다. 지금 공동체에서 목격되는 엘리트에 대한 반감은 단순히 그들의 '탐욕'만을 손가락질하는 것이 아니라 우리 시대 사회 감정들, 두려움과 박탈감과 같은 부정적인 감정들을 제대로 읽어내지 못하고 있다는 분노에 가깝다.

결국, 엘리트들은 실패했다! 독일의 철학자 페터 슬로터다이크(Peter Sloterdijk)의 말처럼 대중은 정당이 운영하는 은행에 자신들의 감정을 맡겼지만 — 슬로터다이크는 구체적으로 '분노'라는 감정을 맡겼다고 표현했다 — 정작 정당을 비롯한 엘리트들은 그 예금을 탕진하고 말았던 것이다![5] 공동체 도처에서 혐오가 창궐할 때까지. 그 틈새를 비집고 나온 이들이 포퓰리스트다. 공동체 감정을 존중하는 자신들이 진정한 민주주의자라고 외치며.

미국 공동체 구성원들은 지난 대선을 통해 도덕과 윤리를 통해 민주주의를 운영하는 기존 엘리트의 방식에 대해 더는 신뢰하기 어렵다는 메시지를 보낸 것이며, 민주주의적 절차에 따라 그렇게 그들을 심판했던 것이다.

포퓰리스트들은 자신들을 진정한 민주주의자라고 일컬으며 공동체 감정을 제대로 판독하지 못하는 엘리트들의 반대편에 위치해 있다는 전략을 활용한다. 가장 위태로운 문제는 포퓰리스트들이 — 민주주의의 근간인 — 감정 재합의에 관심이 없다는 점이다. 앞에서 혐오가 강한 공동체는 타자의 감정을 배제시키는 것이 자신의 감정이 합의되는 것과 같은 착시를 수반한다고 말한 바 있다. 이럴 경우 부정적인 감정은 해결되지 못한 채로 남겨진다. 합의되지 못한 감정들은 방치되고 간과된다. 포퓰리즘은 주류 사회 질서에 대한 '안티테제' 정치에 그치기 때문이다. 포퓰리스트의 인기가 높아지고 있는 것은 그 비전에 대한 지지가 아니라 도덕적 우월감에 천착하는 기존 엘리트에 대한 감정적 처벌에 가깝다.

민주주의 공동체는 구성원들의 감정이 어떻게든 수용될 수 있을 거라는

---

5 이졸데 카림, 『나와 타자들: 우리는 어떻게 타자를 혐오하면서 변화를 거부하는가』, 이승희 옮김(민음사, 2019), 190~191쪽.

환상이 있었지만 포퓰리즘은 이런 환상을 깨뜨린다. 포퓰리즘은 민주주의 공동체 안에서도 감정 합의를 지향하지 않는 시스템이 만들어질 수 있다는 것을 여실히 보여준다. 포퓰리즘이 복잡한 이유가 이 지점에 있다고 생각한다. 민주주의라는 외피를 입고서도 민주주의가 아닌 사회의 모양새를 띨 수 있다는 것, 민주주의 스스로 민주주의의 존립 근거를 위태롭게 만들 수 있다는 것이다.

결국, 우리 시대 혐오 감정의 문제가 히틀러와 같은 전체주의 부활의 예고편이라기보다는 히틀러를 잉태했던 혐오라는 감정이 민주주의와 큰 이질감 없이 공생하고 있는 역설이라고 생각한다. 민주주의 국가, 선진국이라 불리는 나라에서 혐오를 추동하는 포퓰리스트들은 어쨌든 민주주의의 복무자들이다. 어쩌면 우리는 인류 역사상 보지 못했던 새로운 정치 유형을 목도하고 있는 것인지도 모른다!

결론

다시, 감정 민주화

혐오와 민주주의의 위기

지금까지 결코 어울리지 않을 것 같은 '민주주의'와 '혐오'의 관계 맺음에 집중했다. '다름'에 대한 불편함이 혐오로 전화하는 과정은 복잡하지 않았다. 타자를 기피하면 소통을 기피하게 되고, 소통을 기피하면 타자에 대한 정보는 알기 어렵다. 아니, 알고 싶다는 생각조차 들지 않는다. 타자의 정체성은 여백으로 남겨진다. 여백으로 남겨진 정체성을 미개하고 열등한 '위계'의 범주로 분류하는 것은 어려운 일이 아니다. 우리는 타자의 정체성을 의도대로 상상할 수 있는 자유이용권을 쥘 수 있었다. 그렇게 그들은 왜곡된다.

하지만 혐오의 해악성은 '가해'하는 '우리'와, '피해'받는 '타자', 즉 가해와 피해의 도식을 넘어선다. 혐오가 거세지고 있다는 것은 그들이 안쓰럽다는 연민을 넘어 공동체를 지탱해 왔던 민주주의가 제대로 돌아가고 있지 않다는 신호다!

사실 완결 무결하다고 믿어 의심치 않았던 민주주의는 그 태생부터 위태로웠다. 역사적으로 민주주의를 더 민주주의답게 만든 것은 구성원들의 통합과 연대였고 그 준거는 '민족' 서사가 제공했다. 민주주의 공동체 구성원들은 민족 준거에 집착했다. 민족 준거는 '정상'과 '비정상'의 경계를 명확하게 만들었다. 정상성의 외연은 확장되었다. 이른바 소수자나 외집단은 정상적인 존재가 될 수 없었다. 비정상적인 존재는 힘들게 이룩한 공동체를 훼손할 수 있기 때문에 두려운 존재다. 민주주의 공동체는 정상과 비정상의 경계에 예민할 수밖에 없었다. 민주주의는 정상, 타자는 비정상이라는 경계에서 피어난 꽃과 같았다.

민주주의 공동체 구성원들이 그 누구보다 관용적이고 도덕적이며 윤리적일 것이란 기대와는 달리, 구성원들이 타자를 바라봤던 관성적 시선은 비정상이라 여겨지는 그들에게 공동체 '회원의 자격'을 부여해도 되는지에 대한 계산법에 가까웠다. 민주주의는 내생적으로 혐오의 씨앗을 품고 있었다.

그렇다면 민주주의가 다른 이데올로기에 비해 타자에 대해 덜 잔인하며 비교적 잘 버텨왔던 이유는 무엇인가. 꽤 많은 민주주의 이론가들은 그 원동력이 민주주의가 몸처럼 여기는 도덕과 윤리 때문이라고 믿는다. 민주주의 공동체 구성원들은 누구보다 도덕적이고 윤리적이기 때문에, 결과적으로 '관용'적이기 때문에 타자를 덜 적대하고 덜 혐오했다는 것이다. 그리고 우리 시대 혐오가 거세지는 것은 이런 도덕과 윤리가 마모되고 있기 때문이라는 믿음으로 연결된다.

하지만 이 책은 이런 식의 이성적 접근이 불충분하다고 여긴다. 민주주의의 도덕적 탁월함을 믿는 이들의 기대와는 달리, 사실 민주주의 공동체 역시 그 근간은 도덕과 윤리 그 이상의 공동체 구성원의 감정이었다. 민주주의는 힘센 공동체 구성원뿐만 아니라 힘없는 구성원의 감정도 합의의 대상으로 여겼다. 물론 감정 합의의 대상은 공동체 '내부' 구성원에 한정되었다. 어떤 공동체 구성원의 부정적인 감정이 합의의 대상에서 제외될 때 그들은 합법적으로 또는 비합법적으로 저항했고 공동체 내부의 조율 과정을 거쳐 반영되는 지난한 과정을 거쳤다. 그렇게 민주주의 공동체는 — 실현 불가능한 이상에 가깝지만 — '감정 균형'을 지향했다. 도덕과 윤리는 감정 합의 과정에 도움을 줬던 촉매제였지, 민주주의를 지탱했던 목적 그 자체는 아니었다.

만일 이 과정이 제대로 돌아가지 않을 때 합의되지 못한 부정적인 감정들은 공동체 곳곳을 떠돌고 부유한다. 우리는 부정적인 감정을 피하고 싶다. 감정은 추상적 단위다. 추상적 단위에서 회피할 수 있는 가장 효율적인 방법은 그 부정적인 감정을 만들어낸 '대상'을 구체화시켜 이들로부터 멀리 떨어지는 것이다. 기피는 혐오의 가장 중요한 메커니즘이다. '그들'을 피하는 것, 결국 '그들'을 '혐오'하는 것은 부정적인 감정의 종착역과 같았다.

따라서 혐오는 부정적인 감정의 '종국적 감정'이다. 부정적인 감정이 많이 부유하는 공동체는 혐오 역시 거세질 수밖에 없다. 그리고 혐오의 대상은 공동체 회원의 자격에 미달되는 누군가, 그래서 원래부터 불편했던 존재들인 타자가 주로 지정되었다. 민주주의 공동체 내에서도 감정 합의가 제대로 돌아가지 않을 때 감정 균형에서 멀어질 때 타자 혐오는 더욱 강렬해질 수밖에 없는 것이다!

즉, 혐오를 잉태하고 탄생한 민주주의는, 그 운영 과정에서도 혐오에 취약할 수밖에 없었다는 것을 함축한다. 감정 정치에 결함이 생기면 혐오는 언제든 부상할 수 있었다. 혐오의 극한값인 홀로코스트가 유럽 근대 민주주의 발전 과정 한복판에 있다는 것은 예외적인 일이 아니었는지도 모른다. 민주주의는 살얼음 같은 과정을 통해 운영되었다.

민주주의 공동체 내에서 혐오 담론이 불거지지 않았던 이유는 도덕과 윤리와 같은 민주주의 원칙 덕분이라기보다는 감정 협의와 합의의 과정을 통해 감정 균형을 찾기 위해 노력하는 작업이 비교적 잘 굴러왔기 때문이었다. 정확히는 공동체 곳곳에 잠재된 부정적인 감정이 공론장에 올라오지 않도록 하는 자정작용이 순조로웠다. 이러한 순조로움에는 여러 조건이 있다. 경제·사회·문화적으로 부정적인 감정이 덜 도드라지는 환경이거나, 감정 협의와 합의의 업무가 잘 수행되도록 공론장이 잘 마련되어 있거나, 협의와 합의 업무를 위임받은 자들이 뛰어난 능력을 발휘해야 한다.

하지만 우리 시대, 그 순조로움을 보장하는 조건들이 마모되기 시작했다. 민주주의 공동체 부정적인 감정의 협의와 합의를 방해하는 세 가지 위기였다. 첫째, 정체성의 위기다. 작금의 민주주의 공동체 구성원들은 '누구의' 감정을 합의할 것인가에 대해 혼란을 겪고 있다. 감정 합의 '주체'에 대한 문제 제기였다. 공동체에 급속도로 유입되는 타자들, 그리고 타자에 대한 담론들이 양적 질적으로 급증하는 시대에 경기 침체 장기화와 맞물리면서 공동체 구성원의 부정적인 감정을 자극했다. 혐오는 그렇게 누증되었다!

둘째, 공론장의 위기다. 작금의 민주주의 공동체 구성원들은 '어디서' 감정을 합의할 것인가에 대해 혼란을 겪고 있다. 감정 합의 '공간'에 대한 문제 제기였다. 미디어의 발전과 더불어 발 빠르게 퍼져나가는 수많은 메시지, 그렇게 반향실과 확증 편향이 강해지면서 토론 공간보다 증오를 부추기는 연설 공간이 힘을 얻고 있다. 혐오는 그렇게 누증되었다!

셋째, 엘리트의 위기다. 작금의 민주주의 공동체 구성원들은 '어떻게' 감정을 합의할 것인가에 대해 혼란을 겪고 있다. 감정 합의 '방식'에 대한 문제 제기였다. 감정 합의 임무를 위임받은 엘리트들은 도덕적 우월감의 시각에서 혐오를 다루면서 부정적인 감정의 맥락을 파악하는 데 실패했다. 그 반작용으로 포퓰리즘이 탄생했다. 혐오는 그렇게 누증되었다! 그렇게 우리 시대 해결되지 못한 부정적인 감정이 도처를 떠돌았고, 결국 공동체 감정은 재편되기 시작한 것이다!

민주주의가 별 문제가 없이, 아니 '역사의 종언'이라는 수식어가 붙을 정도로 탁월한 이데올로기가 되었던 이유는 감정 합의가 비교적 순탄하게 진행됐기 때문이지만 이제 그 합의를 방해하는 위기들이 도처에 산적해 있다. '해가 지지 않는 이데올로기' 민주주의는 조금씩 황혼을 맞고 있다.

그리고 이것은 우려가 아니라 현상이다! 혐오하는 사람들은 타자들이 공동체 주인들의 정체성을 구석으로 몰아넣는다고 여기기 시작했다. 심지어 타자를 증오하고 차별하며 제도적으로 배제하는 것이 민주주의 공동체 선(善)과 맞닿아 있다는 신념이 생겼다. 오염된 그들을 혐오하는 것은 공동체 구성원들이 느끼는 감정의 위기에서 해방되는 길이며 결과적으로 공동체의 건강성을 지키는 길이라고 믿는 것이다.

심지어 혐오하는 사람들은 자신의 감정이 합의되는 것보다 타자의 감정이 배제되는 것을 우선순위로 삼기 시작했다. 자원 분배 과정에서 자신이 손해를 보더라도 타자에게 이익이 되는 것을 더욱 견디기 어려워했다. 이는 민주주의 공동체 감정 합의가 제대로 운영되지 않음은 물론, 공동체의 감정 위기가 구성원들에게 실질적인 손해를 입힐 수 있음을 의미했다.

민주주의는 그간 경험하지 못했던 새로운 유형의 위기에 봉착해 있다. 혐오가 거세지는 민주주의 공동체는 그간 민주주의가 관성적으로 믿고 의지해 왔던 도덕과 윤리, 정의와 같은 규범들이 제대로 기능하지 못하고 있음을 과감하게 인정해야 한다. 도덕이 말살되고, 윤리가 마모되는 안타까움으로는 이 위기를 극복할 수 없다. 민주주의가 도덕적·윤리적으로 완벽하다고 믿는 이들은 민주주의의 완결성이 부각되고 있는 이 시기에 왜 혐오가 되레 강력해지고 있는지 제대로 설명할 수 없다. 위에서 말한 세 가지 위기는 앞으로 더욱 거세질 것이다.

우리는 새로운 유형의 위기에 맞닥뜨린 민주주의, 그래서 어디로 어떻게 이탈할지 모르는 민주주의를 보호하기 위해 민주주의를 재구성하는 작업을 시작해야 한다. 그것은 이성(理性)을 초월해 감정(憾情)을 주된 단위로 삼는 민주주의여야 한다. 또한 민주화의 대상을 정치와 경제, 문화 등 현상만 건드리는 것이 아니라 민주주의의 근간이 되었던 감정의 문제를 본질부터 직시하는 민주주의여야 한다. 감정 민주화 없이는 정치 민주화, 경제 민주화도 성취될 수 없다.

'진영 균형'과 '감정 균형'

이 책의 서론에서 최장집의 『민주화 이후의 민주주의』를 시작으로 우리 공동체 민주주의의 문제를 고민했다. 87년 민주화 항쟁이라는 역사적 과업을 성취하고도 왜 우리 민주주의는 질적으로 후퇴했는가. 이런 고민은 불과 몇 년 전, 촛불을 경험했던 우리에게 유효한 질문이기도 하다. 촛불로 부패한 정권을 몰아냈을 정도로 민주주의 에너지가 넘치는 시기임에도 — 민주주의의 근간이 도덕과 윤리, 관용이라면 — 왜 혐오는 되레 강력해지는가.

최장집은 『민주화 이후의 민주주의』에서 1987년과 그 이후 우리 민주주의가 질적으로 발전해야 할 단계에서 후퇴할 수밖에 없었던 궤적을 정면으로 대면한다. 그는 대한민국 공동체의 정치적 대표 체제인 정당이 이념적으로 협애해 보수적 경쟁에 안주하게 되었고, 이로 인해 사회 갈등이 사유화되었다는 점을 지적한다. 우리 공동체가 구시대적인 이념 이데올로기에 머무르며 정당 간 건강한 토론이 불가능했고 사회적 요구가 제대로 수렴될 수 없었던 것이다.

최장집의 지적대로 정치 엘리트의 역할은 여전히 우리 공동체 민주주의에서 큰 비중을 차지하고 있다. 그들의 이념적 협애함을 극복하는 것은 중요한 정치적 과제다. 정치 엘리트의 연합체인 정당이 주도적으로 나서 이념 균형, 진영 균형을 성취해 갈등의 사유화를 극복하고 — 물론 최장집은 '진영 균형'이라는 말을 사용한 적은 없다 — 공론장 위에서 건강한 토론과 경쟁을 통해 민주주의의 질적 발전을 이룰 수 있다는 의미로 읽는다.

대한민국 공동체 민주주의의 위의 시작을 '보수적 민주화'에서 찾는 그의 이념적 접근은 진영 양극화로 극단적 갈등을 경험했던 대한민국 현대사와 맞물리며 민주주의를 연구하는 많은 이에게 혜안을 제공했다. 그의 해석은 여전히 상서로운 의미가 있다.

다만, 여기서 주목하고자 하는 것은 정치 엘리트와 같은 정치 공급들의 건강성을 넘어 – 정치 이론가들에게 정치 바깥에 있다고 여겨져 왔던 – 정치 수용자들의 감정적 맥락이다.

우리 시대 공동체 구성원들의 감정은 부정적으로 재편되고 민주주의를 지탱한다고 여겨지는 규범들은 서서히 마모되고 있다. 이는 진영과 이념의 문제를 망라한다. 진영의 균형, 이념의 균형, 그 이상의 지점을 논의하는 것이 우리 공동체가 재구성해야 할 민주주의의 첫 단추다.

이 책을 쓰기 시작한 2020년 초, 대한민국은 격한 진영 갈등이 극에 달했다. 이른바 '조국 사태'의 후유증과 21대 총선이 맞물리면서, 좌와 우, 진보와 보수의 이원적(二元的) 소용돌이는 더욱 거세게 휘몰아쳤다 – 물론 조국 사태가 진영 철학에 근거한 갈등인지는 논란이 있다. 진영 철학을 엄정히 판단할 때 조국을 지지하는 것이 진보 철학을 달성하는 것인가, 반대로 반대하는 것이 보수 철학에 부합하는 것인가에 대해 답을 내리기는 어렵기 때문이다. 질적 민주주의를 갈망하던 공동체 구성원들이 촛불을 든 것이 불과 3년 전이었지만 민주주의 주요 지지대인 관용과 소통의 힘이 빠지는 역설적인 상황에 직면했다.

우리 공동체는 '진영 갈등'을 넘어 '진영 혐오'를 적나라하게 경험하고 있다. 이런 위기를 '진영 균형'이 해결해 줄 수 있는가. 진영 철학의 차이가 서로를 타자화하며 혐오를 소환한 것이라기보다는 이미 누증된 혐오가 그 대상을 찾기 위해 '진영'을 경유한 것일지도 모른다고 생각한다. 더군다나 우리 공동체 주류 담론이 '진영 갈등' 혹은 '진영 혐오'에 집중하며 관심을 덜 가졌을 뿐 타자 혐오 담론은 – 가령, 성적 소수자 혐오, 이주민 혐오, 난민 혐오, 참사 유족 혐오, 민주화운동 희생자 가족 혐오, 탈북민 혐오, 여성 혐오 등은 – '전방위적'으로, 또 '동시적'으로 진행되었다. 관심이 덜했을 뿐이다. 우리는 혐오가 경유하고 있는 특정 '대상'의 문제에 머무를 이유가 없다. 격한 진영 갈등은 우리 공동체 감정 재편과 맞물리며 혐오 현상의 핵심적 메커니즘을 차용하고 있다.

민주주의 재구성을 위해 필요한 감정 민주화는 어떤 대상이나 특정 영역에 국한되지 않는다. 우리가 민주주의의 위기를 극복하기 위해 말하는 건강한 진영 균형은 완벽한 대안이 될 수 없다. 이념 철학, 진영 철학의 문제를 넘어 감정의 흐름을 주목해야 한다. 민주주의 공동체가 본래 지향했던 '감정 균형'의 관점으로 시선을 돌려야 한다. 부정적인 감정이 제대로 협의되고 합의될 수 있는 여건을 고민해야 한다. 즉, 재편되는 공동체 감정을 '민주화'시켜야 한다!

물론 쉽지 않은 일이다. 이미 경제는 양적으로 성장할 만큼 성장해 과거와 같은 호황이 오기는 쉽지 않을 것이다. 다문화 시대는 숙명과도 같다. 미디어 기술은 앞으로 계속 진보할 것이며 반향실과 확증 편향은 더욱 견고해질 것이다. 혐오는 거칠고 격렬해질 것이며, 합의되지 못한 부정적인 감정들은 더욱 부유할 가능성으로 충만하다.

하지만 염세주의적 관점에서 작금의 상황을 바라보고 싶지 않다. 부정적인 감정의 종국적 감정으로서의 혐오, 결과로서의 혐오는 다시 돌고 돌아 원인으로서의 혐오가 되고 있다. 타자 혐오에 별 관심이 없는 이들마저 SNS를 통해 퍼져나가는 혐오 표현을 자주 목격하며 혐오에 익숙해지고, 이것이 다시 우리 공동체의 감정을 옥죈다. 타자의 감정을 배제하는 것이 자신의 감정을 성취하는 것이라는 착시는 혐오를 더욱 거세게 증폭시킨다. 악순환의 고리를 중간 어디쯤에서 끊는 작업이 필요하며 이것이 감정 민주화를 위한 응급 처방책이 될 수 있음을 깨닫는다.

감정의 위기는 감정으로 대응해야 한다. 혐오가 공동체의 선을 성취하는 규범으로 기능하고, 따라서 공동체의 건강성을 훼손하는 타자를 혐오하는 것이 도덕적이고 윤리적인 일이라는 착시가 강해졌을 때 기존의 도덕과 윤리를 강조하는 것으로는 민주주의를 재구성하는 것이 쉽지 않다.

감정 민주화를 위한 가장 핵심적인 감정적 자질로 '공감(共感)'을 제시한다. 이 진부한 감정어가 부정적인 감정이 부유하는 작금의 위기에 근원적 대안이 될 수는 없지만 혐오의 악순환 그 어디쯤을 단절하게 만드는 힘이 있다고 믿는다.

공감

2020년 6월, 정부가 인천공항공사 보안 직군 비정규직을 정규직화 하겠다고 발표했다. 비정규직 보안검색 직원 1902명을 본사 직고용 정규직으로 전환한다는 방침이었다. 그런데 공사 시험을 준비하던 취업 준비생들이 강하게 반발하기 시작했다. 그들은 "원칙 없는 정규직 전환은 역차별"이라며 형평성 문제를 제기했다. 인천공항공사는 취업난에 시달리는 청년들에게 '꿈의 직장'으로 불렸다. 공사 정규직이 된다는 것은 엄청난 스펙을 쌓고 치열한 경쟁을 뚫었다는 사회적 의미로 통했다.

2020년 여름을 뜨겁게 달궜던 '인국공 사태'는 그렇게 시작되었다. 불똥은 정규직화 당사자였던 보안 직군 비정규직 노동자들로 튀었다. 취업 준비생들은 그들을 향해 "공항에서 아르바이트하다가 꿈의 직장 정규직이 됐다"며 불편함을 드러냈다. 한 언론사는 정부 조치로 정규직화 대상이 된 직원이 익명 채팅방에서 "연봉 5000만 원 소리 질러!"와 같은 말을 했다고 보도했다. 이것은 취업 준비생들의 불편한 감정을 자극하며 인국공 사태의 도화선이 되었다. 신뢰도가 불분명한 채팅방이었다.

사실 정부의 정규직 전환 방침은 비정규직이던 보안검색 요원들에게 한정되는 것으로 취업 준비생이 준비하던 정규직과는 거리가 있었다. 급여 수준도 차이가 있었다. 청와대가 직접 오해가 있다며 진화에 나섰다. 생각만큼 '특혜'를 주는 것이 아니라는 식의 설명이었다 — 물론 이런 식의 대응 방식도 "비정규직은 차별받아야 한다"는 전제가 깔려 있었다. 진보 진영에서는 정부 대응 방식이 부적절하다며 비판하기노 했다. 여러 모로 복잡한 문제다.

집권 여당을 중심으로 정치권에서는 이 문제가 이른바 '사태'로 비화되는 상황에 대해 강한 불쾌함을 나타냈다. "정규직화는 청년 일자리를 뺏는 게 아니다"라거나 "시험 합격해 공채로 입사했다는 이유로 월급 두 배 받는 것이 더 불공정하다"는 식의 주장이 나왔다.

상식적 관점에서 봤을 때 정치권의 반박이 틀렸다고 보지 않는다. '동일 노동, 차별 임금'에 대한 본질적인 문제 제기로, 꽤나 진보적인 원칙을 품고 있었다. 같은 일을 하는데 채용 과정이 다르다는 이유로 다른 처우를 받는 것은 분명 불공정하기 때문이다.

그럼에도 청년 취업 준비생들은 정치권의 반응을 불쾌하게 받아들였다. 청년들은 공동체의 경제 상황이 쉽게 나아지지 않을 거라는 불안감, 세대 별 취업 기회 격차가 커지고 있는 현실에 대한 강한 좌절감을 공유하고 있었다. 그런데 인국공 사태로 채용의 기회가 적어질 수 있다는 추론이 강하게 작용했고, 자신의 노력이 '정규직화 방침'의 기회비용이 될 수 있다는 두려움으로 터져 나왔다.

일부 정치인들에게 취업 준비생들의 감정적 맥락은 고려 대상이 아니었던 것이다. 이런 맥락을 뒤로한 채 인천공항공사에 취업을 준비하는 청년을 향해 '공정성'의 의미를 가르치고 있었다. 필기시험 잘 봐서 비정규직보다 두 배 임금 받는 것은 공정의 의미를 왜곡해 이해하고 있는 거라며, 그 의미를 되새겨보라는 훈계에 가까웠다. 청년들이 이 의미를 모르고 비정규직 보안 노동자를 탓하는 것은 이기심과 다름없다며 '타박'했다. 이는 정치 엘리트의 도덕적 우월감으로 읽혔다.

정치 엘리트의 이런 태도는 청년 세대의 불안감과 박탈감, 공포 따위의 부정적인 감정의 치유와는 거리가 있었다. 청년들은 "아프니까 청춘이다", "노력하면 할 수 있다"라는 기성세대의 수사에 깊은 반감을 갖고 있다. 취업 전쟁을 치르고 있는 입장에서 경제성장의 수혜를 누린 기성세대의 이런 식의 훈계는 선뜻 받아들이기 어려웠을 것이다. 그들이 과연 '동일 노동, 동일 임금'의 의미와 가치를 몰랐겠는가. 그들은 '동일 노동, 차별 임금' 그 이상의 감정적 위기를 말하고 있는데 정치인의 수사는 현안에 대한 논리적 재확인으로 회귀한다. 결과적으로 일부 정치권의 문장은 정규직화 대상이 되었던 보안 직군 비정규직 노동자에 대한 혐오를 더욱 부추기는 반작용을 불렀다고 판단한다. 정치는 공동체 구성원들의 감정에 '공감'하지 못했던 것이다.

정치 엘리트들이 갖고 있는 착시 가운데 하나는 '옳음'을 통해 혐오 현상을 교정할 수 있다는 강한 믿음이다. 공동체 구성원의 감정을 '옳음'의 경계 밖으로 추방시키고 마는 것은 그들을 '그름'의 대상으로 타자화하는 과정과 같으며, 이는 되레 공동체 구성원의 소수자성(性)을 강화시킨다. 민주주의 공동체에서 소수자성이 강화될 때 그 정서가 제도화된 형태가 서구 민주주의 공동체에서 나타나는 '포퓰리즘'이었다.

그렇다면 공감이란 구체적으로 어떤 감정이고, 어떻게 구현해나갈 수 있는가. 여기서 공감에 대한 심리학적 성찰이 필요하다는 점을 깨닫는다. 심리학자나 정신과 의사가 아니기 때문에 감정을 분석하고 혜안을 제공하는 데한계가 있음을 잘 알고 있다. 다만, 감정 민주화의 대안으로서 공감의 구체적인 맥락을 고민할 필요는 있을 것 같다.

공감은 대상을 알고 이해하거나 대상이 느끼는 상황 또는 기분을 비슷하게 경험하는 심적 현상을 의미한다. 타인의 시선으로 세상을 바라보고 타인의 감정을 함께 공유한다는 의미로 통용된다. 흔히 이타심을 성취하는 감정으로 여겨진다. 하지만 공감에 대한 여러 반론도 존재한다. 가령, 최근 『공감의 배신(Against empathy: the case for rational compassion)』이란 책을 펴낸 예일대학교 심리학과의 폴 블룸(Paul Bloom)은 공감에 반대한다는 도발적인 선언으로 학계의 주목을 받았다. 블룸은 "공감은 도움이 필요한 곳을 비추는 스포트라이트와 같지만, 그 빛의 면적이 좁다"고 비유했다.[1]

정서적 공감은 나와 공간적으로 가까운 사람에게 더 적극적으로 생기기 마련이고 자연히 눈에 보이지 않는 사람과 멀리 있는 사람의 이익을 배반해 실질적 피해를 줄 수 있다는 것이다. 심지어 지지하는 이들에 대한 공감 때

---

1   폴 블룸, 『공감의 배신: 아직도 공감이 선하다고 믿는 당신에게』, 이은진 옮김(시공사, 2019), 48쪽.

문에 지지하지 않은 이들에 대한 폭력을 정당화시키기도 한다.

즉, 블룸은 공감의 시야가 좁기 때문에 자칫 극단주의에 빠지거나 심지어 인종차별주의자로 내몰릴 수 있음을 우려한다. 독거노인의 어려운 삶에 공감하고, 그래서 독거노인 지원 단체에 기부한다면 이런 공감은 박수 받을 만하다고 생각한다. 반면, 이주민을 싫어하는 사람들의 생각에 공감한 나머지 이주민에 대한 혐오 표현을 지지한다면 이런 공감은 높게 평가할 수 없다. 공감을 우려하는 이들은 이타심의 근원처럼 여겨지는 공감이 실상은 취약한 감정임을 강조하며 그 신화를 깨뜨리고 있는 것이다. 공감하기 위해 공감을 밀쳐낼 수 있다는 공감의 역설이다. 이는 감정 민주화의 자질로 제시하는 공감의 의미와 거센 충돌을 일으킬 것이다.

결국, 공감의 부작용을 우려하는 이들은 "그렇다면 공감 없이 어떻게 이타적 판단을 내릴 수 있는가"라는 질문으로 나아간다. 그들은 여전히 인간의 '이성'으로 극복하고자 한다. 근대 유럽인들이 그랬던 것처럼 뭔가 확실한 (이성적) 기준이 있다면 그 역설을 손쉽게 극복할 수 있다고 보는 것이다. 타인의 기쁨이나 슬픔을 보고 비슷한 감정을 느끼는 것이 공감이라면, 공감이 사적이고 주관적인 감정이라 얼마든지 왜곡될 수 있다면, 이에 대한 시시비비를 가릴 재판관이 필요하다. 명확한 법령을 해석하는 인간의 '이성'이라는 재판관이다. 인간의 이성은 제법 대단해서 보편적이고 객관적이며 공정하고 도덕적인 판단을 내릴 수 있고 결국 꽤 괜찮은 해결책을 제시할 수 있다는 가정이다.

그렇게 공감의 한계를 느낀 이들은 인간 이성으로의 품으로 회귀한다. 인간은 다시 '완벽한 해석'을 할 줄 아는 존재가 된다. 감정은 옳고 그름의 판단을 그르칠 수 있다는 전제가 깔렸다. 블룸의 결론은 "인간은 이성을 통해 숙고하고 객관적이며 공정한 도덕성을 발휘할 수 있기 때문에 공감하지 않고도 선한 결과를 가지고 올 수 있다"는 것으로 읽힌다.

솔직히 공감의 부작용을 우려하는 사람들 역시 혐오 현상을 꽤 걱정하고 있으며 같은 문제의식을 공유하고 있다는 점에서 반가움을 느낀다. 그들 역시 혐오를 피할 방법을 고민하는 공통된 목표를 갖고 있기 때문이다. 다만, 그들의 전제에는 공감에 대한 어떤 용어적 혼란이 개입되어 있다고 생각한다.

공감의 부작용을 우려하는 이들은 사적이고 주관적인 감정의 전염을 주목한다. 공감이 특정인에게만 초점을 맞출 수 있고 자연히 (공동체 구성원들에 대한) 공감을 위해 (타자들에 대한) 공감을 배격할 가능성을 우려한다. 그렇게 공감은 긍정적인 공감과 부정적인 공감으로 '재분류'된다. 긍정적인 공감은 인간의 인지적 노력, 이른바 이성적 노력을 통해 달성되고 완벽한 형태로 상징된다. 인간의 적확한 이성적 판단 능력은 공감의 부족함을 상쇄하는 대안으로 개입되는 것이다.

사실, 공감의 범주를 어떻게 규정하느냐에 따라 공감에 대한 평가는 달라질 것이다. 공감의 부작용을 우려하는 사람과 공감의 가치로 감정 민주화를 바라는 사람은 사실상 같은 말을 하고 있는지도 모른다. 적어도 여기서 말하는 공감은 우리와 공간적으로 가까이 있는 사람과 동일한 감정을 공유하는 단순한 감정 전염과 선을 긋는다. 배타성을 갖는 공감이라면 공감은 그 자체로 효력을 잃는다고 생각한다. 감정 민주화의 핵심 감정으로서의 공감은 '소속감', 소속감을 통한 '안정감', 안정감으로 성취되는 '연대감' 등으로 표상되지 않는다.

이 책의 핵심 표제어인 혐오의 규범성이란, 타자를 배제하고 혐오하는 것이 공동체의 건강성을 위해 옳다고 여기기 때문에 혐오가 공동체 규범으로 기능할 수 있다는 것을 의미한다. 규범적 차원에서 그간 우리를 지탱했던 도덕과 윤리 규범이 제 기능을 하지 못할 수 있음을 함축하는 것이다. 공감의 부작용을 우려하는 이들이 말하는 공감이란 공동체의 연대와 통합을 추동하는 일종의 소속감에 가까운 감정일 수 있다. 그렇게 공감은 혐오의 규범성을 지탱하는 감정의 일부로 전락한다. 마사 누스바움의 표현을 빌리면, 이런 감정들은 '편협한 공감'에 가까울 것이다. 편협하다면 그건 공감이 될 수 없다.

대부분의 사람은 '편협한 공감 능력'을 갖고 있다. 그들은 쉽게 자아도취적 기획들에 갇히며, 자신들의 협소한 굴레 바깥에 존재하는 이들의 요구는 금세 잊어버리는 경향이 있다.[2]

그렇다면, 이 책에서 지향하는 공감이란 무엇인가. 감정 민주화의 대안으로 말하고 싶은 공감은 나 자신, 내가 속한 우리, 우리가 속한 공동체의 '불완전함'을 당당히 인정하는 감정이다. 공감과 불완전함, 어울리지 않아 보이는 두 단어의 결합은 위에서 거론한 누스바움의 혜안에 빚을 지고 있다. 누스바움은 자신의 책 『정치적 감정(Political emotions: why love matters for justice)』에서 유럽 근대 한복판에 만들어진 모차르트의 오페라 〈피가로의 결혼〉으로 우회하며 불완전함을 통해 성취되는 공감의 단서를 찾는다.

부인과 사랑이 식은 백작은 하녀에게 눈독을 들이지만 하녀는 정혼자가 있었다. 하녀의 결혼식 날 저녁, 백작은 정원에서 하녀를 유혹하며 비싼 반지를 끼워준다. 하지만 백작이 만난 하녀는 사실 백작 부인이 하녀와 옷을 바꿔 입은 것이었다. 백작 부인은 스스로 자신의 모습을 드러내고 백작은 당황하며 부인 앞에 무릎을 꿇고 용서를 빈다. 잠시 고민하던 백작 부인은 용서로 화답한다. "저는 훨씬 더 다정해요. 제 대답은 '좋아요'예요." 그렇게 모든 사람들이 하녀의 결혼을 축하하는 기쁨의 합창을 부른다.

백작 부인이 완벽하고 엄격한 법과 규범 앞에 너그러운 태도를 보이는 것은 단순히 불륜을 저지른 남편을 용서해야 한다는 반(反)여성적인 의미는 아닐 것이다. 백작은 앙시앵레짐(ancien régime), 즉 구체제를 상징하고 백작 부인은 이에 대처하는 구성원들의 민주주의적 자질을 의미하고 있다는 것이 누스바움의 해석이었다.

---

2   마사 누스바움, 『정치적 감정: 정의를 위해 왜 사랑이 중요한가』, 박용준 옮김(글항아리, 2019), 18쪽.

즉, 인간 이성의 완벽함에 기댄 합리주의 시대의 한복판에서, 앙시앵레짐을 해체하며 공동체를 한발 더 나아가게 했던 민주주의적 자질은 완벽함과 거리가 먼, 너그러운 용서와 같은 불완전한 감정이었다. 백작 부인은 완벽함을 동경하지 않았다. 불완전함 속에서 감정은 교류되고 공유되었으며 그렇게 타인의 운명을 볼 수 있었고, 타인의 운명 속에서 다시 자신의 운명을 마주할 수 있었다. 즉, 공감은 나의 허약함과 우리의 허약함, 공동체의 허약함에 대한 과감한 인정에서 시작되었다.

불완전함은 소통을 갈구하기 때문이다. 공동체 구성원들은 완벽하지 않기 때문에 서로의 감정을 공유하길 원했고 그렇게 대화를 주고받았다. 민주주의 공론장이 만들어졌던 것은 인간의 이성적 능력이 비범해서가 아니라 우리의 삶이 완벽하지 않기 때문이다. 누스바움은 이런 식의 너그러움을 민주주의 공동체 공적 감정의 핵심이라고 여겼다.

비교적 최근 사례인 영화적 텍스트로 우회하려고 한다. 구스 반 산트(Gus Van Sant)의 1998년 작 〈굿 윌 헌팅(Good Will Hunting)〉은 불완전함과 공감의 관계를 매우 직설적으로 해설하는 영화다. 영화는 완벽하다고 여겨지지만 세상과 벽을 쌓고 사는 천재가 자신의 불완전함을 자각하며, 상대와 공감하는 방법을 배우는 과정을 담았다.

영화 속 천재 소년 월은 어린 시절 학대로 인한 상처로 세상에 마음을 열지 못하며 살아간다. MIT 대학의 램보 교수는 그의 천재성을 알아보고, 친구인 심리학 교수 숀을 소개해 치료를 받게 한다. 숀과의 첫 만남에서 월은 자신의 천재성을 과시한다. 숀이 그린 그림을 보고 "원치 않은 사람을 부인으로 맞았다"며 그의 삶을 재난하기까지 한다. 며칠을 곰곰이 생각한 숀은 월을 호숫가 벤치에 앉히고 대화를 시작한다.

숀은 아무도 부정할 수 없는 천재인 월이라 할지라도 상대의 인생을 난도질할 권리가 없다고 충고한다. 천재인 월 역시 개별적 개인에 불과하며 그 어떤 이론도 개별적 개인을 완벽히 설명할 수 없기 때문이다. 그 불완전함을 당당히 인정해야 소통이 성취되며, 그렇게 세상과의 벽을 낮출 수 있다는 조언이었다. 완전함으로부터의 해방을 통해 상호 호혜와 공감이 만들어질 수 있다는 역설을 숀은 말하고 있었다.

숀과 윌은 소통을 통해 조금씩 서로에게 다가간다. 윌은 자신의 여자 친구 이야기를 꺼낸다. 여자 친구의 단점을 모르는 지금의 상황에 만족한다며, 단점을 알게 되면 여자 친구에게 실망할 거라고 말한다. 이에 숀은 2년 전 세상을 떠난 자신의 아내 이야기를 들려준다.

숀은 자신의 아내가 사망한 뒤 결국 자신의 기억에 남은 것은 잘 때 방귀를 크게 뀌던 아내의 평범했던 습관이었다고 말한다. 아내를 사랑할 수 있었던 이유는 남들이 보기에 단점일 수 있지만 이런 하찮은 습관을 공유하고 있었기에 교감하고 공감할 수 있었다. "인간은 스스로의 불완전한 세계로 서로를 끌어들인다"는 숀의 말처럼 소통의 가교는 완벽한 지식이 아니라 불완전한 습관이었다. 적대적 감정으로 가득 차 있던 윌은 심리학 교수 숀의 이야기를 '공감'하기 시작했고 조금씩 상처를 위로받기 시작한다.

영화의 백미는 마지막일 것이다. 여자 친구와 헤어진 윌은 상담 자리에서 숀에게 그 사실을 고백한다. 그곳에는 윌의 정신감정 평가 결과가 놓여 있었다. 숀은 "자신도 아는 건 별로 없지만, 감정 결과는 모두 헛소리"라고 말한다. 그러면서 "네 잘못이 아니다(it's not your fault)"라는 말을 여러 번 외친다. 급기야 윌은 울음을 터트린다. 윌은 "네 잘못이 아니다"라는 말에 자신의 완벽한 자의식을 내려놓지만 — 그렇게 불완전한 존재가 되었지만 — 그 불완전함을 통해 세상의 문을 열고 소통을 할 채비를 마친다.

누스바움은 인간이 비극적이거나 희극적인 관찰자가 되어야 한다고 말한다. 인간의 취약함을 인정해야 한다는 비극과 감정적 유연함을 통해 이를 포용할 수 있다는 희극이 맞물린다. 여기서 주목할 말은 "네 잘못이 아니야"라는 명대사 앞에 "나도 아는 것이 많지 않지만"이라는 숀의 수식어다. 숀은 자칫 단정적인 판단으로 보일 수 있는 문장 앞에 자신의 불완전함을 강조하는 표현을 덧댄다. 상대의 취약함을 말하기에 앞서 자신의 연약함과 나약함을 당당히 인정하며 소통의 거리를 좁힌다.

그렇게 숀과 윌은 서로 정서적인 교감을 얻는데 성공한다. 숀이 만일 "내가 심리학 전문가로 판단하는데, 네 잘못이 아니야" 혹은 "유명한 심리학 이론에 따르면, 네 잘못이 아니야"처럼 어떤 완벽함에 의탁해 해석했다면 윌의 공감은 반감되었을 것이다.

나와 우리, 공동체의 근간은 감정이었다. 하지만 감정은 불완전하다. 변덕스럽고 갈피를 잡기 어렵다. 자연히 나, 우리, 공동체, 공동체의 법과 제도는 감정에 의해 쌓아졌기에 완벽할 수 없다. 도덕도, 윤리도, 사상도, 철학도 완벽하지 않다. '역사의 종말'이라는 수식어로 수많은 찬사를 얻었던 민주주의 역시, 사실은 완벽하지 않기 때문에 살얼음과 같은 과정을 거쳤다. 또 그렇기 때문에 여러 위기 상황들 앞에서 흔들리고 있을 뿐이다.

우리는 불완전함이 불안하며 심지어 고통스럽다고 생각한다. 이 부정적인 감정에서 벗어나기 위해 ─ 잠시나마 완벽함에서 오는 안정감을 위해 ─ 절대자나 절대적 가치를 소환하기도 했다. 때로는 종교가, 때로는 민족이, 때로는 도덕과 윤리가 그 역할을 해주었다. 민주주의 공동체는 도덕과 윤리를 지렛대 삼아 완벽성을 부여하는 데 익숙하다. 그 완벽함의 형상은 인간의 '이성'을 통해 채색될 수 있었다.

하지만 옳음과 그름, 선과 악과 같은 이분법적 판단은 옳음을 표상하는 대상과 그름을 표상하는 대상과의 긴장을 전제하게 된다. 우리가 사는 세계는 (이성적으로) '완벽한 것'과 (이성적이지 않은) '완벽하지 않은 것'이 대립한다는 연상 작용으로 이어진다. 그리고 그 대립은 적대적 감정을 수반하며 혐오의 단초를 제공한다. 완벽함은 늘 표준을 요구한다. 표준은 정상성과 비정상성의 경계와도 같다. 공감의 불완전성 때문에 다시 완벽함을 소환하는 것은 다시금 정상과 비정상의 경계를 세우는 작업이 될 수밖에 없다.

완벽함은 그렇게 절대적인 선과 절대적인 악, 절대적인 옳음과 절대적인 그름, 절대적인 순수함과 절대적인 비순수함이 적대하게 만든다. 내가, 우리가, 선하고 옳고 순수하다는 믿음이 강하다면 – 인종이든 언어든 진영 논리든 어떤 기준에서든 – 우리와 다른 존재를 인정하는 것은 매우 어려워진다. 나의 정의로움은 곧 타자의 정의롭지 못함이다. 나와 의견을 달리하는 상대는 정의롭지 못하다며 악마화할 수밖에 없다. 멀리 갈 필요도 없다. 매일 쏟아지는 뉴스만 봐도 그렇지 않은가. '내로남불', '내가 곧 정의'와 같이 우리가 뉴스에서 자주 보는 표현들은, 완벽함에 대한 감정적 반작용이 적대적 감정으로 전화된 형태일 것이다.

완벽함을 거부하는 공감은 타자화를 당당히 거부하는 비상한 에너지를 지녔다. 불완전함을 신앙하는 공감은 정상이 비정상일 수 있고, 비정상이 정상일 수 있는 표준의 경계를 무너뜨린다. 불완전함을 당당히 인정한다면 우리에 대한 공감과 타자에 대한 공감이 이율배반적으로 흘러갈 수 없다.

불완전함을 당당히 인정할 때 공감은 공감의 부작용을 우려하는 사람들의 주장처럼 한쪽에만 맞춰지지 않는다. 편협한 공감 능력을 가진 이는 이주민을 혐오하는 누군가에게 공감할 수 있지만, 감정 민주화의 대안으로서의 공감 능력을 가진 이는 이주민의 불완전함과 동시에 우리의 불안전함을 모두 인정하는 시선을 가질 것이라고 믿는다. 나와 우리, 공동체의 불완전함을 당당히 인정하는 공감은 '다름'을 숙명처럼 받아들이기 때문이다. 우리의 불완전성을 인정하면 타자가, 타자가 속한 공동체가 불완전하다는 것 역시 감정적으로 이해할 수 있다. 그들이 완벽하지 않듯 우리도 완벽하지 않기 때문이다.

이런 면에서 공감은 동정이나 연민과도 선을 긋는다. 우리는 공감을 동정과 연민의 유사어로 생각하지만 감정 정치의 관점에서 공감은 감정 지표상 다른 공간에 위치한다. 심지어 동정과 연민은 나와 우리, 공동체의 완벽함을 전제해도 충분히 작동할 수 있다. 완벽한 나와 우리는 불완전한 누군가를 불쌍히 여길 수 있다. 이는 수혜적 감정에 가깝다. 달리 말하면, 동정과 연민은

― 혐오 메커니즘의 중추와 다름없는 ― 타자화라는 감정적 기술을 동원하기도 한다. 불행한 상대방을 내려다보는 태도로 변질될 수 있다는 것은 나와 타자의 다름과 위계를 전제하기 때문이다. 동정과 연민은 공감을 성취하는 필요조건이 될 수는 있어도 충분조건이 될 수 없다.

불완전함을 인정하는 공감이라면 완벽한 대안으로서의 기성 도덕과 윤리를 적극적으로 소환하지 않아도 혐오에서 자유로워질 수 있다고 믿는다. 다른 정체성을 가진 이들에 대한 혐오 현상을 걱정하는 이 책은, 달리 말하면 같은 정체성을 지닌 우리에 대한 편협하고 배타적인 공감에 대한 우려에서 시작되었다.

앞서 말한 정치인들이 자신의 불완전함, 우리의 불완전함, 공동체의 불완전함을 이해하고 있었다면 취업 준비생들을 향해 그런 단정적인 훈계를 내놓을 수 있었을까. 정치인으로서 자신 역시 한계를 느끼고 있었다면, 취업 준비생들이 느끼는 박탈감과 좌절감, 공포에 시달리는 우리 공동체가 작은 말 한마디에 감정선이 격동할 만큼 불완전하다는 것을 인식했다면, "동일 노동, 동일 임금"에 입각한 원칙적인 문장으로 대응할 수 있었을까. 취업 준비생들에 대한 도덕적 판단과 우월감에 가득 찬 훈계는 못 하지 않았을까. 정치인으로서 공동체의 정서적 지지 의무를 먼저 연상하지 않았을까. 반대로 청년들이 공감하지 못한 정치인에게 저항했던 것은 '완벽함'의 신앙에 대한 저항이 아니었을까.

소통

이제 ― 감정 민주화를 성취하는, 혐오의 대항 감정으로서의 ― 공감의 조건을 고민하지 않을 수 없다. 공감이라는 감정 역시 공동체의 어떤 인위적 노력을 통해 고양될 수 있다고 믿는다. 공감은 신뢰를 통해 신뢰는 '소통'을 통해 성취된다. 공감과 신뢰를 만드는 정책적 대안의 방향은 공동체 구성원들의 상호 소통을 얼마나 추동하느냐에 달려 있다고 생각한다.

앞서 혐오 메커니즘 단락에서 하버드대학교 정치심리학자 라이언 에노스의 실험을 소개한 바 있다. 평소 이주민 문제에 관심 없던 평범한 백인들조차, 단 몇 분간 히스패닉과 동승한 것만으로도 관용적인 이민 정책에 반대하는 경향을 보였다는 우울한 결과였다. 하지만 에노스의 실험은 비관적인 결과로 끝나지 않았다. 그가 말하려고 했던 것은 "타자와의 접촉이 불편함을 낳는다"가 아니라 "타자와 접촉을 계속하면 불편함은 되레 줄어들 수 있다"였다.

에노스는 그 결과에 안주하지 않고, 히스패닉과 3일간 접촉한 사람과 10일간 접촉한 사람의 차이를 다시 분석했다. 결과는 달라졌다. 히스패닉과 3일간 동승했던 사람은 이민에 대한 반감이 컸지만 10일 동안 접촉한 사람은 그 정도가 약해졌다. 이런 식의 접촉이 계속 반복된다면 반감이 줄어들 것이란 가정도 가능했다.

> (히스패닉과) 지속적으로 접촉하거나 소통을 하게 된다면, 애당초 가졌던 그들에 대한 적개심, 상대를 기피하려는 충동을 감소시킬 수 있다. 이는 이민자들을 포섭하는 공공 정책 입안자들에게도 매우 중요한 과제다. 사회 내부의 결속을 위한 목적을 위해서는 상호 소통과 친근함을 높일 수 있는 정책이 뒤따라야 한다.[3]

지속적인 소통과 접촉으로 타자를 '혐오'하지 않고 타자와 '함께'할 수 있다는 것을 실증적으로 보여준 이 실험은 정책적 차원의 대안을 제시해준다는

3   Ryan D. Enos, Garcia A., H. Palafox-carlos, and R. Salomon, "The Causal Effect of Prolonged Intergroup Contact on Exclusionary Attitudes: A Test Using Public Transportation in Homogenous Communities 1," *PNAS*(2014), p.32.

점에서 의미가 있다. 이 실험은 접촉을 '강제'했을 때의 심리 변화를 전제한다. 백인들이 특정 기간 동안 히스패닉을 계속 마주치게 할수록 불편함의 정도는 약화되었다.

그런데 실험이 아니었다면, 통근 열차에서 반감이 커진 백인들은 히스패닉이 없는 칸을 찾는 식으로 그들과의 접촉을 피하려 했을 것이다. 처음 불편함을 느꼈던 단계에서 존재를 피해버렸다면 혐오는 개선될 여지가 없어지고 더 거세질 수밖에 없다. 결국 에노스는 타자와의 지속적인 소통과 친근함을 높이는 정책으로 접촉과 소통의 여건을 마련해 주는 식의 접근이 필요함을 강조한다. 다문화로 인한 정체성의 위기를 벗어날 첫 단추는 소통의 장을 여럿 마련하는 정책적 노력이다.

혐오를 지속적인 소통으로 극복한 선례가 없는 것도 아니다. 미국 캘리포니아주는 이방인이 많은 것으로 유명하다. 미국 사회에서 논란이 되고 있는 히스패닉 비율이 40%에 달하고, 미국 미등록 외국인의 4분의 1이 캘리포니아에서 일하고 있다. 노동자 가운데 9%가 미등록 외국인이다. 반면, 이민자나 미등록 외국인, 난민들에게 상대적으로 관대한 지역으로 통한다. 캘리포니아가 혐오에서 자유로운 지상 낙원이라고 볼 수는 없지만 미국 내에서 이방인에 대한 편견이 가장 적은 곳 가운데 하나라는 것은 틀림없다.

불과 30년 선만 해도 캘리포니아 역시 이방인에 대한 반감은 매우 거셌다. 1980년대 이방인들이 대거 들어온 것이 계기가 되었다. 10년 새 외국 태생 인구 비율은 15%에서 22%까지 치솟았다. 당시 피트 윌슨(Pete Wilson) 주지사는 반감에 편승해 지지를 얻었다. 혐오는 금세 제도화되었다. 주민투표로 '법안 187'이 통과되었다. 미등록 외국인의 자녀는 학교에 진학하지 못하게 했고 응급조치가 필요한 상황에서도 의료 조치를 금지했던 매우 강력한 법이었다. 클린턴 행정부가 캘리포니아를 연방법원에 제소하면서 법은 시행되지 못했지만 당시 캘리포니아에서 이방인의 반감과 공포, 두려움이 얼마나 거셌는지를 방증한다.

이후 캘리포니아 주민들은 이방인과 공존하는 법을 학습해 나갔다. 캘리포니아는 2000년대 들어 미국에서 가장 관용적인 지역으로 변모하기 시작했다. 이민자를 차별했던 법을 폐지하는 데 주민들이 앞장섰다. 이방인들은 더 모여들었다. 성소수자들도 그 대열에 합류했다. 핑크 경제라는 거대 산업을 창조해냈다. 경제적으로도 괜찮은 효과를 냈다. 캘리포니아는 미국에서 GDP가 가장 높은 곳이기도 하다. 한국의 두 배로 프랑스와 맞먹는 수준이다.

상호 소통과 관용이 첨단 산업 발전과 깊은 상관관계가 있다는 연구 결과는 고전과도 같다. 미국의 석학 리처드 플로리다(Richard Florida)는 도시의 다양성을 측정하기 위한 지표로 게이들의 밀집도를 삼았다. 게이 지수(Gay Index)가 그것이다(〈표 1〉 참조).[4] 결론은 하이테크가 발달한 도시일수록 게이들이 많이 살고 있었다는 점이다. 1990년을 기준으로 샌프란시스코와 시애틀, LA, 워싱턴 DC, 애틀랜타는 하이테크 TOP 10 도시임과 동시에 게이 지수 TOP 10이기도 했다. 2000년을 기준으로 한 분석 역시 같았다. 샌프란시스코와 시애틀, LA, 달라스, 애틀랜타 역시 마찬가지였다.

게이가 똑똑해서 첨단 산업이 발달한 것은 아닐 것이다. 리처드 플로리다는 그 맥락을 분석한다. '동성애는 사회적 다양성의 마지막 전선'이라는 말처럼 동성애자에 관대한 지역은 모든 종류의 사람을 환영할 준비가 되어 있다고 볼 수 있다. 개방적이고 관용적인 문화 덕에 성별, 인종, 민족, 성적 취향에 개의치 않고 인재를 끌어 모을 수 있었던 것이다.[5] 자연히 경제도 시너지를 냈다.

감정은 기억에 의존한다. 과거 어떤 상황에 대한 기억은 사실, 과거 어떤 상황 속에서 느꼈던 감정에 대한 기억이다. 우리는 감정에 대한 기억을 통해

4   Richard Florida, *Entrepreneurship, Creativity, and Regional Development*, D. Hart(Ed.), Carnegie Mellon University(2002), p.17.

5   리처드 플로리다, 『도시는 왜 불평등한가』, 안종희 옮김(매경출판, 2018), 10쪽.

<표 1> 하이테크 산업 TOP 25

하이테크 순위	도시명	1990년 게이지수 순위	2000년 게이지수 순위
1	샌프란시스코	1	1
2	보스턴	18	22
3	시애틀	5	8
4	LA	3	4
5	워싱턴 DC	7	11
6	달라스	12	9
7	애틀랜타	8	7
8	피닉스	23	15
9	시카고	17	24
10	포틀랜드	22	20

자료: Richard Florida, *Entrepreneurship, Creativity, and Regional Development*, D. Hart(Ed.), Carnegie Mellon University(2002).

직감적으로 판단한다. 인간은 이성적 판단이 가능하도록 진화되었지만 꽤 중요한 순간에는 과거 상황에 대한 기억으로 현재의 상황을 유추한다. 이런 직감적 판단은 자신을 어떤 위험으로부터 보호하고 싶을 때 극명하게 작동한다. 이익과 손실을 계산해 "위험할 수 있으니 피하자"는 식의 이성적 판단은 시간을 낭비할 수 있다.

에노스의 실험은 백인들이 히스패닉을 봤을 때 "그들은 위험하다"는 직감적인 판단을 내리는 과정을 보여주고 있다. 단일한 정체성을 공유하는 공동체가 다른 정체성에 대한 두려움과 공포를 내재하며 성장해 왔다는 것은 공동체 본능에 가깝다. 비교적 관용적이라 알려진 민주주의 공동체 역시 '정상성'에 대한 열망과 '비정상성'에 대한 거부감이 공존했다.

소통은 부정적인 감정에 대한 기억을 정면에서 맞닥뜨리게 한다. 나를, 우리를, 우리 공동체를 두렵고 불안하게 만드는, 혹은 만들 수도 있는 타자를 나의 바로 앞에 위치시키는 물리적인 거리감을 좁히는 과정이다. 소통을 통해 짧아진 거리감은 우리가 일반화했던 그들의 정체성에 대한 반성을 추동한다.

가령, 동성애자는 변태 성욕자라는 정체성을, 난민에게는 잠재적 성범죄자라는 정체성을, 이주민에게는 우리의 일자리를 빼앗는 무임 승차자라는 정체성을 부여할 수 있지만 소통을 통해 그들 역시 우리와 별반 다르지 않은 존재임을 깨달을 수 있다. 이는 타자에 대한 감정적 기억 역시 첨삭되는 것이며 타자화가 해체되는 일련의 과정에 가깝다. 소통은 타자에 대한 공포나 두려움에 대한 면역을 강화시키는 과정이다. 소통은 공포의 기억을 반감시키며 공감의 조건을 만든다.

소통을 어느 정도 강제하는 정책적 방안이 필요하다고 생각한다. 최근 일고 있는 여러 혐오 현상은 '다문화'라는 이름으로 쏟아부었던 수많은 예산이 무용지물이 되었다는 것을 방증한다. 2019년 정부의 주요 다문화사업 예산을 정보공개청구를 통해 받아봤다(〈표 2〉 참조).

가장 큰 비중을 차지하고 있는 것은 여성가족부의 '다문화 가족 지원' 예산이다. 말 그대로 다문화 가족들이 우리 사회에 빨리 적응할 수 있게 사회 경제적 자립을 도와주는 취지다. 이는 사실상 복지 예산에 가깝다. 교육부 다문화 예산은 조금 더 구체적이다. 67.5억 원이 배정된 대학생 멘토링 사업은 대학생과 다문화 학생을 1 대 1로 연결해 다문화 학생의 기초학습과 학교 적응을 지원해 주는 것이다. 대학생에게는 근로 장학금을 지급한다. 다문화 정책학교, 교육센터 역시 다문화 학생을 도와주는 기관이다. 기본적인 교육과 함께 한국어 학급이 운영된다. 문화체육관광부 예산 가운데는 이주민들의 모임을 지원해 주도록 22억 원이 잡혀 있다. 이들에 대한 한국어 교육 내실화 예산도 5.5억 원이 배정되었다.

우리는 이방인과 어떻게 소통해야 하는지 배운 적이 별로 없다. 우리와 이방인의 공존을 고민한 예산은 그나마 문체부의 '문화시설 다문화 프로그램' 4.2억 원 정도다. 국립민속박물관에서 다른 나라 문화를 배우는 프로그램인 '다문화 꾸러미' 운영 비용이다. 이것을 제외하면 다문화 예산은 외국인 출신, 더 정확히는 가난한 외국인 출신 이방인을 조력해 주는 사실상의 '복지'

<표 2> 2019년도 정부 주요 다문화사업 예산 　　　　　　　　　　　　　　(단위: 원)

부처	사업명	예산
여가부	다문화 가족 지원	481억
교육부	다문화교육 정책학교	70.5억
	대학생 멘토링	67.5억
	다문화교육센터 운영	49.5억
	다문화 교원의 전문성 강화	9.9억
문체부	이주민 모임 운영지원 및 활성화	22억
	부처 간 협업 체계 강화	16억
	한국어 교실 내실화	5.5억
	문화시설 다문화 프로그램 확대	4.2억
	사회적 공감대 형성 프로그램	2.5억

자료: 여성가족부·교육부·문화체육관광부, '예산 현황'(2019).

예산에 가깝다. 외국 나가서 외화 많이 벌어오는 것이 애국이라고 독려하는 우리 사회에서 공존에 대한 투자가 이토록 부실하다는 것은 의아한 일이다.

즉, 대한민국 공동체는 이방인들은 어떻게 온전히 한국인으로 만들 것인가, 달리 말하면 우리 공동체의 정상성을 어떻게 주입할 것인가에 집중하고 있다. 어떻게 하면 한국어를 잘 배우게 할지, 어떻게 하면 대한민국의 엄마와 아빠, 대한민국의 며느리와 사위로 만들지에 관련된 예산인 셈이다.

대한민국 공동체의 인구절벽 문제가 심각하다면, 이 때문에 청년들에게 해외 취업을 독려하고 있다면, 그래서 우리가 밖으로 나갈 수밖에 없는 상황에 직면했다면, 역으로 우리 역시 이방인을 선뜻 받아들이는 용기가 필요하다는 것을 의미하기도 한다. 우리 공동체는 정책의 전제부터 고민해 봐야 한다.

타자가 익숙하지 않다는 것은 그만큼 그들에 대한 공포에 쉽게 노출될 수 있음을 의미한다. 정책적 노력이 뒷받침되어야 한다. 이제 대한민국 공동체의 시선은 타자에게 우리 공동체의 정체성을 부여하려는 노력 이상으로 우리 공동체 구성원이 타자의 정체성을 인정하는 공감이 우선되어야 한다.

'다름'을 있는 그대로 받아들이는 감수성, 순수하지 않은 것을 인정해 선뜻 내 것으로 만드는 대담함, 완전하지 않다고 여겨진 것에도 불안해하지 않아 하는 의연함이 그것이다. 『혐오사회』의 저자 카롤린 엠케의 '순수하지 않은 것에 대한 찬미'로 책을 갈음한다.

무엇보다 중요한 것은 순수하지 않은 것과 다른 것을 옹호하는 일이다. 순수하지 않은 것에 대한 옹호는 공허한 약속으로 그쳐서는 안 된다. 포용적 공존에 필요한 정치적, 경제적, 문화적 투자에도 진지하게 나서야 한다.[6]

---

6   카롤린 엠케, 『혐오사회』, 정지인 옮김(다산북스, 2017), 219쪽.

참고문헌

강욱건·이학래·민경은. 2018. 「국내 페미니즘운동의 여론 변화조사 및 특징적 요소분석: 빅데이터 분석방법을 활용하여」. 2018년 통계청 논문 공모 우수 논문 수상작.

고이치, 야스다(安田 浩一). 2013. 『거리로 나온 넷우익: 그들은 어떻게 행동하는 보수가 되었는가』. 김현욱 옮김. 후마니타스.

국회 여성가족위원회 법안심사소위 속기록. 2013.12.16.

김득중. 2009. 『빨갱이의 탄생: 여순사건과 반공 국가의 형성』. 선인.

김선희. 2018. 『혐오 미러링: 여성주의 전략으로 가능한가?』. 연암서가.

김종갑. 2017. 『혐오, 감정의 정치학』. 은행나무.

김진옥·허재영. 2018. 「인정을 위한 저항: 태극기집회의 감정동학」. ≪한국정치학회보≫, 52집 2호.

나오토, 히구치(樋口 直人). 2015. 『폭주하는 일본의 극우주의: 재특회, 왜 재일 코리안을 배척하는가』. 김영숙 옮김. 미래를소유한사람들.

나임, 모이제스(Moises Naim). 2015. 『권력의 종말: 다른 세상의 시작』. 김병순 옮김. 책읽는수요일.

노부코, 나카노(中野 信子). 2018. 『우리는 차별하기 위해 태어났다: 차별과 혐오를 즐기는 것은 인간의 본성인가?』. 김해용 옮김. 동양북스.

누스바움, 마사(Martha Nussbaum). 2015. 『혐오와 수치심: 인간다움을 파괴하는 감정들』. 조계원 옮김. 민음사.

_____. 2019. 『정치적 감정: 정의를 위해 왜 사랑이 중요한가』. 박용준 옮김. 글항아리.

레비츠키(Steven Levitsky)·지블랫(Daniel Ziblatt). 2018. 『어떻게 민주주의는 무너지는가』. 박세연 옮김. 어크로스.

로이트, 랄프 게오르크(Ralf Georg Reuth). 2006. 『괴벨스, 대중 선동의 심리학』. 김태희 옮김. 교양인.

루소, 장 자크(Jean-Jacques Rousseau). 1999. 『사회계약론 외』. 이태일 옮김. 범우사.

맥루한, 마셜(Marshall McLuhan). 2002. 『미디어의 이해: 인간의 확장』. 김성기·이한우 옮김. 민음사.

모스, 조지(George L. Mosse). 2008. 『대중의 국민화: 독일 대중은 어떻게 히틀러의 국민이 되었는가?』. 임지현 옮김. 소나무.

무데, 카스(Cas Mudde)·크리스토발 로비라 칼트바서(Cristobal Rovira Kaltwasser). 2019. 『포퓰리즘』. 이재만 옮김. 고유서가.

뭉크, 야스차(Yascha Mounk). 2018. 『위험한 민주주의: 새로운 위기, 무엇이 민주주의를 파괴하는가』. 함규진 옮김. 와이즈베리.

뮐러, 얀 베르너(Jan Werner Mueller). 2017. 『누가 포퓰리스트인가: 그가 말하는 국민 안에 내가

들어갈까』. 노시내 옮김. 마티.

박가분. 2013. 『일베의 사상: 새로운 젊은 우파의 탄생』. 오월의봄.

_____. 2016. 『혐오의 미러링: 혐오의 시대와 메갈리아 신드롬 바로보기』. 바다출판사.

박권일 외. 2016. 『#혐오_주의』. 알마.

백영민. 2016. 「커뮤니케이션 관점으로 본 포퓰리즘의 등장과 대의 민주주의 위기」. ≪커뮤니케이션 이론≫, 12권 4호(겨울).

버틀러, 주디스(Judith Butler). 2016. 『혐오 발언: 너와 나를 격분시키는 말 그리고 수행성의 정치학』. 유민석 옮김. 알렙.

본드, 마이클(Michael Bond). 2015. 『타인의 영향력: 그들의 생각과 행동은 어떻게 나에게 스며드는가』. 문희경 옮김. 어크로스.

블룸, 폴(Paul Bloom). 2019. 『공감의 배신: 아직도 공감이 선하다고 믿는 당신에게』. 이은진 옮김. 시공사.

사이드, 에드워드(Edward W. Said). 2003. 『오리엔탈리즘』. 박홍규 옮김. 교보문고.

선스타인, 캐스(Cass R. Sunstein). 2009. 『우리는 왜 극단에 끌리는가』. 이정인 옮김. 프리뷰.

아렌트, 한나(Hannah Arendt). 2006. 『예루살렘의 아이히만: 악의 평범성에 대한 보고서』. 김선욱 옮김. 한길사.

_____. 2016. 『한나 아렌트의 말: 정치적인 것에 대한 마지막 인터뷰』. 윤철희 옮김. 마음산책.

알리미, 세르주 (Serge Halimi) 외. 2016. 『극우의 새로운 얼굴들』. 르몽드 코리아.

앤더슨, 베네딕트(Benedict Richard O'Gorman Anderson). 2003. 『상상의 공동체: 민족주의의 기원과 전파에 대한 성찰』. 윤형석 옮김. 나남.

엠케, 카롤린(Carolin Emcke). 2017. 『혐오사회』. 정지인 옮김. 다산북스.

윤지영. 2015. 「전복적 반사경으로서의 메갈리안 논쟁: 남성 혐오는 가능한가」. ≪한국여성철학≫, 24권.

이현재. 2016. 『여성혐오 그 후: 우리가 만난 비체들』. 들녘.

이혜연. 2018. 「한국사회에서 '빨갱이 담론'의 형성과 의미 변화」. 한양대학교 정치외교학과 석사학위 논문.

주디스, 존(John Judis). 2017. 『포퓰리즘의 세계화: 왜 전 세계적으로 엘리트에 대한 공격이 확산되고 있는가』. 오공훈 옮김. 메디치미디어.

최장집. 2017. 『민주화 이후의 민주주의: 한국 민주주의의 보수적 기원과 위기』. 후마니타스.

카림, 이졸데(Isolde Charim). 2019. 『나와 타자들: 우리는 어떻게 타자를 혐오하면서 변화를 거부하는가』. 이승희 옮김. 민음사.

프린츠, 알로이스(Alois Prinz). 2019. 『한나 아렌트』. 김경연 옮김. 이화 북스.

플로리다, 리처드(Richard Florida). 2018. 『도시는 왜 불평등한가』. 안종희 옮김. 매경출판.

하버마스, 위르겐(Jürgen Habermas). 2000. 『사실성과 타당성: 담론적 법이론과 민주주의적 법치국가 이론』. 한상진·박영도 옮김. 나남.

_____. 2006. 『의사소통행위이론』. 장춘익 옮김. 나남.

호네트, 악셀(Axel Honneth). 2011. 『인정투쟁: 사회적 갈등의 도덕적 형식론』. 문성훈·이현재 옮김. 사월의책.

홍성수. 2018. 『말이 칼이 될 때: 혐오표현은 무엇이고 왜 문제인가?』. 어크로스.

홍주현·나은경. 2015. 「세월호 사건 보도의 피해자 비난 경향 연구」. ≪한국언론학회보≫, 59권 6호.

Altheide, D., B. Gray, R. Janisch and L. Korbin. 2001. "News Constructions of Fear and Victim: An Exploration Through Triangulated Qualitative Document Analysis." *Qualitative Inquiry*, Vol.7.

Alvaredo, F., A. Atkinson, T. Piketty and E. Saez. 2013. "The top 1 percent in international and historical perspective". *journal of economic perspectives*, Vol.27, No.3.

Carter, Z. D. 2016.12.4. "Why Hillary Clinton Lost," *Huffington Post*.

Diamond, L. 2010. "liberation technology." Johns Hopkins University Press. *journal of democracy*, Vol.21, No.3.

_____. 2015. "Facing Up to the Democratic Recession." Johns Hopkins University Press. *Journal of Democracy*, Vol.26, No.1.

Ehrenfreund, M. and J. Guo. 2016.8.12. "A massive new study debunks a widespread theory for Donald Trump's success," *Washington Post*.

Ekman P. 1999. "Basic Emotions" in Dalgleish, T and M. Power. *Handbook of Cognition and Emotion*. Sussex, UK: John Wiley & Sons.

Enos, R., Garcia A., H. Palafox-carlos, and R. Salomon. 2014. "The Causal Effect of Prolonged Intergroup Contact on Exclusionary Attitudes: A Test Using Public Transportation in Homogenous Communities 1." *PNAS*.

Florida, R. 2002. *Entrepreneurship, Creativity, and Regional Development*. in D. Hart(Ed.) Carnegie Mellon University.

Fukuyama, F. 1989 "The End of History?" *The National Interest*, No.16.

_____. 2017.2.9. "the man who declared the 'end of history' fears for democracy's future," *Washington Post*.

Hallett, M. C. and T. J. Majka. 2019.4.29. "The benefits that places like Dayton, Ohio, reap by welcoming immigrants," *The conversation*.

Pizarro, D. and P. Bloom. 2008. "Conservatives are more easily disgusted than liberals." *COGNITION AND EMOTION*, Vol.23, Iss.4.

Stephen L. Morgan and Jiwon Lee. 2018. "Trump Voters and the White Working Class," *sociological science*, Vol.5, No.10.

지은이

이 경 원

대학 때 정치학을 전공했다. 책 좋아하고 글 쓰는 거 좋아하는, 허세 가득한 전형적인 문과생이었다. 2006년 기자가 됐다. 그렇게 대단한 기자도, 부침이 큰 기자도 아니었다. 그럭저럭 15년을 잘 버티며 기자를 했다.

주로 사회부와 정치부, 탐사보도 부서에서 일했다. 〈SBS 8뉴스〉 팩트체크 코너 '사실은'을 진행했다. 2020년 제3회 '한국팩트체크 대상'을 받았다. 2013·2016년 한국방송협회 올해의 '한국방송대상', 2015·2019년에는 방송기자연합회 올해의 '한국방송기자대상'을 수상했다. 체육계 성폭력 보도로 '노근리 평화상', '양성평등 미디어상 여성가족부장관상', '국제앰네스티 언론상'을 받았다.

갑자기 책 한 권 써야겠다는 생각이 들었다. 기자 경력 15년을 나름대로 정리하는 책이면 좋겠다 싶었다. 이 내용 저 내용 독립된 이야기들을 기계적으로 엮어내는 옴니버스 형식의 책은 성의 없을 것 같았다. 기자로서의 경험과 고민을 관통하는 하나의 표제어를 만들어내려 애썼다. 그 표제어가, '감정'이 될 줄은 몰랐다. 책 쓰면서 생각보다 고생을 많이 했다. 기사 마감하면서 책 쓰는 게 이렇게 어려울 줄 알았다면 쉽사리 도전 못 했을 것이다. 역시 무식해야 용감하다. 어쨌든 이 책은, 내가 나에게 주는, 아무도 모를 내 기자 경력 15주년 기념품이다. 허름해도 결국은 내 앞에 있다. 참 신기하다.

늘 나를 지지해주는 사랑하는 가족에게 책의 부채가 있음은 당연하다. 나를 고민하고 사유하게 만드는 직장 동료들 덕에 문장을 완성할 수 있었다. 나는 이 책이 인간과 공동체에 대한 관심과 애착으로 읽혔으면 좋겠다. 다들, 정말, 진심으로 고맙다.

감정 민주화

혐오 시대의 민주주의

ⓒ 이경원, 2021

지은이 ┃ 이경원
펴낸이 ┃ 김종수
펴낸곳 ┃ 한울엠플러스(주)
편   집 ┃ 조인순

초판 1쇄 인쇄 ┃ 2021년 2월 10일
초판 1쇄 발행 ┃ 2021년 2월 15일

주소 ┃ 10881 경기도 피주시 강인시길 153 한울시소빌딩 3층
전화 ┃ 031-955-0655
팩스 ┃ 031-955-0656
홈페이지 ┃ www.hanulmplus.kr
등록번호 ┃ 제406-2015-000143호

Printed in Korea.
ISBN 978-89-460-8024-9 03300

※ 책값은 겉표지에 표시되어 있습니다.